匠心独运六十年

——北京财贸职业学院历史沿革

李家琪　著

中国商务出版社

CHINA COMMERCE AND TRADE PRESS

图书在版编目（CIP）数据

匠心独运 60 年 / 李家琪著 . -- 北京：中国商务出

版社，2020.7

ISBN 978-7-5103-3357-6

Ⅰ.①匠… Ⅱ.①李… Ⅲ.①北京财贸职业学院—校

史 Ⅳ.① G719.281

中国版本图书馆 CIP 数据核字 (2020) 第 072775 号

匠心独运 60 年——北京财贸职业学院历史沿革

JIANGXIN DUYUN LIUSHINIAN——BEIJING CAIMAO ZHIYE XUEYUAN LISHI YANGE

李家琪　著

出　　版：中国商务出版社	
地　　址：北京市东城区安定门外大街东后巷 28 号　邮编：100710	
责任部门：国际经济与贸易事业部（010-64269744　bjys@cctpress.com）	
责任编辑：侯青娟　李彩娟	
特约编辑：林晓虹	
总 发 行：中国商务出版社发行部（010-64266119　64515150）	
网购零售：010-64269744	
网　　址：http://www.cctpress.com	
邮　　箱：cctp@cctpress.com	
排　　版：贺慧蓉	
印　　刷：北京建宏印刷有限公司	
开　　本：787 毫米 × 980 毫米　1/16	

印　张：18.75　　　　　　　**字　数**：321 千字

版　次：2020 年 8 月第 1 版　　**印　次**：2020 年 8 月第 1 次印刷

书　号：ISBN 978-7-5103-3357-6

定　价：68.00 元

辉煌甲子 匠心独运①

（代　序）

王成荣

  2018年6月18日，北京财贸职业学院（以下简称北财院）已走过60年辉煌历程。如人至六十，进入耳顺之年。这所大学经历一个甲子的学术积淀与专业磨砺，已经步入佳境，逐渐走向成熟。北财院诞生于新中国成立后的1958年，曾经历干部培训、成人教育和高等职业教育三个重要的发展阶段和三次资源整合，历任书记、校长及其领导集体带领下的财贸人，励精图治、艰苦创业、革故鼎新、匠心独运，推进办学事业，凝练办学特色，为首都经济提供了有力的人才支撑与智力支持，一路留下了一串串不断探索的足迹，形成了丰厚的办学经验、文化传统和教学科研成果，这些都值得静心回望与认真总结。

  我作为北财院第五任校长②，从做一名专业教师起开启我的职业生涯，与学校相伴38载，亲眼见证了学校从短期培训到学历教育、从商委主管到教委主管、从单校址办学到多校址办学、从优秀校到示范校的发展历程，亲身参与了教书育人和学校的发展建设，深刻体验到了其中的艰辛与成功的喜悦。

  北财院60年匠心独运，形成了鲜明的办学特色和学校文化。1998年，北财院建校40周年时，校党委书记郑国本曾组织研究团队对学校优良传统和办学经验进

---

①本文系北京财贸职业学院第五任校长王成荣为庆祝学校建校60周年而作，原载于《北京财贸职业学院学报》2018年第3期。

②北财院前四任校长依序为：李永正、刘士亮、劳而逸和王茹芹；历任党委书记依序为李永正、刘士亮、张国群、郑国本、张连登、韩宪洲和高东。现任党委书记王红兵，校长杨宜。

行总结，提炼出了"立足财贸、面向市场，深入实际、服务企业"的办学特色。之后20年，学校从成人高等教育成功转向高等职业教育，先后与中国石油物探职工大学、北京财政学校、北京市立信会计职工大学和北京城市建设学校四所学校实现资源整合，在延续并融合各校优势专业和优良传统基础上，开辟了新的道路，建立了新的目标，形成了新的专业群，凝练了新的文化，创造了新的办学特色。纵观学校发展的60年，尤其是改革开放以来，北财院成功的基本经验体现在其先进的教育理念、鲜明的教育教学特色和特有的精神品格上。

一、以先进的教育理念引领学校科学发展

理念是行动的先导。先进的教育理念是引导学校科学发展、特色发展和可持续发展的指路明灯。北财院从其诞生之日起，即蕴含了植根财贸、因需办学、与行业共成长的文化基因；在多年各种形式的办学实践中，逐渐形成了产教依存、聚焦产业需求、全职业生涯教育和"人人是胜者"等先进教育理念。这些因势而生、适应发展的先进教育理念，引导北财院实现两次成功转型、三次资源整合，逐渐形成了鲜明的财贸办学特色，确保了较高的育人质量，找准了发展的最佳生态位。

（一）产教依存的发展理念

校企合作、产教融合、产教依存这三者在内涵上是有差异的。倡导校企合作、产教融合，明确了职业教育与产业企业结合的必要性和互相促进的关系，解决了职业教育的基本定位和发展路径问题，符合职业教育的发展规律，也符合经济社会发展规律。但在职业教育与产业融通发展实践中，职业院校一般处于被动地位，企业仍需政策激励以维持其合作意愿，校企之间未能建立起相互依存、互动共赢的运行机制与教育生态。

1958年，北财院在首都财贸系统各局、行、社自办的学校、干校及干部训练班的基础上成立。它内生于行业需要，履行干部培训之责，与行业具有天然鱼水关系。20世纪80年代初期，适逢改革开放，财贸干部更新知识、提升学历需求迫切，学校因需实现了由干部培训向成人高等教育的跨越。新世纪来临，财贸事业勃兴，高端技术技能人才市场紧缺，学校及时转型，"围绕行业办专业，办好专业促行业"，大力发展高等职业教育。时至当前，学校主动适应首都"四个中心"城市战略定位

和城市副中心建设的要求，提出并实施了精品化、区域化和蓝海战略。由此，北财院在办学实践中逐渐形成了产教依存的发展理念。

近年来，在这种理念的驱动下，学校牵头成立商贸职教集团，建立了校企战略合作联盟，成立了以企业冠名的商学院。建立校企共建实习实训基地，不断巩固发展学校与行业企业相互依靠、相互促进、共存共荣的关系，构建了职业院校产学研互动的良好生态。

产教依存的发展理念，反映了产教融合的发展趋势，符合职业教育"跨界"属性，具有共生理论、系统理论、资源依赖理论和"产业簇群"理论等宽厚的理论支撑，能够形成有效的机制、动力和路径，其依存度亦可以测量。北财院60年的办学实践证明，坚持产教依存的发展理念，对于推动职业教育深化改革和可持续发展，具有重要的实践价值。

（二）聚焦产业需求的定位理念

学校定位是学校根据自身条件与潜力、竞争环境、社会人才需求等因素所做出的发展战略选择，也是学校的理想追求和行动哲学。职业院校办学直接面向人才市场，只有因循市场规律找准自身的定位，才能赢得竞争优势，实现差异化和特色化发展。职业院校定位需要解决两个问题：一是专业面向，二是培养目标。

北财院起源于财贸行业，专业面向一直聚焦于财贸类专业，形成财贸两大基础专业群。在首都产业不断升级与调整优化中，现代服务业迅速发展，在首都经济中占比不断提高，其中旅游和文化创意产业迅速崛起。学校适应市场需要，以财贸为核心，向外延伸，建立了旅游艺术专业群。在学校第三次资源整合中，城建学校整建制并入，在嫁接建筑工程类专业与财贸类专业优势基础上，建立了建筑工程管理专业群。学校在专业建设上一直坚持以财贸为核心，围绕首都现代服务业画同心圆。不受市场诱惑，严格限定专业数量；坚持精耕细作，培育核心竞争力。在培养目标上，北财院从干部培训到成人高等教育，始终定位于管理者。进入职业教育阶段后，继续延续这一优势，着力培养现代服务业基层管理岗位，以及业务岗位急需的高端技术技能型人才。

坚守"财贸—基层管理者和技能人才"的定位，成为北财院的发展共识。这一理念渗透在学校发展规划、专业建设、教师队伍建设、校企合作和人才培养的全过程，形成了鲜明的专业特色。砥砺耕耘六十载，桃李芬芳满京城。学校培养的大学本科、专科毕业生42000多人，联合培养研究生2000多人，多数已成为首都服务业的管理骨干和业务骨干，部分成为了行业领军人才。学校因此被首都商界誉为"黄埔军校"和"经理摇篮"。

（三）全职业生涯教育的办学理念

职业教育是从职业出发的教育，因而也是伴随着人的整个职业生涯的教育，既包括针对准职业人的职前学历教育，也包括针对职业人知识更新与技术技能提升的职后培训教育，两个阶段对接在一起，统称为"全职业生涯"教育。

北财院在各个历史阶段先后涉足职后培训教育、职前教育，掌握两类教育的规律性并积累了相关经验，深谙实行全职业生涯教育的必要性和优越性，形成了全职业生涯教育的办学理念。2003年学校整体向高等职业教育转型时，保留了"北京市财贸管理干部学院"的牌子和继续教育与培训的功能，形成了以高职教育为主、继续教育和短期培训为辅，教育、培训与咨询服务"三位一体"的发展格局。"十二五"以来，学校把市场营销中的"红海"和"蓝海"战略概念引进教育领域，大力推行"蓝海战略"，强调不仅要重视在高职教育的"红海"中站稳脚跟，也要在高职教育的"蓝海"中有所作为，积极拓展在职教育培训和咨询服务市场，提高社会服务贡献力。60年来，学校短期培训累计超过63万人次，已成为名副其实的"财贸人才摇篮"。

北财院坚持全职业生涯教育的办学理念，一举数得，既充分利用了学校的教育资源，在生源短缺时期弥补了生源不足，又直接服务于首都服务业的发展，放大并彰显了职业教育的特殊功能；同时也锻炼了教师，提高了师资队伍的"双师"素质，推动了校企合作与产教融合，强化了产教依存关系。坚持全职业生涯教育的办学理念，既是北财院多年办学的基本经验，也是职业教育的使命所系和特殊办学规律的体现。

（四）"人人是胜者"的教育理念

"人人是胜者"的教育理念，本质上是倡导以学生为中心，发掘其优势，因材施教，促进学生差异化成长、个个成才。其理论来源：一是多元智力理论，从戈尔曼的"情感智力"学说、加德纳的"多元智能理论"到斯滕伯格的"三元智力论"，都证明人除了逻辑思维能力外，还有情感智力、创造智力、情境能力等有待开发；二是积极心理学理论，通过发掘人固有的潜在的积极品质，促进个人的发展；三是兴趣教育理论和个性教育理论，从柏拉图倡导"寓学习于游戏"的教学模式到亚里士多德的学习兴趣原理，均说明激发兴趣、关注个性有助于提高学习效率。

北财院历史上举办的各类教育培训，学生个体差异均较大，了解学生、因材施教一直是学校倡导的育人思想。进入职业教育阶段以后，特别是近十年来，伴随着生源短缺现象的加剧，高职学生差异越来越明显，呈现出"感悟能力强、学习能力弱，形象思维能力强、逻辑思维能力弱，接受新鲜事物能力强、深入钻研能力弱"的"三强三弱"特点，标准生产流水线式的传统育人模式和教学方式，已不适应高职学生个性化、多样化和体验化的学习需求，因此我们适时提出了"人人是胜者"的教育理念，推行基于这种理念的"扬长教育"模式。重视学生兴趣、好奇心、想象力，注重学生个人专长和创新能力的培养，推动以教师为主体向以学生为主体的教学变革；设立多样化人才标准，通过增加选修课，推动"研学结合"和项目制教学；扩大专业选择权，开展创新创业教育等教学改革，为不同基础、不同类型和不同特点的学生铺设个性化成才之路。几年来，"扬长教育"取得明显成效。北财院高职教育已连续十年就业率保持在 99% 以上，就业质量和用人单位满意度不断提高。

北财院"人人是胜者"的教育理念，源于教育教学实践，又为成功的教育教学实践所证明；它是学校对职业教育规律的深刻认识，是立德树人、培养高质量技术技能人才的重要指导思想。

二、以鲜明的教育教学特色提升学校的核心竞争力

特色是一事物独有的品质与风格。职业院校的教育教学特色源于市场需求、办学定位和办学理念，贯穿于教育教学全过程，依赖于学校以及教师的长期坚守与创新。

北财院在 60 年的办学实践中，聚焦财贸，紧盯市场，因需办学，立德树人，坚持以教学为本、以学生为中心，在不断探索与创新中，在教学模式、素养教育、双创教育、课堂建设、科研育人、文化育人、校企合作育人和教师队伍建设等方面，形成了鲜明的特色，铸就了学校的办学实力和核心竞争力。学校继 2011 年顺利通过国家高职示范校验收后，分别于 2015 年和 2017 年入选全国高校就业 50 强、全

国高校创新创业 50 强，在中国科学评价研究中心、武汉大学中国教育质量评价中心和中国科教评价网联合发布的 2018 年中国 1346 所高职高专院校竞争力排行榜中，居第 43 位。

（一）理实一体，抓尖抢先

从干部培训和成人高等教育阶段倡导并践行的理论联系实际的教风和学风，到高职教育阶段推行校企合作、工学结合的理实一体教学模式，北财院多年来始终坚持理论联系实际，在教育教学上强调理论扎实够用、突出实用，重能力培养的宗旨，形成了鲜明的教学特色。特别是进入高职教育阶段以后，基于财经商贸类专业特点，推行以"上班式学习、研究式工作"为特质的工学结合"上班式课程"改革；2012年推行"研学结合"教学改革，将专业理论学习与研究性任务相结合，依托项目、活动等载体，使用案例分析、探寻调查、问题情境、头脑风暴、角色扮演、沙盘演练等探究性学习方法，创设激发学生主动思考的情境，有效推进了理实一体教学模式的升华。

在理实一体的同时，不断研究产业变化，站到专业发展前沿，指导实践发展，这是北财院专业建设的基本经验。长期以来，北财院在专业建设、教材建设、课堂教学上大力倡导"抓尖抢鲜"，抢占先机，赢得竞争优势。在成人教育阶段，以郭志军教授为代表的教师团队，积极深入企业，捕捉市场需求，在全国较早开发了市场营销、连锁经营、企业文化、公共关系、商业地理、信息管理和股份制改革等新课程、新教材，满足在职干部知识更新与能力提升的需求；进入高职教育阶段，学校在积极审慎开发新专业、不断凝练专业特色的基础上，追踪产业变革，分别实施了"专业核心竞争力提升计划"和"专业升级三年行动计划"，运用互联网 +、大数据和人工智能等专业提升课程，开办了电子商务、物联网、互联网金融、大数据会计和空中乘务等新专业，积极建设智能金融、智能零售、智慧物流、财务共享中心和 BM 等新一代实训室，更新课程和教材。通过"抓尖抢先"，赢得了现代信息技术背景下新的专业竞争力。

（二）素养教育，立德树人

多年的行业办学历史，使学校伴随着财贸行业一起成长，深受财贸文化与传统的熏陶与浸润，形成了深厚的财贸文化底蕴。学校进入高职教育阶段以后，深入研究财贸行业特点、经营服务特点、人才培养职业面向、岗位工作特点等方面的特殊要求，坚持立德树人，在加强政治理论教育教学，加强社会主义核心价值观教育，加强传统文化教育，健全人格、厚植政治理论和人文素养的同时，从2003 年开始，创建了"财贸素养教育体系"，以培育学生的职业道德、职业操守和工匠精神。

财贸素养教育体系从创建时的"爱心、形象、责任、创新、创业""五板块"主题教育，发展到"感恩、爱心、诚信、责任、创新""五板块"主题教育，几经提升、修改，内容不断丰富，形式日臻完善。财贸素养教育在实践中坚持"第一课堂"和"第二课堂"结合互动、知行合一，建立了"青春成长护照"新载体，推行了赋予与毕业证书、技能证书同样重要的"财贸素养证书"制度，逐步建立了科学的评价与考核体系，且不断探索实现素养教育信息化的新目标。经过十余年理论深化与实践打磨，这一教育体系步入规范化、科学化、个性化发展轨道。财贸素养教育的实施，推动学校育人质量和校风学风明显改善；从学生角度看，德技兼修，终身受益，"财贸素养"已成为财贸学子抹不掉的文化印记；从社会角度看，财贸素养教育作为北财院育人的一大特色品牌，在全国职教界以及部分境外院校中发挥了良好的示范效应。

（三）"双创"教育，激发潜能

伴随首都财贸行业不断变革、创新而不断发展着的北财院，早早就孕育着创新创业教育的文化基因。适值改革开放，特别是近十几年来，由于互联网和现代信息技术的推动，首都商贸服务、文化创意等产业快速发展、升级，党和国家越来越支持创新创业，为高职院校的"双创"教育提供了巨大动力和良好的政策条件。

北财院以 2005 年建成实训中心、开设全校必修课《小企业创办》和选修课《创新能力》等为标志，开始"双创"教育，经过多年探索，形成"三阶式"高职"双创"教育体系，即：第一阶面向全体学生"全覆盖播种"，通过"双创"教育与专业理论课程、实践创新课程、财贸素养课程的融合，强化"双创"意识培养，在全体学生心中播下创新创业的"种子"；第二阶针对不同爱好与优长的学生"个性化栽培"，通过实践项目、双创竞赛、社团活动等平台，强化"双创"能力训练，培育创新创业的"苗子"；第三阶针对有市场潜力的优质项目团队"精准化扶植"，通过物质支持、导师帮扶、公共服务等支撑体系，重点孵化，结下创新创业的"果子"，实现学生创新创业梦想。"三阶式"高职"双创"教育体系的构建与成功实践，适应了"大众创业、万众创新"的时代需要，促进了学校教学改革的深化，增进了校企合作，增强了教育活力；特别是推进了基于"人人是胜者"的扬长教育，打破了教师主导的流水线式教育模式，发挥了学生学习的自主性，强化了他们的创新意识和"双创"能力，为学生未来岗位创新和自主创业奠定了基础；同时适应了用人单位对创新型技术技能人才的需要，解决了高职人才培养中的"痛点"，达成了学生受益、企业满意的良好效果。近5年来，学校双创教育覆盖率达100%，获得市级、国家级双创类大赛奖项271项，18支创业团队获评北京市优秀创业团队，占首都26所高职院校优秀创业团队总数的50%。在校创业项目163个，参与学生418人，110人作为创始人创业，带动本校就业276人。7个创业项目获得天使投资及新三板定向增发等融资21850万元。王博和张鑫同学相继荣获青少年最高科技奖项——中国青少年科技创新奖。目前，北财院牵头成立的中英创新创业职业教育联盟（北京），正在积极推进"双创"教育国际化。北财院"双创"教育经验面向全国推广后，有百余所高校来校考察、学习交流，中央电视台与《人民日报》《光明日报》《中国教育报》等权威媒体重点报道，北财院双创教育成果获得2017年北京市职业教育教学成果特等奖，作为一种特色教育品牌，在全国取得了重大辐射示范效应。

（四）"三个课堂"，互通共享

课比天大。课堂是从事教育教学活动的基本平台；上好每一堂课，是提高人才培养质量的基本保障。北财院历来重视课堂教学，通过强化教学规范、举办教学基本功大赛、评选"财贸好课堂"和"财贸教学质量奖"、建设"有用、有趣、有效"的"三有课堂"，以及长期以来实施教学督导制度，不断促进课堂教学质量的提高；积极推进教育供给侧改革，提供课堂教学资源的有效供给，提高课堂教学的有效性，给学生更多的体验与选择机会；在传统课堂之外，开辟更多"第二课堂"，使学生在兴趣小组、社团、义工与志愿者活动以及大量社会实践中找到兴趣点、兴奋点，在各种活动中实现自己的价值和能力的提升。

伴随着校企合作的深化，在人才培养过程中，学生到企业顶岗实习成为教学不可或缺的环节；随着互联网特别是移动互联网的使用与普及，老师的知识传授功能很容易被网络所取代，客观上要求老师由知识的"分销员"变成学生学习的引导者、项目教学的组织者、课堂的导演以及"传道者"，即人格、态度、情感培养和习惯养成等非知识因素的工作。因此，近几年来，北财院逐渐形成建设"三个课堂"的构想并积极付诸实践。"三个课堂"即学校智慧课堂、企业课堂和网上课堂。学校智慧课堂是在传统课堂基础上改造升级，通过引进现代教育技术和人工智能，增强课堂教学的开放性、选择性、互动性、共享性、体验性和可记录可评测性，营造智慧学习环境；企业课堂是借鉴德国"双元制"经验，在学生顶岗实习企业或生产性实训基地，建设具有独立物理空间、与企业生产车间和经营场所比邻、技术同步的标准教室，以特聘的企业教师为主，进行实践教学，培养学生实践技能；网上课堂即建设"财贸在线"，集聚财贸 E 化课程和引进海量学习资源，加强用户门户、云端软件平台建设，开发智慧学习工具、教学数据中心、多维度数据分析、学生终生学习账号和教师评价等应用系统。支持移动课堂、学校智慧课堂、企业课堂教学活动，最终形成以"财贸在线"为基础平台、"三个课堂"互通共享的财贸课堂教学新模式。建设"三个课堂"，既能为在校生随时随地、随心所欲地学习提供条件，也能为社会学习者注册学习、建设学分银行创造条件。"三个课堂"的持续推进和积极实践，将使北财院在新一轮教育技术革命中占据先机，取得领先地位。

（五）"三为方针"，科研育人

北财院一贯坚持科研立校、科研兴教的办学理念，早在 20 世纪 80 年代初期，明确提出了科研"为教育教学服务、为行业企业服务、为领导决策服务"的"三为方针"，设置研究所，成立学术委员会，建立年度学术交流大会制度，鼓励教师开展应用型科研，提升专业、服务企业，为行业和市区政府决策提供理论支持，取得了显著成效。近年来，学校创立了北京哲学社会科学国际商贸中心研究基地、北京老字号研究基地、北京京商流通战略研究院、城市副中心研究院、运河文化研究院、职业教育协同创新中心、人文素养研究中心和各二级学院研究咨询中心，并依托中国商业史学会、北京商业经济学会和"京商研究""首都流通现代化研究"两个北京市科技创新平台，以京商研究为旗帜，以商业规划、企业战略和职业教育研究为特色，形成大量标志性成果，被首都商界誉为"商业智库"。

以"三为方针"推进科研，通过更新教学内容和教学案例，实现教学与科研的良性互动，服务于人才培养；通过营造学术氛围，引导与感染学生，使其受益。同时，伴随着产学研的深度结合和科研工作的深化，科研直接育人已成为北财院科研工作的一部分，如开展"研学结合"的教学改革，吸收学生参加课题研究和学术交流活动，组织学生假期社会调研课题立项，建立学生研究性社团，带领学生参加数学建模大赛和"挑战杯""发明杯""创青春"等各级各类创新、创业、创效和创意大赛，激发学生的创新意识，培养学生发现问题、研究问题、解决问题的能力和习惯，提高学生的科学素养、学术精神、团队意识和诚信道德。北财院在科研育人方面的成功尝试，收到显著效果。据权威调查，用人单位对北财院毕业生创新精神满意率高达96%。深化科研育人，继续探索科研育人的有效路径，将会助推教育教学改革，进一步提高学校的育人质量。

（六）厚载商道，文化育人

建校以来，学校一贯秉承首都意识，以北京文化和商业诚信精神办学育人，形成了深厚的文化传统。进入高职教育阶段以后，学校通过进一步挖掘提炼，以学校文化传统为基础，吸收区域文化、行业文化、企业文化精华，确定把京商文化作为学校办学育人的文化主脉，营造了特色鲜明的文化育人主题和文化环境。

学校在文化育人上进行的有益探索包括：一是吸收京商文化精华，定格了学校文化理念体系，明确了以"厚载商道，精益财贸"校训为核心的价值追求，承载建设"财贸人才摇篮"的使命，倡导"职业化、全程化、国际化"办学理念和"共同创造、共同成长、共同分享"的价值导向，立志把学校办成"首都特色、国内一流、国际品质的财贸应用技术型大学"。以这些文化理念为引领，建立起以学生为中心的管理服务体系，实现管理育人、服务育人。二是建立京商文化研究推广体系，持续开展"京商论坛"，以京商研究带动专业研究；传扬京商文化，推动师德建设，丰富"课程思政"的内涵。三是建设以京商文化为内核的"财贸素养教育体系"和"财贸素养教育基地"，引导和培育学生做"知感恩、有爱心、讲诚信、负责任、敢创新"的新时代工匠。四是建立以京商老字号为主体的"中华老字号文化"国家级教学资源库，实现文化课程育人。五是建设以京商文化为主要标识的财贸校园文化，通过"商苑"雕塑、古代货币造型校门、京杭运河微缩景观、算盘艺术造型、主题艺术展览和散布在全校的文化石，通过图书馆文化中心建设等，营造润物细无声的环境文化育人氛围；通过校歌《财富中国》、校舞《财贸中国》的传唱和演绎，以及庄重的升旗仪式、开学典礼、毕业典礼、拜师礼、谢师礼和成人礼的常态化开展，使学生在文化活动与礼仪中，随时随地受到学校文化的熏陶。六是加强二级学院子文化建设，比如立信会计学院把学校文化与"立信文化"结合起来，举办立信文化节，倡导潘序伦提出的"信以立志、信以守身、信以处事、信以待人、毋忘立信、当必有成"24字箴言，养育会计人的本位价值观和职业操守，取得良好效果。2014年，学校以"十年筑基财贸素养教育，创新校园文化育人模式"为主题的成果，荣获教育部第七届高校校园文化建设优秀成果一等奖。以"京商"为特质的财贸文化，已成为北财院宝贵的精神财富、重要文化标签和特色育人法宝，也将成为北财院未来发展的精神源泉和不竭动力。

（七）校企协同，合作育人

北财院与财贸行业企业源远流长的"血缘"关系，使得校企合作育人具有深远的传统和先天的优势。进入高职教育阶段以来，学校在校企合作育人方面又创造了不少新鲜经验。

学校在校企合作育人上的探索包括：一是拧紧"三个纽带"，即情感纽带、事业纽带和利益纽带，通过为企业提供研究、咨询、培训服务，建立职教集团、校友会、校企战略合作联盟等多种形式，加深与企业的感情，以服务换支持，以奉献赢信任，推进校企相互支持、真诚合作。二是建立校企合作的体制机制，如设立校企合作办公室和校、院两级教学指导委员会，实施教师下企业制度和社会服务管理制度，把二级学院的技术咨询、培训任务纳入考核指标，完善校企合作的动力机制。三是建设校企双主体办学、合作育人的平台，如通过举办订单班、推进学徒制试点、举办企业冠名商学院以及设立企业冠名奖学金、奖教金等，实现校企直接合作培养人才。北财院与北京菜市口百货股份有限公司的合作就堪称范例。四是引企进校，充分利用企业资源，如与企业合作开办生产性实训基地、建立大师工作室，以及聘请企业家进课堂开办讲座、担任社团导师和"双创"导师等，提高实践育人效果。五是引进知名企业业务流程、标准、文化，如开发"上班式"课程和"研学结合"课程，推行企业真实项目教学，开展企业现场教学等，实现专业与岗位、学校文化与企业文化的对接，创新校企合作人才培养模式。六是校企共建顶岗实习与就业一体化的实践基地，设立思政导师、专业导师、企业导师"三导师"，与学生实习企业开展党支部共建等，提高实训教学效果。北财院在校企合作育人上的独特做法和丰富经验，不断融入学校的办学特色，并不断彰显着其巨大影响力。

（八）"三师"战略，德业相济

建设高素质的师资队伍是办学育人的根本。习近平总书记提出了"四有"好老师和老师要做"四个引路人"的要求，为加强师资队伍建设指明了方向。北财院历来重视师资队伍建设，在干部培训和成人教育阶段，特别重视师资的引进和培养。20世纪80年代初期，在学校只有20多名专任教师的情况下，不惜代价抽调10名青年教师脱产两年多时间进入学校举办的大专班学习，完成学业后继续委派部分青年教师到名校研究班和进修班深造，同时给青年教师配导师，进行传帮带；建立教师下企业制度，创造条件推动教师深入企业实践锻炼；在师德培养上，鼓励青年教师上讲台之前要当好"三员"，即学生辅导员、服务员、联络员；上课要"顶天立地"，给学生"一杯水"自己要准备"一桶水"。十几年精心的培养，打造了一支享誉首都商界的专家型教师团队，成为学校发展的中坚力量。

进入高职教育阶段以后，学校发扬尊师重师的传统，不断推进师资队伍建设和制度创新，实施了名师、导师、双师"三师"战略和"三优一师一奖"制度，修订了鼓励教师下企业实践制度、硕博进修制度、青年教师评优倾斜政策和培优计划，建立了教师发展中心，搭建了鼓励青年教师成长的科研平台，创造了更多培训机会包括出国进修，完善了专业技术职务晋升制度。同时特别重视师德和学风培养，通过树立榜样，实施师德失范一票否决，推进财贸素养教育与师德修炼相结合，多措并举，促进教师学历结构、职称结构进一步优化和教师整体素质与能力的提升。一些教授问鼎国家级研究项目，站在学术前沿，引领学术发展；一批专业骨干成为行业专家；一批青年教师快速成长，在教学和学术研究上崭露头角，展示了活力。近年来，一支新时代"敬业、专业、职业"的教师队伍正在形成，这为进一步提升学校办学实力打下了坚实基础。长期重视培养德才兼备的教师队伍，是北财院 60 年来教学科研和办学育人取得辉煌成就的基本经验；较强的师资、高尚的师德和理实一体的良好学风，是保持学校可持续发展最重要的软实力。

三、以特有的精神品格确保学校基业长青

人是应该有一点精神的。毛泽东同志在《纪念白求恩》一文中，对白求恩毫不利己、专门利人的精神十分赞赏，指出："一个人能力有大小，但只要有这点精神，就是一个高尚的人，一个纯粹的人，一个有道德的人，一个脱离了低级趣味的人，一个有益于人民的人。"学校是育人之所，更应该有一点精神信仰和精神追求，靠着这种精神信仰和精神追求，才能端正办学方向，克服困难，勇往直前，达成培养合格社会主义建设者和接班人的既定目标。

大学是理想主义者的精神家园，是思想启蒙、人格唤醒和心灵洗礼的圣地。大学精神，源于学术创新、价值创造、服务社会的大学本色。一般而言，大学精神主要是创新精神、思辨精神和关爱社会的人文精神。

北财院作为一所从干部培训、成人高等教育转型而来的高等职业院校，既具备一般大学的精神内核，也在长期办学实践中积淀形成了自己的独特精神品格。1987 年，老一辈革命家邓颖超同志曾为学校题写"求实、严谨、团结、奋进"。实际上，这是对当时学校精神品格的高度总结与提炼。此后，学校又走过了 30 余年的发展历程，期间陆续与四所学校实现资源整合，五条文化河流汇集在一起，形成一条财贸大河。时代精神和创新发展的经历，既强化了学校原有精神品格，又赋予新的精神内涵，从传统到现代，延续、交融、发展，形成了北财院今天特有的精神品格与精神风貌。

以己之见，从北财院丰富多彩的精神现象中，可以抽象、凝练出以下六个方面的主流精神品格。

（一）不畏困难、敢打敢拼精神

学校在"大跃进"形势下组建，在资源分散、条件有限，且没有任何经验和先例可鉴的情况下，从 1958 年 5 月开始筹备，6 月召开成立大会，8 月就全面开班上课，并订出三年跃进规划。这种不畏困难，创造条件，大干快上，敢打敢拼的精

神，在学校创办之初就已经孕育形成。以后，学校在干校体制下开办中专、大专、本科教育乃至联合培养研究生过程中，在高职体制下开展贯通培养试验过程中，在历次教育资源整合过程中，均得以体现并得到发扬。

（二）勇于探索、改革创新精神

学校60年所走过的路，是一条探索的路、创新的路、改革的路。这种勇于探索和创新改革的精神，主要源于财贸行业与企业的特点，源于瞬息万变的市场。学校创立以及以后所有的变革，包括整体办学转型、资源整合、专业设置与优化调整、办学形式创新、教学内容的更新等等，均来自行业企业的需要、市场的压力和挑战。因需而变、因势而改，不断改变旧体制、旧机制、旧模式，探索新道路、新思路、新方法，敢于突破，敢为人先。不断探索与创新改革由外及内，逐渐成为财贸人的思维定式和行为习惯，进而成为一种内化于心的精神特质。与这种精神特质相联系，财贸人有着强烈的市场意识和风险意识，善于分析环境，勇于抓住每一次机遇和机会，推进学校的健康发展。

（三）坚忍不拔、追求卓越精神

北财院在长期的办学实践中，养成了一种奋发有为、不服输、不放弃、追求卓越、勇攀高峰的品格；在某些重要时期、关键节点上甚至有唯旗是夺、不达目的绝不罢休的坚强意志。这种精神品格，在1997年学校创建北京市成人高校示范校和全国成人高等教育评估优秀校过程中已经显现；在2006年争创教育部人才培养工作水平评估优秀校，特别是2008年申报国家高职示范校过程中表现得尤为突出；此后在争进全国高校就业50强、全国高校创新创业50强过程中也得以充分展现与强化。由坚忍不拔、追求卓越的精神衍生出集体攻关、不怕吃苦、积极奉献的精神。众所周知，财贸人越是到关键时刻，越能精诚团结，百折不挠，越战越勇，唯旗是夺，争取胜利。

（四）诚实守信、担当负责精神

立德树人是学校的根本任务，诚实守信、担当负责是财贸文化的特质。北财院不管在哪一个发展时期、从事哪一种办学类型，始终坚持做到红与专相统一、做人与做事相统一、德育与智育相统一、素养教育与技能培养相统一。特别是在高职教育阶段，学校倡导"厚载商道"，即尊重规律，遵从真理，承载与践行财贸的诚信道德；在财贸素养教育中，把"诚信"和"责任"作为独立教育板块，对学生进行教诲；在师德建设中，把学术诚信、对学生负责作为重要评价和考核内容；在处理内外各种关系上，坚持信以为先、义以为上，勇于担当责任。从衍生意义上看，财贸人担当负责精神，还体现在主动发挥社会服务功能，通过人才培养、技术咨询、智力服务等方式，促进财贸行业的发展，体现着财贸人热爱首都、关爱社会、心系行业的人文情怀。诚实守信、担当负责，现在已经成为财贸人的精神信仰和自觉行动的准则。

（五）精益求精、严谨求实精神

北财院诞生于财贸系统，开办有金融、会计、商业经营和管理等方面的专业与课程，自然带有财贸行业精明、精细、严谨、唯实的文化基因；北财院从事高等职业教育，必然强化和修炼职业人必备的工匠精神，倡导"精益财贸"，鼓励学生严谨认真，精学精修实际本领；引导教师从实际出发，精研精教，提高实践教学能力；要求教职员工精于管理与服务。北财院匠心独运60载，取得了辉煌成就。精益求精、严谨求实精神，已经深入人心、代代相传并不断发扬光大。

（六）团结一心、积极奉献精神

60年前，北财院是在北京市商业干校、商业职工学校、粮食干校、合作干校、银行训练班、服务学校和通州专区干校七个单位合并基础上创立的，各路人马为了一个共同的目标——培养财贸系统紧缺的干部人才走到一起，在学校文化奠基期，就注入了团结合作、拼搏奉献的基因。2001年、2002年和2016年，学校分别与中国石油物探职工大学、北京财政学校、北京市立信会计职工大学和北京城市建设学校实现资源整合，凝聚多方力量一心一意办高职，在事业发展尤其是在全国高职示范校建设和争创全国高校就业50强和创新创业50强等关键时期，财贸文化的凝聚力空前提升。经过多年的积淀、磨砺与淬炼，团结一心、积极奉献的精神已经在财贸大家庭中内化于心、外化于行。

回望历史，总结学校60年的办学经验和优良传统，我们感到无比自豪。学校一点一滴积累起来的物质财富与精神财富，都是一代代财贸人靠智慧和汗水共同创造的，这些财富理应由大家共同分享。

凡事过往，皆为序章。

展望未来，学校面临来自内外环境的巨大挑战与发展机会，我们信心满满。我坚信，上述总结的办学理念、教育教学特色和精神品格，将会引领学校朝着高端化、特色化和国际化方向不断发展，同时也将在未来变革实践中得到进一步完善与升华。

导　言

　　北京财贸职业学院（北京市财贸管理干部学院）创立于1958年，至今已经走过了60年的不平凡历程。学校历经干部培训、成人高等教育、高等职业教育三个发展阶段，为首都经济建设培养了近七十万应用型人才，创造了辉煌的办学业绩，被首都商界誉为"经理摇篮"、"黄埔军校"和"商业智库"。

　　在60年办学历程中，学校与首都教育事业的发展休戚与共，与首都财经商贸行业的发展同频共振，经历了两次创业、两次转型、两次资源整合。

　　学校第一次创业是在如火如荼的大跃进时期。1958年北京市财贸系统各局、行、社管辖的学校、干校、训练班以及通州专区干校共六所学校（七个单位）先后合并创建了北京市财政贸易干部学校，成为全市教育系统的培训基地，也是全国最早建立的财贸干校之一。第二次创业是在"文革"后。1978年6月，中共北京市委办公厅下发恢复北京市财政贸易干部学校的通知。"文革"中被迫停办8年之久的学校在缺教师、缺教室、缺教学设备的条件下，又一次艰苦创业。经过两个月的筹备，1978年9月，复校后第一期干部读书班开班。

　　学校第一次办学转型是在改革开放初期。1980年，学校党委为适应首都经济建设急需人才的需求，提出举办大专班的设想，经市委有关部门、领导同意着手组织招生。1981年3月2日，第一期商业企业管理干部大专班正式开学，标志着学校成功由干校培训向成人学历教育转型。1984年学校正式更名为北京市财贸管理干部学院。跨入新世纪后，学校划归北京市教委直接领导，开始筹谋第二次办学转型。2000年，经市教委批准，报教育部备案，学校开启普通高职学历教育的探索实践。2003年，经市政府批准成立了北京财贸职业学院，同年大规模开展高职招生。至此，学校形成了高职教育为主导，成人教育、党校及各类培训为补充的教育格局。

　　在国家大力发展职业教育、北京优化教育布局的形势下，学校经历了两次资源整合。第一次整合是在2001—2002年。学校先后与中国石油天然气集团总公司物探局职工大学、北京财政学校和北京市立信会计职工大学实现资源整合，这一举措不仅走出学校当时面临的发展规模困境，也为转型高职学历教育打下了良好基础。第二次整合是在2016年。北京市职业教育改革进入深水区，2015年北京市教委推出"高端技术技能人才贯通培养实验项目"，学校成为首批参与院校。为促进项目实施，在市教委的支持和指导下，2016年北京城市建设学校整建制并入学校，进一步拓展了学校的办学空间。学校的发展壮大缘于多源流的汇入，而每所学校自身的发展建设、办学历程，以及为国家教育事业做出的贡献也同样应为人所铭记。

办学60年来，学校"立足财贸、面向市场、深入实际、服务企业"的优良传统贯穿了三个办学阶段，并且每个阶段都取得了不俗的办学成果。在干部培训阶段，学校为首都商贸系统培养了大量基层人才。1960年6月，党中央和国务院召开了全国文教战线群英大会，学校当选为全国先进单位，校长李永正在会上做了报告。在成人教育阶段，作为北京市唯一一所专门培养商贸、财税干部的成人高等院校，因办学业绩突出被评为"全国成人高等教育评估优秀校"和"北京市成人高等学校示范校"。进入职业教育阶段后，学校引领京商研究，倡导财贸素养教育，人才培养质量获得了行业企业认可。2006年，学校人才培养水平被市教委评估为优秀；2008—2011年，学校建设成为"全国示范性高等职业院校"；2015年、2017年学校在毕业生就业工作和创新创业教育方面均跻身全国高校五十强。

办学60年来，校党委始终把学校发展蓝图置于首都经济社会发展的全局之中来谋划，以高素质技术技能人才和高水平创新成果服务于北京经济社会发展。党的十八大以来，职业教育获得了前所未有的发展机遇。党的十九大更是明确了职业教育发展的主基调——"完善职业教育和培训体系，深化产教融合、校企合作"。学校乘势而为，书写北财院的奋进新篇。在全国高职示范校建设基础上，坚持内涵发展，实施精品化、国际化、信息化、区域化、蓝海——"四化一海"发展战略。2018年，学校成为"北京市特色高水平职业院校和骨干专业（群）"建设单位。2019年，学校瞄准全国高水平院校和高水平专业建设——"双高"目标，再接再厉，开启了新的奋斗征程。

李家琪

2020年5月

目录
CONTENTS

辉煌甲子 匠心独运（代序）……………………………………………1

导 言 ………………………………………………………………1

上篇 筚路蓝缕艰苦创业：干部培训时期（1958—1980）

第一章 创办与奠基：北京市财政贸易干部学校的创立…………………3
　　第一节 学校的筹建……………………………………………………3
　　第二节 建校初期各项工作的全面开展………………………………7
　　第三节 在探索中求发展………………………………………………9

第二章 曲折发展：政治运动中的艰难办学………………………………15
　　第一节 办好政治学校的探索…………………………………………15
　　第二节 "文革"中停滞与"文革"后复校…………………………19
　　第三节 复校后的良好开端……………………………………………25

中篇 办学转型焕发生机：成人教育时期（1981—2002）

第三章 探索实践：成人教育创辉煌………………………………………31
　　第一节 实现第一次办学转型…………………………………………31
　　第二节 大力开展成人学历教育………………………………………35
　　第三节 学校更名和扩大发展…………………………………………40
　　第四节 开拓发展新格局………………………………………………48
　　第五节 德育和思想政治工作的新进展………………………………60
　　第六节 面向企业服务企业……………………………………………65

第四章　开拓进取：跨入新世纪的新征程·········79

第一节　在新的起点上·········79

第二节　建立涿州校区·········84

第三节　推进高职教育·········89

第四节　三所院校的发展和贡献·········92

下篇　战略转型再创辉煌：职业教育时期（2003—2018）

第五章　跨越发展：全面建设全国高职示范校·········111

第一节　三校区聚力开展高职教育·········111

第二节　以评估为契机推动发展·········118

第三节　满怀信心开启"十一五"新征程·········138

第四节　夯实建设基础蓄积争先力量·········145

第五节　申报和建设国家示范校·········153

第六章　坚守初心：走内涵式发展道路·········169

第一节　制订实施"十二五"事业发展规划·········169

第二节　强化党建工作引领内涵建设·········179

第三节　以先进的教育理念全面提高育人质量·········192

第四节　开展高端技术技能人才贯通培养试验项目·········212

第五节　整合教育资源再发展·········224

第六节　走向未来奋进新时代·········230

附录一：北京财贸职业学院校训·········255

附录二：北京财贸职业学院标识·········256

附录三：北京财贸职业学院校歌·········257

附录四：校名更迭·········258

附录五：学校发展溯源图·········259

附录六：历任校领导名录·········260

附录七：学校专业设置·········264

写在后面·········274

上篇

筚路蓝缕艰苦创业：干部培训时期

（1958—1980）

第一章

创办与奠基：北京市财政贸易干部学校的创立

第一节　学校的筹建

新中国成立后，随着经济建设的发展，北京市财贸系统也获得了很大发展。1956年，社会主义改造基本完成，国家进入全面大规模社会主义建设时期。北京市财贸系统实行全行业公私合营，涵盖商业、粮食、供销、外贸、银行、财政税收等多个部门。由于当时计划经济体制下，实行大一统的管理，大到市场安排，小到市民生活，都要靠财贸系统来支持和保障，财贸系统的人员不断增加，1957年已达到17余万人，但是人员素质相较其他系统普遍较低。北京市的特殊地位和财贸属窗口行业的特点，令财贸工作的一举一动，都要与首都形象、与国际影响挂上钩，人员素质亟待提升。基于此，北京市财贸系统各局、行、社先后办起了干部学校、职工学校和训练班，培训工作得到了相应的发展。

1958年党中央制定了"鼓足干劲，力争上游，多快好省地建设社会主义"的总路线，体现当时全国人民要尽快改变国家一穷二白现状的强烈愿望。在总路线的指引下，国家经济建设中呈现出"大跃进"趋势，这种趋势也体现在财贸行业。北京市财贸系统各部门随之做出相应调整，撤并网点，精简人员，下放大批干部和职工去充实工业、农业和文教事业。在这种情况下，原局、行、社创办的职工学校、培训班教学力量不足，难以保证教学质量，并且基层可抽调参加学习的学员人数也大为减少，分散办学必然造成浪费。为适应这种形势要求，中共北京市委决定把原有的北京商业干部学校、北京商业职工学校、北京粮食干部学校、北京供销合作干部学校、北京服务局职工训练班和北京银行训练班六个单位合并，组建了北京市财政贸易干部学院，以集中优势力量，加强培训工作，进一步提高干部职工的政治思想水平、政策水平和文化业务水平。

一、北京市财政贸易干部学校的筹备建立

1958年5月，财贸干校管委会成立。主任为程宏毅，副主任为杨紫文、肖涤生、李永正，委员为张育生、王志甲、王一平、孟青。管委会的工作范围是：①根据党和上级行政的方针、政策、决议、指示来领导学校具体贯彻执行，并决定学校的办学方针、教学方针及其他一切重大事项；②审批学校年度或学期的工作计划、总结报告，检查教学成果；③审批学校机构编制方案，确定主要干部的配备；④批准学校章程、条例及主要规定；⑤确定学校财务开支标准、审批手续和制度，经费预算、决算，并委托商业局掌管财务工作。在财贸干校管委会的领导下，1958年5月15日制订出并校《组织方案》。

该《方案》确定由干校担负北京市商业局、副食品商业局、对外贸易局、城市服务局、粮食局、供销合作社、人民银行所属各单位的培训工作。《方案》规定干校分设四个部：一部培训领导干部；二部培训专业干部；三部培训文化程度为初中以下的区科长级以上干部或1949年以前参加革命的工农干部；四部轮训职工。其中以基层领导干部为培训重点。

《方案》明确以勤俭办学作为办校方针。在教育工作中则要贯彻"理论与实际相联系，政治与业务相结合，提高思想水平，增强工作能力"的方针；在文化教学中还要贯彻"速成的、联系实际的"方针。

在市委财贸部的直属领导下，各局、行、社大力支持和配合，顺利地进行了人员、校舍、设备的合并和调整。全校校舍面积总共达27895平方米，分布在西直门外二里沟、广安门南菜园、阜成门外八里庄和朝阳门外幸福村四处，校部设在二里沟。全校设有四个部、两个教研室、党委办公室、校长办公室、人事处、总务科等部门，总编制204人。

二、召开学校成立大会

《组织方案》出台后，全体人员立即组织落实，进入紧张的准备工作。1958

年6月4日，北京市财政贸易干部学校成立大会召开。

在成立大会上，李永正校长在讲话中说：财贸工作"大跃进"的新形势要求训练工作也要"大跃进"。要提高教学质量，多快好省地训练各类人员。他分析了财贸队伍精简后的新情况和新问题，说明了并校的必要性；同时报告了顺利并校的经过。他指出六校合并，不是目的，只是手段。最重要的是加强教学力量，提高教学质量，开设较多门类的课程和采取多种多样的办法，更好地为各局、行、社的政治任务和业务工作服务。他对勤俭办学的办校方针和"理论与实际相联系、政治与业务相结合，提高思想水平，增强工作能力"的教学方针做了生动的阐述。他说这四句话的前两句是主要的，但没有后两句不行。前两句是方法，后两句是目的。只有使用前两句的方法，后两句的目的才能达到。别的办法是没有的，目的在哪里表现出来呢？不是在学校表现出来，而是学员在工作岗位上表现出来，思想水平有所提高，业务水平有所提高，让各局、行、社满意！

市委财贸部副部长苏一夫代表上级领导在成立大会上讲话。他讲了"大跃进"的形势，要求办学"必须打破常规，今后各局需要训练什么就训练什么；需要什么时候开班就什么时候开班；需要训练多长时间就训练多长时间；需要训练多少人就训练多少人。不要弄个死框框，不要有寒假暑假的限制。""学员抽不出来，就到他们那里去。""各局、行、社自办的训练班请我们讲课时要欣然担当。"他要求"把干校变为全市财贸系统教育工作的基地。"

财贸干校是在"大跃进"形势下组建，不仅在并校过程中体现出高速度，而且在培训中表现出高效率。1958年8月，学校全面开班上课后，立即订出三年跃进规划。规划结语中写道：目前，我校全体人员正在鼓足干劲，力争上游，为实现跃进规划而努力。各科、室、部都制订了本单位及个人的规划，提出了自己的口号，正以万马奔腾之势、欢欣鼓舞之心，苦干猛干，为争取三年内成为红透专深的共产主义教育战士，并为将财贸干校建成北京市财贸系统的教育基地而奋斗。

三、"两条腿走路"的办学方针

学校自成立后即认真贯彻党的教育方针：教育为无产阶级政治服务，教育与生产劳动相结合。根据实际情况，一边在教职工中开展"红专辩论"进行思想建设和制度建设，一边开班上课，四个部全面落实了培训计划。全体人员齐心协力，艰苦奋斗，克服重重困难。各类培训顺利开展，学校取得了迅速发展。

学校结合财贸行业实际，贯彻"两条腿走路"的方针。采取校内与校外相结合、长期与短期相结合、脱产与业余相结合的原则和多种办学形式，并找出了适合财贸部门点多、面广、人员分散、业务繁忙等特点的办学途径。校内教育主要是全日制脱产住校学习，同时也为抽调脱产学习有实际困难的人员开设了半脱产的政策、专业、文化学习三个班。有些专业技术的临时训练班是与业务单位合办的，专业课教师由业务单位负责，政治课和生活管理由学校负责。例如与供销社合办的农产品采购短训班、棉花检验短训班、锅驼机短训班，与人民银行合办的农贷训练班等。业务教育主要以两种方式进行：一是直接方式，开办了财贸业余红专学院，组织干部业余学习；二是间接方式，即支援基层单位的业余教育工作。

为了取得良好的培训效果，各部的培训工作室从财贸部门的实际需求出发，不断丰富培训内容和培训形式。从1958年到1960年分别开设了政治、政策、文化、专业（包括财会、计统、粮食、出纳、储蓄、农金、水产等）、技术、师资和领导干部进修等不同班次，共培训了12255人，其中基层领导干部1102人。一般行政干部及政治工作人员3332人，专业干部1479人，技术人员319人。师资110人，职工5913人，其中包括新招收尚未分配具体工作的高中毕业生273人、初中毕业生840人。这些班次都根据实际情况规定不同学制，因材施教，力求学以致用。

四、参加生产劳动

这一时期，生产劳动也是学校教学工作的重要内容之一。在大跃进的形势下，学校积极完成上级交给的大炼钢铁、大练民兵和上级安排的劳动任务。组织教师带领学员深入基层参加一定的中心工作或突击性劳动。比如参加城区的"红旗大街"的运动；参加延庆、怀柔、平谷、大兴、通县等地区的秋季大收大购活动；带领学员到学校的实验商店甘家口商场参加售货劳动，或到蹄岭基地参加绿化造林活动。

据当时在政治理论教研室工作的李军老师回忆，学校曾组织领导干部和教师参加建设人民大会堂的劳动。学校教职工由校长李永正带队，一早来到天安门广场。按照市财贸部分配的劳动指标，学校承担的具体劳动任务是挖地基、运土。白天怕影响交通，故在夜间搞劳动大会战。偌大的天安门广场上空灯火通明，轰轰烈烈几万人比着干。系统之间、单位之间搞比赛打擂台战。学校的老师们热情高涨，不停地挖、刨、运。当时运土的工具只有两种：独轮车和扁担。李军老师不会推独轮车，只能挑扁担。因为个子矮，扁担挑在肩上提不高，两头的土筐碰到地时，人很容易被带着摔倒。但她摔倒后，赶快爬起来继续担。后来，李永正校长给李军老师起了个"金刚钻"的别名，意指不怕摔。

在各种劳动锻炼中，大部分师生受到锻炼，学习和提高了从事群众工作的能力，培养了热爱劳动和热爱劳动人民的思想情感。但由于参加劳动的时间较多，培训计划不能按时推进和完成，客观上对培训工作产生了一定影响。

第二节　建校初期各项工作的全面开展

一、成立财贸业余红专学院

根据北京市委有关培养又红又专的劳动者的要求，学校在财贸干校的基础上成立了财贸业余红专学院。财贸业余红专学院于 1958 年 8 月开学，教学目的是"为贯彻社会主义建设的总路线，适应当前技术革命与"文化革命"的需要，提高财贸系统中层以上领导干部马克思列宁主义理论水平与科学专业知识水平；为财贸系统各个红专学校培养师资，使之成为红透专深的财贸干部学院"。学校开设贸易经济系和财会计统系，学制暂定为两年半。学员条件是初中以上文化水平的区级科长以上干部及主力科员和红专学校教师。学院院长为苏一夫，副院长为肖涤生、李永正。第一期入学的学员 1890 名，遍布京城近郊区 189 个单位及下属店、库、厂。开学后仍有不少人要求入学，只好吸收 600 人旁听。1960 年扩大招生，学员达到 4076 人。学院建立了一套比较正规的管理制度和办法，学员的学习积极性也很高涨，听课和讨论的出席率平均达到 84% 以上。

这一期间，财贸各单位的业余教育也迅速发展起来，各单位成立的政治班、业务班和红专学校达 150 多个。经常参加学习的职工达 6 万多人，占职工总数的三分之一以上。学校积极配合这一形势，与各单位红专学校建立了较为广泛的联系。共同办了《财贸教学》和《财贸教学研究》两种刊物，交流经验，开展学术研究；分别召开了红专学校负责人及部分红专学校各门课教师座谈会，讨论办学和教学问题；为各单位培养师资 110 人，重点帮助 15 个单位制定业余教育规划，总结业余教育工作经验并加以推广；为 35 个单位进行示范性教学，讲授政治课和专业课；并为各单位编写的政治、政策和专业课教材。这些工作对推动群众性学习高潮起到了积极作用。

二、形成为企业服务的优良传统

北京市财政贸易干部学校自成立之初就确立了"系统办学、为企业服务"的优良传统。最初财贸系统内各局举办的培训学校和公司、企业一样，都是兄弟单位，只是分工不同，学校领导和教职员工也大多来自企业。北京市财政贸易干部学校正式建立后，同企业的这种天然一家的亲密关系并没有改变，只是范围更大了，为企业服务的传统成为学校办学的指导思想。学校根据财贸系统培训需求，打破常规，灵活安排教学，把财贸干校建设成了财贸系统教育基地。"全心全意为企业服务"在学校此后的建设和发展中也被一代又一代财贸人传承下来。

在紧张繁重的培训任务中，学校积极探索实践教学改革。首先是在各门课程的设置及内容上，确立了以毛泽东思想为指导的原则，组织教职员工认真系统地学习毛主席著作。同时还确定教学期间必须将党的方针政策的宣传教育列为政治课的重要组成部分，把系统的马列主义教育与各个时期党的方针政策的宣传结合起来。及时地将国内外的形势变化及财贸系统的中心工作贯彻到教学内容中去，加强了政治理论课的思想性和战斗性。

其次是在教学工作中大搞群众运动，坚持"四大"教学方法。既发挥学校在教学工作中的主导作用，又充分估计到学员实际工作经验丰富的特点和学习上的积极主动性，将鸣放争辩、认真读书、教师讲课和复习讨论等教学环节有机地结合起来，使教学形成群众运动，并使运动有节奏地、深入地、持续地开展下去。

再次是熟悉财贸工作和财贸干部的思想特点，并经常了解财贸工作和干部思想变化情况，通过开办短训班、举办报告会、进行典型调查、编写教材等方式宣传党的方针政策。

最后是在教改中培养树立了良好的校风。教工人员为基层服务、为学员服务的思想明确、作风民主亲切，上下打成一片，团结协作，受到学员的好评，也直接有助于增强教学效果。1958 年 6 月，学校大力宣传贯彻社会主义建设的总路线，举办了四期短训班，培训了1357人。1959年9月，学校配合检查执行供应政策，及时举办了两期中心商店经理、支书训练班，共培训1666人。1960年3月，在开展以两条道路斗争为主要内容的共产主义教育运动时，及时组织教师深入调研、编写教材，并派出教师为城郊的十个单位讲课，听众共计1万多人。

三、全国文教战线群英大会

1960年，北京市掀起了工农群众学习毛主席著作的高潮。文教战线开展了比先进、学先进、赶先进、帮后进的运动。2月26日，北京市文教战线群英大会召开，出席代表7400多名，盛况空前。北京市财政贸易干部学校当选为先进单位，劳而逸、关葆璋、王振民、刘培德等同志当选为先进工作者并出席了大会，受到了表彰。学校及时传达贯彻大会精神，全校教工和学员受到很大的激励和鼓舞，推动了各项工作。

同年6月，党中央和国务院召开全国文教战线群英大会，号召进一步开展"文化革命"和教育革命运动，配合和促进经济建设的继续跃进，这是新中国成立以来文教战线的第一次盛会。有38个代表团、3000多个先进单位、2000多名先进工作者和特邀代表出席，历时11天。学校当选为先进单位代表，李永正校长随北京市代表团出席了大会，领到了邓小平同志题写的"先进单位"奖状。李永正校长在大会上发言，汇报工作并介绍了经验，提出的口号是："政治挂帅红又专，苦战三年办学院，思想工作双跃进，科学研究攻尖端。"并提出今后校内培训将分为三部分：一部分是轮训在职干部，拟在1962年底以前将现在的2万名干部轮训一遍；一部分是培养中等专业人才，拟于当年9月成立中等财贸专业学校；还有一部分是培养高级专业人才，拟于1963年举办财贸学院。

第三节　在探索中求发展

一、探索建立全市财贸系统教育体系

文教群英会后，全体教工信心十足，从三个方面探索建立全市财贸系统教育

体系的途径。

首先，按照原定计划继续举办各种训练班，轮训在职干部。1961年3月至8月，采取短期轮训班方式，共有4474人来校学习。其中财贸系统基层领导干部183人，第一线人员1292人（包括下放劳动干部248人），商业财会、计统及服务业会计679人，粮食干部615人，银行、信贷、储蓄干部704人，工农业产品采购员871人，棉检员86人，同时还培训师资44人。9月份以后，根据市委财贸部指示，又招收了应届高初中毕业生1079人进行思想政治教育。1961年全年共办理45个班（26批）的入学手续和37个班（25批）的结业手续。平均每月要办理4批入学、毕业手续，短训班内容各异、时间匆促，教学和管理的难度很大，但全校教工知难而进，克服各种困难，较好地完成了各项培训任务。

其次，起草《关于成立北京市财政贸易学院的报告》和《关于成立北京市财经学校的意见》，除正式上报程副市长和市委财贸部外，同时抄呈市委主管财贸的书记范儒生和市委大学科学部、教育部、宣传部、组织部，抄送市纪委和有关各局、行、社。经过多方努力，1960年3月15日，北京市人民委员会办公厅批复同意，在本校二部的基础上，成立北京市财政贸易中等专业学校〔（60）厅密字第45号〕，由李永正兼任校长。1962年8月，中专校正式从本校划出，实行独立办学①。原服务学校也从本学校划出，恢复单独办学。

再次，学校在向上级请示成立财贸学院的同时，积极进行准备工作，1960年制定《财贸干校1960—1967年八年发展规划》，对于把干校办成北京市财贸学院做了详细的安排。规划分八个部分：①培训任务、目标和学生来源；②专业设置与学制；③机构与人员编制；④教学人员的培养与提高；⑤科学研究工作（另订有《八年理论文章写作规划》）；⑥教学大纲和教材的基本建设工作；⑦校舍的基本建设（拟于1962年在八里庄校址上扩建14万平方米能容纳4500人的校舍，当时估价1564万元）；⑧实现上述各项任务的根本措施。根据这一规划安排，学校积极推进准备工作，然虽经多方努力争取，始终未能实现。

---

① "文化大革命"期间，北京市财政贸易中等专业学校被撤销。1972年10月，筹建北京市财贸学校。1973年，成立并定名为北京市财经学校。1975年，又复名为北京市财贸学校。1978年12月28日，教育部发布《关于同意恢复和增设一批普通高等学校的通知》（〔78〕教计字1427号），北京市财贸学校升格更名为北京财贸学院。1995年，北京财贸学院与北京经济学院合并，成立首都经济贸易大学。

1962年，市委主管财贸部的书记陈克寒指示，明确财政贸易干部干校为政治学校的性质，要求学校承担对区科长级和市副科长级干部进行轮训的任务。据此，学校安排当年的训练工作。当时政治训练的总的要求是贯彻中央指示在"意识形态领域里进行阶级斗争，继续深入兴无灭资的革命"。全年共培训4225人，其中市级财贸系统领导干部409人，基层干部2120人，工业和建筑业支援财贸的干部555人，棉花检验员62人，还有进行政治培训的高、初中学生1079人。这些培训班的具体内容主要是正确认识国内经济形势；正确认识几年来的工作成绩、缺点和错误，全面理解"调整、巩固、充实、提高"八字方针，增强革命坚定性；进一步明确商业工作必须从生产出发，为生产服务、为人民生活服务的思想，增强政策观念。1962年9月，党中央八届十中全会通过《关于商业工作若干问题的决定》和《关于进一步巩固人民公社集体经济、发展农业生产的决定》之后，干训的主要内容便以学习和贯彻两个"决定"为主了。

二、特设会计专修班

1963年，培训任务又有新的改变。根据各单位迫切需要充实财会人员的情况，决定特设会计专修班，正式作为职业学校向市教育局申请并经市人民委员会同意准予立案。这是一次新的探索。学校在报送给上级的报告中提出"拟从现在起，将我校政治学校的性质改为专业学校的性质，今后专门为北京市财贸系统培养会计、统计骨干人才，为举办财贸学院创造条件。

特设会计专修班的筹备工作进展顺利。在市财贸办公室领导下，学校会同各局在原审查合格拟分配到财贸系统的高中毕业生中挑选出412名进行培训，其中应届毕业生占82%。这是大学专科班性质，按普通高校标准进行正规教学，课程和教材都参照大专设置，学制一年，教学30周，900课时。1963年10月开学，1964年8月学生毕业后分配到商业、服务业各单位工作，解决了许多基层的急需。有10名学生被市农业银行录用，临近毕业便提前离校上班。这批学员上岗后大多成为骨干，受到用人单位的好评。1964年底，根据各单位的需要又继续开办会计专修班，截至1965年10月，为各基层单位培训会计326名。

三、红专学院的探索和成绩

学校在校内教育探索不断取得进展的同时，校外教育的财贸业余红专学院也在探索和实践中发展壮大，取得了较好的成绩。

1962年7月，红专学院第一期学员毕业，领得毕业证书的学员共1876人，其中哲学系1103人，政治经济学系514人，商业经济系259人；另有中途插班学员724人通过了期末测验。这一期自1958年8月开学以来，经历了四个阶段：第一阶段是1958—1959年，按原计划进行。第二阶段是1960年，全市掀起群众性的学习毛主席著作高潮，各单位要求参加学习理论的人数大增，而且急需辅导。学院扩大招生，学员达到3826人。贸易经济系和财会计统系合并为商业经济系，同时增开了哲学系和政治经济学系。第三阶段是1960年10月，《毛泽东选集》第四卷出版，掀起了新的学习热潮。学院根据市委指示，把三个系的学员暂时合并，临时停授各系课程，集中力量学习"四卷"，共组织了五次专题报告，学员一度增加到4771人。第四阶段是1961年8月"四卷"学习结束后，全面整顿学习秩序，恢复三个系的课程。

红专学院是一次成功的探索，基本上改变了财贸部门以往业余理论学习不够系统、时断时续的局面，提高了财贸干部的理论水平、思想水平和政策水平，培养了一批理论学习的积极分子，推动了学员所在单位的学习。在教学中，认真贯彻理论联系实际的方针，坚持学以致用，帮助干部改进工作方法和工作作风。由于学员大部分是中层或基层领导干部，是工作第一线上的指挥人员，所以他们的思想水平和工作水平的提高，对于财贸工作的有效开展直接起到了积极作用。

红专学院在管理方法上也进行了有益的探索，根据财贸部门的实际，采取了以下方法：①针对多数学员缺乏理论学习习惯、基层单位缺乏教学管理经验的情况，学院主动争取各级党委的领导和支持，保证学习和讨论时间，选择适当人员担任班组长和辅导员并制定了必要的制度。②针对单位分散、学员遍布城郊的情况，一般按地块设置班组，小单位的学员就近编入人数多的单位进行班组活动。③针对工作中常有的突击任务和有些单位有淡旺季、有些学员因出差不能保证全勤等情况，学院大力做好补课工作，原则上是缺多少补多少，方式则依情况而定。缺课人数多时及时组织补讲，缺课人数不多时，则在一定阶段安排总复习或总辅导，帮助学员赶上进度，避免因缺课多而辍学。④在自觉的基础上进行必要的监督和促进，除坚持考勤外，在每学期告一段落时进行整顿和测验，并利用寒暑假发动学员进行检查总结，开展批评，端正学习态度，健全学习组织，总结经验，表扬先进。进行测验时，由学院统一布置题目和答案，在各单位分别进行测验和民主评卷，都收到良好的效果。

红专学院于1963年2月招收第二期新生，原定不超过2000人，但报名者极为踊跃，经过审查退回了不符合条件的279人并淘汰了入学考试不及格的454人，实际招收2879人。红专学院第二期班仍设三个系授课，一直坚持到"文革"。

四、提高教师队伍素质

学校建校之初，两个教研室总共不足30名教师，而且其中20%没有讲过课。刚开课时，政治课和政策课都曾请市委财贸部或各局、行、社领导干部担任；红专学院的大课，也大多是外请大专院校的教授、讲师担任。在这种形势下，校党委把培养造就合格的教师队伍作为工作的重中之重，积极培养教师，提高教师素质，以适应教学的需要。学校的培训对象决定了对教师的高要求。与普通教育不同，学校教师在对学员进行必要的知识传授时，还要回答他们在工作实践中遇到的现实问题。因此，学校通过多种渠道对教师进行培养，提升了教师素质。

一是选送青年教师带薪以脱产或半脱产的方式，到东北财经大学、北京大学、中国人民大学、北京商学院、市委党校等校深造，提高专业理论水平；二是组织教师参加财贸部中心工作和重大购销活动，掌握财贸系统工作新动向；三是组织干部职工参加农村整社和四清运动，了解农村政治动向；四是鼓励教师下商店、下工厂、下农村参加劳动锻炼，保持劳动者本色，丰富工作阅历；五是选送教师到市委财贸部见习，熟悉全系统情况；六是鼓励干部、教师下基层代职，锻炼基层工作能力；七是积极参加商业部厅局长会议和市有关部门会议，获得有关政策推进落实的信息；八是鼓励全体教职工自学马列毛著作，提高政治和专业水平；九是举办校内业余学习班，利用业余时间把教师组织起来，系统讲授中国通史、古代汉语、语法修辞、形式逻辑等课程，校长带头听课，收到了良好效果。

通过上述全方位、多形式、大规模的培养和锻炼，学校教师队伍的总体素质得到了较快提高。教师们活跃在全市财贸部门各单位，密切了校企关系。经过一年多的时间，本校教师逐步担当起了主要课程及红专学院的辅导课，并且有能力为基层单位的红专学校做示范教学。

之所以取得如此明显的成效，主要是在教师队伍建设中把握住了以下几点：一是紧紧抓住教师的思想改造环节，结合形势及政治运动，把教师学习毛泽东思想与提高教学质量紧密联系起来；二是坚持教学与生产劳动相结合，组织教师带领学员深入基层参加一定的中心工作或突击性劳动，这些都有助于增加感性认识，开展调查研究，使教学能更好地联系实际、解决问题；三是大力支持和组织教师进修，当时教师是坐班制，边教边学，通过校内办班和校外深造两个途径提升了教师素质。

在开展教学工作的同时，学校注意加强图书资料的建设工作，1960年图书馆已初具规模，藏书达5万册，并购置《四部备要》等珍籍。资料室配合教学做了大量工作，从1958年下半年开始，抽调干部，用一年半时间汇编了《马恩列斯论财政贸易》《毛泽东论财政贸易》和《有关财政贸易政策文件汇编》三本书，共48万字。其中《马恩列斯论财政贸易》一书受到广泛重视，在国务院财贸办公室的领导下，做了补充修订，由科学出版社公开出版发行。各教研室还选编了《哲学参考文件》第一集（上下两册）、《政治经济学参考文件》第一集（上下两册）和《贸易经济学参考文件》第一辑，印发给教师和学员阅读，有力地配合了教学。

第二章

曲折发展：政治运动中的艰难办学

第一节　办好政治学校的探索

一、全面总结办学经验教训

为了深入探索如何办好政治学校，学校党委曾于1964年对建校以来的工作做了一次全面检查，并向市委领导同志提交了正式报告。报告肯定了学校近六年来的办学成绩，并着重分析了存在的主要问题，即培训任务的杂乱多变和缺乏计划性，制约了学校队伍建设以及教学水平的提升。

六年中，学校总共开设班次145个，分为64个班别，每种班平均只开办2.27期。即使在明确为政治学校性质之后，训练内容仍然由于国家形势的变化和各局、行、社的不同要求而时常变动，时而搞政治理论教育，时而搞形势和方针政策教育，时而搞思想作风和工作作风教育、人生观教育，时而搞专业教育。学制也极不一致，长的有一年、八个月，短的有三个月、两个月、一个月、二十天、半个月甚至只有一周。由于培训任务多变，缺乏计划，工作中盲目性很大，长期处于"等""赶""变"的状态。对于教师的培养和提高，很难做出较长远的安排；教学上也很难建立必要的秩序和比较完整的工作制度与标准，这些都直接影响到教学水平的进一步提高。报告针对培训中存在的问题，根据多年实践经验，提出办好这所政治学校的具体意见：一是培训对象为区科长级及市副科长级干部；二是训练内容为政治理论和党的基本方针政策；三是干校规模为200人左右，学制以六个月为宜。但是，这一报告没有得到批复。

二、深入贯彻"全国财贸政治工作会议精神"

1964 年，毛主席在关于学习解放军加强政治工作的批示中说："国家工业各个部门现在有人提议从上至下（即从部到厂矿）都学解放军，都设政治部、政治处和政治指导员，实行四个第一和三八作风。看来不这样做是不行的，是不能振起工业部门（还有商业部门，还有农业部门）成百万、成千万的干部和工人的革命精神的。1964 年 6 月，中央财贸政治部召开了全国财贸政治工作会议，大力加强政治工作，并公布了《中华人民共和国财贸政治工作条例总则草案》《财贸部门各级政治部工作条例草案》和财贸企业党委、财贸基层企业党支部、财贸企业政治处、财贸基层企业政治指导员工作条例等六个文件，掀起学习解放军活动高潮。

1965 年 2 月和 10 月的两次全国财贸政治工作会议上，李先念、姚依林、杨树根等同志都做了重要讲话。4 月 2 日，市委财贸政治部转发了中央财贸政治部发出的《关于财贸政治工作训练班教学计划的通知》，明确要求"在今后两年内各级财贸干部学校应当开办短期的政治工作培训班，学习解放军的政治工作经验，大力培养政治工作干部，加强财贸部门的政治工作建设。"通知中规定了短训班的学制，规定只设一门政治课，共分六个专题：①高举毛泽东思想红旗，坚持四个第一；②活学活用毛主席著作，抓好活的思想教育；③培养三八作风；④创造四好连队运动；⑤政治机关的领导作风和领导方法；⑥一九六五年财贸政治工作的任务，并规定了基本教材《政治工作学习文件》。

三、开办政治工作训练班

根据市委财贸政治部转发的中央财贸政治部发出的《关于财贸政治工作训练班教学计划的通知》精神，学校立即着手准备开办政治工作训练班（简称政工班），在校党委领导下，由李永正、李永聚、丁林组成领导小组，下设政工、教学、教务三个组。训练班按大队、中队编制。由于以前未办过这种班，第一期的六个课题分别由市委书记处书记陈克寒、财贸政治部正副主任及受邀解放军同志担任。政工部的学员条件是：现任（或拟任）支部书记、政治指导员、做政治工作的一般干部（含人事、保卫、党务干部）和基层业务领导干部。由市委财贸政治部通知各基层选派学员，并明确今后调训财贸政工干部的工作由财贸干校负责进行。

第一期政工班于 1965 年 5 月 13 日至 7 月 14 日举办，学员 297 人，教学内容和六个课题遵照财贸政治部的规定安排，教学方法也做了较大改变。主要是：①摆问题，有的放矢地解决问题；②三忆三比（忆旧社会苦，比新社会甜；忆党的培养，比对党的贡献；忆先烈的革命精神，比革命干劲），促进思想革命化；③坚持自觉革命原则，实行"三自为主"（自己读书为主，自觉检查为主，自我提高为主）的方法。同时，在学院中开展"四好运动"发动学员争四好、创四好、评四好班和四好学员。这期政工班效果较好，学校根据学员提出的问题及总结的经验，结合财贸基层企业政治工作中最主要、最经常、最大量的工作，及时撰写《财贸基层企业政治思想工作研究提纲》，包括大力组织职工活学活用毛主席著作、充分发挥党支部的战斗堡垒作用、大兴"三八作风"、做好"五好企业""六好职工"运动中的政治思想工作、抓好形势政策教育、把政治思想工作做到业务活动中去、做好节假日中的政治思想工作、做好青年工作培养革命接班人、做好后进职工的政治思想工作、关心群众生活注意劳逸结合、培养建立一支思想工作骨干队伍共 11 个方面的经验，发给学员使用，并印发基层参考。

8 月 17 日，开办了第二期政工班，学员 290 人。教学经验又有新的发展，总结如下："一个指针"，即以毛泽东思想为指针；"两个课堂"，即教学课堂和课外的政治工作、教学管理、生活安排、教职工人员以身作则的实际表现；"三结合"，即提高认识、改造思想、总结经验相结合；"四自为主"，即自觉革命、自己读书、自觉检查、自我提高；"五同"，即同听课、同讨论、同改造、同生活、同娱乐。第二期政工班和 1964 年底开办的会计班于 1965 年 10 月 9 日同时毕业。此后，会计班停办，八位财会教师转到财贸学校去工作，二里沟和八里庄两处校舍全部用于培训政工干部。

第三期政工班于 11 月 16 日开学至 1966 年 1 月 14 日结业，学员增加到 523 人。在此期间，中央财贸政治部于 1965 年 12 月 15 日在上海召开了全国财贸干校工作会议，解决财贸干校的方向问题、指导思想问题和方针任务问题。会议要求"用革命精神把财贸干校办成毛泽东思想挂帅的学校，办成革命化的学校，在促进财贸队伍革命化、造就革命干部的过程中发挥更大的作用。"会议开了 13 天，学习了毛主席和党中央、中央军委关于干部学校的指示和林彪的有关言论，学习了解放军长沙政治学校的经验及解放军政治工作的一些具体经验，如"六十个怎么"，等等。

四、学习"十二条"

在全国财贸干校工作会议上，中央财贸政治部提出了《办好财贸干校的几点意见》，简称"十二条"，规定了教育方针和教育教学原则，内容涵盖办成一个革命化学校的问题、校风问题、学制与机构训练对象问题和党的领导问题等。

1966年1月，第三期政工班结业后，全校教工集中一个月时间传达全国财贸干校工作会议精神，对照"十二条"，以解放军长沙政治学校为榜样，采取整风办法开展了大检查、大讨论和大总结活动，并于1月份开始规定全体人员"天天读"毛著1小时。

这次活动总结了八年多来开办的政治、专业、技术文化等49种班次情况，训练学员24889人的成绩和经验，增强了为革命办学的事业心，明确了以毛泽东思想为纲，以毛主席著作为基本教科书，以阶级斗争为纲、大抓活的思想。强调抓不住活思想不讲课，抓不住活思想不出讨论题，抓不住活思想不做小结。明确在学习毛主席著作当中，教学主要工作是"指、引、挂"，即指重点、引导理解文件的精神实质和结合实际。强调要启发引导学员联系实际，教师首先要学得好、联得上，在辅导中做到"四个摆进去"，即摆进自己的思想感情、摆进自己的学习态度、摆进自己解决的问题、摆进自己的学习体会。要求充分发挥"第二课堂"的作用，发扬"三八作风"、为人表率。这些都使教工人员的精神面貌发生了新的变化。

在举办政工班的过程中，学校边整边改，调整了组织机构，成立了政治、训练、校务三个处，下设两个训练大队，并计划1966年再办两期政工班，把基础政工干部基本轮训一遍之后，举办4至5期学习毛主席著作训练班。全年共训练6000人左右。

1966年3月，第四期政工班开学。这期学员增加到704人，其中转业军人占41%，新干部占12%。学习内容为《为人民服务》《实践论》《矛盾论》《发挥党支部的战斗堡垒作用》和《人民战争胜利万岁》五个单元。学习班于5月20日结业。

不久"文化大革命"开始，第五期政工班没有办成。

第二节 "文革"中停滞与"文革"后复校

一、财贸干校被迫停办

20世纪60年代，依旧年轻的新中国面临的国际形势十分复杂，党中央对国内外局势判断出现失误，接连开展"四清""五反"运动，不断强调"以阶级斗争为纲""防止出现修正主义""反对走资本主义道路的当权派"，社会主义教育事业受到了严重冲击。自1962年以后，财贸干校的各类专业培训逐渐萎缩。1966年5月，"文化大革命"开始。在这场空前浩劫中，财贸干校的办学成绩被否定，是非被颠倒，校舍被占用，设备被毁坏，图书资料大量遗失。1968年，毛泽东下达了"知识分子到农村去，接受贫下中农的再教育"的指示。财贸干校在"斗批改"后，一批教师被分配到市郊插队。当时农村社员生活很清苦，一个壮劳力，年终结算下来，每天只有5角左右，能养两口人。但他们对下放的教师很关怀，总是分配给他们力所能及的农活，把舍不得吃的好东西拿来招待财贸干校的老师。在共产党员党性要求和农村现实环境面前，老师们认真接受贫下中农再教育，坚持和社员"三同"，即同吃、同住、同劳动，感受到他们的甘苦。

1970年7月，北京市革命委员会正式决定撤销北京市财政贸易干部学校，保留部分人员继续办班，学校名称被改为北京市财贸干部毛泽东思想学习班（1976年10月迁址到东城区礼士胡同41号）。其他干校教职工星散四方，近十年的苦心经营付之东流。直到粉碎"四人帮"之后，拨乱反正，财贸干校才于1978年得以恢复。

二、呼吁恢复学校

1976年，"四人帮"被粉碎，"文化大革命"十年浩劫终于结束。被扼杀的北京市财贸干部教育事业重又焕发了生机，恢复财贸干校的决策开始酝酿。

1977年下半年，中共北京市委财贸部抽调部分人员，开始对财贸系统的办学情况进行深入调查。当时的情况是"我市财贸系统广大干部职工的文化水平低，业务水平低，管理水平低，与迅速发展的新形势极不相适应。以文化程度为例，在近38万财贸系统职工中，初中程度的184700余人，占职工总数的49%；小学程度的89600余人，占24%；中技、中专和高中程度的70700余人（其中中专5800余人），占18.18%；大专程度的仅有3440人，占0.8%。此外尚有文盲、半文盲28000余人，占7.4%。科技人员和各种专业人才严重短缺。由于林彪、"四人帮"的干扰破坏，北京市财贸系统的教育事业受到严重摧残，思想搞乱了，队伍搞散了，设备搞丢了。粉碎"四人帮"后，教育事业虽有所恢复，但进展迟缓。因此，快速发展教育事业，努力办好各级各类学校，培训干部和职工，造就更多又红又专的管理和技术人才已是刻不容缓，时不我待。这个问题不解决，所谓跟上形势发展，为实现四个现代化多做贡献，就是空谈。"①

1978年1月27日，市委财贸部调研人员在向市委报送的《关于财贸系统办学情况的汇报提纲》中明确提出了复校意见。"为了提高干部的政治理论水平，应恢复市财贸干校，由财贸部领导。根据中央关于办好各级党校决定的精神和市委党校工作会议的要求，财贸干校主要侧重于提高干部的马列主义、毛泽东思想水平，系统地学习马列和毛主席著作。同时为完成一定学习任务，举办短训班，但以前者为主，培养对象主要是公司、区县管理处中层以上领导干部。"

复校在呼吁中，干校撤销前的领导同志，有些参与了以上办学情况的调查，他们向市里有关领导，申诉了个人意见，提出了复校的建议。

复校在期盼中，分散在市、区机关、企业、学校等处工作的老干校的教职员工，以及当年从老干校毕业走上工作岗位的校友们听到了复校的消息，都欢欣鼓舞、辗转相告，盼望着自己当年工作学习过的母校早日恢复新生。多数原干校教职工表示愿意回到新生的干校来，为财贸教育事业贡献自己的力量。

三、来自中共北京市委办公厅的通知

1978年3月27日，在北京市委财贸部的领导下，在原北京市财贸干部毛泽东思想学习班的基础上，调集第一批干部、教师8人组建起办公室，开始了复校的筹备工作。

---

①摘自《1979年至1985年北京市财贸系统教育事业发展规划（草案）》。

当时，北京市财贸干部毛泽东思想学习班由一商局代管，这是一个设有食堂、客房，具有招待所功能的学习班。工作人员共37人，其中绝大部分是后勤服务人员。在这样的基础上进行复校，主要面临着三大困难：一是缺乏师资和干部力量；二是房屋大部分老旧，有的已开裂下沉，不适于教学之用；三是教学设备、图书资料早已荡然无存。因此复校筹备工作是在十分困难的条件下起步的。负责筹备工作的办公室经过研究决定：从调整原有人员，积极调进教学、行政人员入手，同时分头抓紧进行房屋修缮改造、教学设备增置和图书资料的收集工作。

1978年4月4日，复校筹备组向市委财贸部上报《关于恢复北京市财贸干部学校的几点意见》，主要内容如下：

1. 干校的性质和任务。干校是财政系统具有党校性质的一所学校。其根本任务是通过政治训练培训财贸系统公司、管理处常委以上领导干部。（有条件可适当培训一些公司科长及宣传干部）

主要课程是学习马克思主义的基本原理，完整准确地领会和掌握毛泽东思想体系，为我国新的发展时期的总任务服务。

干校要以抗大为榜样，团结、紧张、严肃、活泼。发扬理论联系实际的革命学风。干校规模，按现有条件，每期训练100至200人，1978年从6月份开始到年底，拟举办两期，每期150人左右。

2. 管理体制、机构设置。干校由市委财贸部直接领导，建立学校党委会。学校经常性工作实行党委领导下的校长分工负责制。在校党委领导下，本着精干、讲究实效原则设立两室（办公室、研究室）、两处（教务处、行政处）等办事机构。

3. 办校经费。意见中提出两种设想：或由市财政直接拨款，或由财贸各局、行按比例分摊。

4. 当前急需解决的几个问题：

（1）调配人员问题，首先要尽快选调组织一个学校的领导班子，以便更好地开展工作，其次为保证6月份正式开学，急需选调几名教师，还有炊事人员四到五人。

（2）图书资料目前一无所有，我们的意见：一是订购一些必要书报杂志以及教学急需的学习参考书；二是要回一商局、市委图书馆、市委财贸部调阅的原财贸干校的图书资料。

（3）原财贸干校办学所用的物品如扶手椅、办公桌等，还有相当一部分在由一商局所属公司借用。我们的意见是原则上一律收回。急需购置的车辆物品和经常性开支、修缮费等所需经费，请马上拨部分款以应急需。

以上复校意见，基本上得到了市委财贸部领导的同意和支持。1978年6月17日，中共北京市委办公厅发出了《关于将财贸干部毛泽东思想学习班改为财贸干校的通知》："经市委批准，北京市财贸干部毛泽东思想学习班改为北京市财政贸易干部学校，按市局级单位对待，由市委财贸部领导。"至此，被撤销已达8年之久的北京市财政贸易干部学校，终于在新的历史时期正式获准恢复了。

四、从二里沟到礼士胡同

北京市财政贸易干部学校校部原址位于西城区二里沟（现由北京市地方税务局使用），直至1970年学校被撤销，地处二里沟的校部一直发挥着组织管理、教学管理以及培训等重要功能。当时学校一部对北京财贸系统科级干部和公司经理的培训多在二里沟进行。二里沟本部的校址是一幢6层高楼，带有半层地下室。它是在1957年，由时任商业干校副校长刘世亮（1958年建校后任学校副书记），为改善办学条件主持建设的。

北京市财政贸易干部学校复校后，校址迁到了东城区礼士胡同41号。此前41号的主人曾经是清朝政府一名大学士。北京和平解放后，41号院是国家工商行政局所在地（著名经济学家许涤新、昔大同曾在此任职）。1976年10月，北京市财政贸易干部学校迁址于此。作为学校唯一的办学场地，礼士胡同41号这座三进四合院，占地两千多平方米，几十间平房，一间大会议室。因为年久失修，多处房舍出现塌漏，地基下陷。在简陋的办学条件下，学校教职工学习延安抗大精神，艰苦创业，开始了新的办学历程。

五、复办工作快速推进

1978年6月，经市委财贸部批准，组建起干校临时党总支委员会，明确高琛同志为负责人。全校人员44人，其中教师增至9人、干部15人。全体人员集中学习了中共中央《关于办好各级党校的决定》，初步明确了办好干校的重大意义，提高了教职工的工作责任感，树立了以教学为中心、为教学第一线服务的思想。

根据市委财贸部指示，拟定首先开办干部读书班。根据第一期财贸系统干部读书班的教学计划，主要学习内容为：马克思主义哲学基本原理、政治经济学的一些基本观点和财贸工作的基本方针政策。经过反复讨论，统一了教学指导思想，教师分工备课、集体讨论，准备了辅导讲稿10篇，印出原著辅导材料12份，共36万字。

根据教学需要，大家动手对校舍进行了改建、维修、内部粉刷并糊了顶棚。对借出的家具积极联系调回，对大部分桌椅床凳进行了整理、清洗、油刷。添置了必需的打字机、录音机、教学用品等，并按照移交清册，走访借出、接收单位，联系调回图书5000余册。

在筹建过程中，绝大多数同志认识到：能战斗在培养干部的岗位上是"党的信任"，是"光荣的任务"。尽管当时困难重重，人员缺额20多人，占原计划配备的近1/3，但许多同志工作起来不分白天黑夜，不分份内份外。指到哪打到哪，一人顶几个人干，克服了人员不足的困难。教师不够，能讲课的干部也承担起教学任务。炊事员缺额3人，传达室、机工组的同志主动到食堂帮忙，教师干部轮流卖饭。房子紧张，教师、干部争着搬进光线不足、老旧狭窄的房屋备课办公，把条件好些的屋子留给学员。后勤方面没有一辆汽车，全靠人力搬送、托运，干部、教师一起动手抬运煤、支床铺、挂门帘、发被褥、打开水，小到灌满各学员宿舍的墨水瓶。"团结、紧张、严肃、活泼"八个大字写在校门口迎面的影壁墙上，延安抗大的精神、老干校的优良传统在复校建设中得到了发扬。

1978年6月，学校向市委财贸部汇报了准备工作情况，并配合市委财贸部有关处召开了各区县局参加的招生工作会议，招收市、区、县公司，管理处经理级和基层干部，学员共98人。

六、第一期干部读书班开学典礼

1978年7月11日，学校举行了第一期干部读书班开学典礼。学校的干部教师齐集校门口迎接新学员，接过行李、背包，安排宿舍铺位。

开学典礼上，财贸各局都派来主管局长或者有关负责同志前来祝贺。市委财贸部副部长安林同志到会并讲话，主要内容是：为了贯彻党中央关于办好各级党校的决定，为了加强市财贸队伍特别是干部队伍的建设，经市委批准将原来的财贸毛泽东思想学习班改为财贸干校。今天第一期读书班开学，我们财贸各局的负责同志一起来参加表示祝贺。希望大家有明确的学习目的，要发扬毛主席一贯倡导的革命学风，坚持理论与实践相统一的原则，要大力恢复和发扬党的优良传统作风，要下苦工夫学习马列主义，养成读书的习惯。

在开学典礼上，学员代表表示绝不辜负市委和财贸部领导的期望，在学习上来一个革命竞赛，胜利地完成学习任务。通过学习一定要在理论和政治上有所提高，在工作和思想作风上有所改进。教师代表提出，要在上级正确领导、学员自觉努力下，努力把干校办成既有党校性质又有财贸特点，为企业实际、为财贸事业服务的学校。树立全心全意为学员服务的思想，教师要当好"三员"，即教学上的辅导员、工作上的联络员、生活上的服务员。要跟班教学，与学员们同吃同住同学习，在新的长征中做出自己的贡献。

1978年复校后，学校的办学条件大不如前。校舍面积只有2387平方米，住宿学员只能容纳100人；图书只有5000册。当时，仅有市拨经费5万元。学校面临的复校工作千头万绪：要选调教师、干部和职工；要抓紧时间修缮校舍，防止墙体开裂、倾斜、地基下沉的加剧；还要申请经费、图书资料、办公车辆，请示有关领导部门督促占用部分校舍的单位请其尽早迁出等等。但中心任务十分明确，就是要保质保量地完成好培训任务，承担起市委批示恢复财贸干校文件中提出的任务——"结合财贸特点，轮训公司及区县管理处（局）正副经理，正副主任和基层支部书记以上干部。通过短期培训，提高他们的政治理论和政策业务水平。"

面对简陋的办学条件和既新且重的培训任务，学校的干部师生却积极乐观，倍有信心，在不到两个月的时间里即复校开班。之所以能够如此，经历过复校初期建设的关葆璋副校长曾做出如下总结：①学校"背靠系统、面向企业"的办学指导思想明确具体，多层次、多规格、多形式办学早已行之有效。②艰苦奋斗、勤俭办事的思想深入人心，并且转化成为从领导到教职工的自觉行动。③搞事业条件是重要的，但是没有条件创造条件也要上的创业精神在实际工作中得到了发扬。④扎扎实实、讲求实效、一步一个脚印的工作作风在复校过程中得以体现。在各方努力下，全校干部职工齐心协力，将强大的精神动力转化为物质力量，开辟出一片新天地，实现了四合院里闹革命，财贸学员遍京城。

第三节　复校后的良好开端

一、开办短训班

"文革"浩劫造成北京市财贸系统干部职工的文化水平低，专业人才短缺，亟须尽快培养能适应发展新形势的管理和技术人才。于是在困难的办学条件下，干校先办起紧跟当时形势的干部脱产短训班，重点轮训公司及基层领导干部，着重围绕实践是检验真理的唯一标准的讨论，进行实事求是的思想路线教育。第一期干部读书班在两个月培训结束后回到工作岗位，把学到的理论知识运用到工作实践中。学校随即又投入了迎接第二批学员的紧张准备中。

此后，各种短训班接连不断地开办下去。截至1980年底，共办短训班12期，轮训干部1004人。计有基层领导干部班2期，每期四个月，主要学习经济理论、企业管理，共培训196人；公司级领导干部班3期，每期四个月，主要学习经济理论、企业管理，共培训272人；为市一服务局代培基层领导干部班2期，每期四个月，主要学习经济理论、企业管理，共计64人；师资班1期，分经济理论、企业管理两班，两个半月，共计112人；公司级领导干部班4期，每期一周，主要学习政府工作报告，共计360人。

短训班在开办过程中，针对学员特点，注意发挥教学双方的积极性，不断总结经验，初步归纳出短期轮训干部教法十条：（1）在学习理论的基础上，强调总结实践经验；（2）开展课堂讨论；（3）邀请学员讲课；（4）运用实例教学；（5）聘请学员担任小辅导员；（6）吃"偏饭"，上小课堂；（7）编制讲学提纲，把学员从课堂笔记中解放出来；（8）适量布置作业练习；（9）组织参观；（10）改革考试方法，提高分析问题和解决问题的能力。

尽管学校克服重重困难接连举办多期短训班，但是面对财贸系统广大的干部队伍，这只是杯水车薪，这样的轮训速度，远远满足不了实际需求。

二、举办校外讲座

学校在改革开放初期，围绕党和国家中心工作的重点转移，举办短期干部培训班效果非常好。但是短期培训班规模较小、培训人数有限，难以适应改革发展形势的需要和提高数以万计的财贸系统干部队伍思想水平和业务能力需求。1979 年 2 月 19 日，市委财贸部发出举办经济理论和经济管理讲座的通知。为加快干部培训的步伐，学校走出校门、走向社会，租赁首都剧场开办处级干部培训班，学员主要是财贸各区县局处级干部共 1000 多人。（每次系列讲座少则 6 讲、多则 12 讲，每次实际到场听课人数达 1500 人。）

从 1979 年 3 月起，学校将首都剧场作为课堂，先后举办了经济理论、经济管理、马克思再生产理论系列讲座，期间穿插"实践是检验真理唯一标准"专题讲座和国内外政治形势报告会。目的在于突破长期禁锢人们头脑的旧经济体系藩篱，清除"左"的思想影响。学校精心组织每次讲座，邀请首都经济理论界的知名学者如刘国光、柳随年、董辅礽等担任主讲。他们了解国情、思想开放，通过理论联系实际的宣讲，有力地推进真理标准的讨论，在全市较早地促进了干部思想解放，有效提高了大家贯彻党的十一届三中全会路线、方针、政策的自觉性。在举办专题系列讲座期间，财贸系统绝大多数干部都积极参加听讲、开展讨论。大家感到茅塞顿开，纷纷认为早该举办这样的讲座。前后有 2 万余人参加了讲座学习。每逢讲座日，首都剧场门前有上千人入场听课，上百辆汽车停靠等候，场面甚是壮观。

为达到最佳效果，学校依靠财贸系统优势，与企业积极配合，分工明确——学校负责安排学习内容，聘请教师，组织讲座；各区县局公司领导抓思想、抓学习。通过这些有效措施，加强了教学管理，保证了教学质量。

首先是建立严密组织。参加每期讲座的 1000 多名学员，分散在 200 多个单位。为了加强教学管理、提升学习质量，以财贸各局、区、县为单位编班划组，确定专人负责组织学习。其次是规范教学管理，实行听课考勤制度、按时对话制度、缺席补课制度、复习考试制度，严格教学环节，如考勤、讨论并记录、写心得体会，并且及时召开座谈会，听取意见改进工作。再次是内容安排突出三个特点：一是配合形势，讲座内容贯彻中央精神，结合中心任务；二是系统安排专题，每周组织一讲，每专题组织若干讲，时间持续、内容连贯，有一定理论深度；三是联系实际，主讲人多为中央商业部、财政部领导以及有关院校、研究所的负责同志，理论联系实际，针对性强。

学校举办的经济理论和经济管理系列讲座，在市委财贸部向市委报送的《关于财贸系统教育工作情况的报告》中被给予了很高的评价。"举办社会主义经济理论学习班和讲座，从学习讨论真理标准、端正思想路线入手，结合财贸工作的实际，系统地讲授社会主义经济规律，进行工作重点转移、一心一意搞四化的教育，不仅提高了干部的经济理论和业务政策水平，而且对干部领会党的十一届三中全会精神，解放思想、实事求是地总结三十年财贸工作正反两方面的经验，研究新情况，解决新问题，有很大的帮助。"由于培训内容与工作实践密切相结合、针对性强，学的是正在用或将要用的，而学习之后又能用上，因而效果明显，受到学员和领导的支持和欢迎。

此外，为配合在职干部学习，教师还到校外讲课270多人次，听课干部达2万多人次。

三、学校各项工作渐入正轨

1979年4月6日，市委财贸部任命刘世亮同志为北京市财政贸易干部学校临时党委书记、校长，高琛同志为校临时党委副书记、副校长；并通知建立校临时党委，以加强对学校的领导。

学校在加强教材和图书资料建设方面，除编写了一批油印教学讲义外，还编写铅印了《社会主义经济理论》《财贸基层企业管理》《商业企业财务管理》《营业员服务员基础教材》等教材和《社会主义经济理论讲座汇编》《经济管理学习参考资料》《财贸经济管理讲座汇编》《政治经济学（资本主义部分）学习参考资料》等。以上8种共印7万多册，支援校外5万多册。

图书馆藏书在此期间由5000册增至2万多册。与此同时，学校抽出人力，自力更生，加固、整修、翻建校舍。教室由1个扩大到3个，图书馆由50平方米扩大到200平方米。

1980年2月，正值北京财贸学院首届中专学生毕业。为了充实教师队伍，增添新鲜血液，学校与北京财贸学院领导协商，从该校金融、商企专业中择优录取了邢颖、王成荣、叶立雯、刘殿成、张海燕、唐青平、滑锡林等毕业生到学校任教。2月6日，学校办公室主任余邦和同志亲自用专车将他们接到学校。

中篇

办学转型焕发生机：成人教育时期

（1981—2002）

第三章

探索实践：成人教育创辉煌

第一节　实现第一次办学转型

一、探索开办商业企业管理干部大专班

1980 年，中共中央宣传部、组织部在《关于加强干部教育工作的意见》中明确提出："必须逐步建立以党校、专业干部学校为支撑的干部教育网，逐步实现正规的干部教育制度。使训练在职干部、培养优秀中青年干部的工作逐步做到经常化、制度化。"在《一九七九年至一九八五年北京市财贸系统教育事业发展规划》中，也要求"市区公司级领导干部要在两年内成为懂得政策、熟悉业务、能够对企业实行科学管理的专门人才。对其中具有高中或相当于高中程度的青年（四十五岁以下）领导干部要在五年内（到一九八三年）专业知识达到大专水平。市区公司级科长、副科长、基层经理、支部书记要在一九八三年内专业知识达到中专水平。目前已达到中专或高中程度的，五年内要达到大专水平。"

1980 年下半年，学校临时党委在组织学习有关文件和落实规划精神中，提出为培养本系统高级管理人才，有必要举办大专学历班的设想。学校反复考虑现有的教学条件和干部的实际需要，准备先办一个商业企业管理大专班。由于当时全国范围内在成人教育领域找不到现成可供借鉴的办学样板，一切只能从零开始。为了拟订出既符合大专学历水平，又具有在职干部教育特点的教学方案，学校立即抽调教学管理人员组成调研组深入财贸系统企业和大专院校开展调研。

调研组先是邀请一些公司级领导干部召开了座谈会，通过座谈了解到他们对

接受大专学历教育的要求十分迫切。之后，调研组走访各个区县局，调查现职干部的政治水平、业务水平，工作中短缺什么知识，要达到大专程度需要掌握哪些方面的知识，达到什么样的理论和实践水平。通过这次深入调研，学校基本上掌握了财贸系统干部的实际情况。最后，调研组又先后到中国人民大学、北京商学院、北京财贸学院等大专院校，吸取商业经济各专业培养目标、课程设置、教学要求、课时分配等经验。在调查研究基础上，学校明确了大专班培养目标是：经过系统教育，培养学员成为具有马列主义理论修养，坚持四项基本原则，坚决执行党的路线、方针、政策，掌握专业理论，精通商业企业管理，德智体全面发展，达到大专水平的财贸干部。

1980 年 10 月 16 日，学校拟订了《北京市财政贸易干部学校商业企业管理大专班教学方案》。方案明确提出："要从学员实际出发，扬长补短，打好基础，突出重点，加强研究。要发扬学员有一定的实践经验和政策水平之长，补理论、文化、专业基础差之短。在提高政治、文化、专业水平的基础上，重点研究和掌握商业企业的科学管理。"

方案上报市委财贸部和市工农教育办公室后，市委领导亲自过问，很快得到了批准。1980 年 12 月 1 日，市委财贸部、市财贸办公室联合发出的《北京市财贸系统教育工作会议纪要》明确提出，市财贸干校明年初要开办商业企业管理专业大专班，从一商、二商、一服、二服、粮食、供销、水产局和各区、县财贸部门中招收 50 名具有高中文化程度或相当于高中文化程度、身体健康、年龄在 45 岁以下的公司级干部和 40 岁以下优秀的基层干部，经区、县、局推荐，市财贸部批准，学校考试后择优录取。学制两年。各单位要保证学员质量，组织好报考干部的复习、考试和入学工作。

二、组织招生录取工作

教育工作会议后，学校发出招生简章。市委财贸部和各区县局党委十分关心，组织进行动员，挑选考生报名，安排复习时间，逐个进行审查。学校拟订了政治、语文、数学、商业经济四科复习大纲。复习中，针对考生数学基础较差的情况，重点组织了七次数学辅导课，每次课历时半天。考试从命题、监督到阅卷，严格按照高考办法，做到认真、细致、保密、公正。

商业企业管理大专班的开办受到广大财贸干部的欢迎，特别是中、青年干部渴望获得这一学习机会。报考后，学习积极性很高，普遍认真复习迎考。有的考生对照复习大纲，请教老师，刻苦准备；有的女考生接来母亲照看孩子，以争取较多时间复习。学校组织辅导时，考生踊跃来校听课。特别是远郊县的考生早到晚归，长途奔波，不辞辛劳。考试期间，考生们态度严肃，答卷时都很认真。

1981年2月2日，考生入学考试录取工作全部结束。参加考试的122名考生，平均总分为279.74分，其中240分以上及格人数达85人。根据择优录取原则，确定录取分数线为294分，录取学员50人。学员基本情况是：男39人，女11人。其中处级干部16人，科级和后备干部34人，党员46人，占92%；原有高中、中专、中技文化程度的30人，初中文化程度20人，平均年龄33.98岁，平均工龄16.38年。学员政治素质较好，文化专业水平较高。为迅速加强干校师资队伍，校临时党委果断抽出陈鹤鸣、王鼐、吴晓辉、乔启麟、邢颖、王成荣、叶立雯、刘殿成、张海燕、唐青平10名年轻教师（占当时25名教师总数的40%），按照"同于学员、高于学员"的要求录取，参加了这届大专班的学习。

三、第一届商业企业管理大专班

1981年3月2日，首届商业企业管理大专班正式开学。这是学校探索变革转型，从干部培训走向成人高等教育的一个新起点，是具有历史意义的重要转折。举办大专班对于学校来说是开创性的实践和探索，"举全校之力办好大专班"，是当时学校从领导到普通教师的一致共识。

81级商业企业管理大专班将三年教学计划压缩到两年半（104周）完成，假期很短；课程共设置19门，其中政治课3门、文化课5门、专业课11门，课堂教学1656学时。由于学校复校不久，底子薄，师资力量短缺，为保证教学质量，课程大都由外聘的大学教授和科研单位的专家学者任教，本校教师仅少数人任课。大专班实行全脱产封闭管理，学员一律住校，全日制四个学习单元（早上、上午、下午、晚上），学员外出必须向学校请假，每周有四个晚上自习（每周三、六晚上自由活动，学员可以回家）。时任教务处长关葆璋亲自担任党支部书记，由教务处另派两人专职负责学员管理和教学行政管理。

在办好大专班的探索实践中，学校主要采取了以下有效措施：

1. 课程教材体现财贸干部大专教育特点。针对干部学员具有实践经验丰富、基础理论缺乏，政治水平较高、文化底子较弱，分析能力较强、记忆能力较差，年龄经历不同、彼此差别较大的特点，明确了教学原则：属于扩大知识面的课，比普通大学窄一些、实用些，对提高管理能力最直接的专业课和一些基础课，则要专一些、深一些。突出了政治、经济、语文、应用数学和专业课，教材也力求适合财贸干部大专教育的需要，并吸收国外经验与理论。郭志军、王希来等老师编写了《市场学》《商业地理学》，吴慧老师（兼职）编写了《中国商业政策史》等教材。

2. 教师专兼结合，理论联系实际。为保证教学质量，在教师配备上：校内选派了14名学历较高、教龄较长、经验较多的教师专职讲课和辅导；又从校外聘请中央党校、北京大学、中国人民大学、北京商学院、北京经济学院、北京师范学院、中国社会科学院经济研究所、中国科学院应用数学研究所等9个单位的26名知名教授、研究员来担任兼职教师。王珏、吴家骏、苏学生、贺名仑、刘恩禄、陈德全、宋大雷、崔家立、彭世明、周祖谟、周天豹、果洪迟、吴慧、方华、董善元、梅建功等名家名师都到大专班授课，形成了很强的师资阵容。兼职教师理论基础扎实，教学水平高；专职教师长期搞财贸教育，理论联系实际较好，专兼结合，保证了教学质量。学员们对教师的教学水平表示满意。

3. 加强思想政治工作，坚持教书育人。通过调查分析，当时学员的思想状况具有以下特点：一是求知欲强，学习情绪高涨，但为"四化"而学和为"文凭"而学的目的交相混杂。二是积极拥护党的十一届三中全会以来的路线、方针、政策，但在思想上"左"的影响还没有完全消除。三是继承了党的优良传统作风，但少数人有时流露出盲目自满和自由主义情绪。四是学习勤奋，能克服困难，但易受社会动态的波及和家庭问题的干扰。为此学校采取以下做法：一是进行多方面教育。结合教学内容进行系统的马列主义、毛泽东思想教育和形势政策教育，党的优良传统作风教育，全心全意为人民服务的宗旨教育，共产主义理想和党、团基本知识教育，以及正确处理红、专关系和文化道德修养的教育等。还通过召开学生代表座谈会、深入班组谈心，面批作业等方式，加强思想政治工作。二是组织开展争当"三好"学员、"三好"小组的评优活动，激发学员奋发上进，携手向前的集体荣誉感。三是关心学员生活，深入家访、探病，帮助解决子女入托，合理反映解决分房、调资等实际问题，注意开展宣传文娱教育及文娱体育活动。

4. 注意发挥干部学员自己管理的特点。在班上建立党支部、班委会和党、团小组、学习小组，聘请了一批干事和课代表，细致地进行分工。大家分担社会工作，调动了干部学员们学习的积极性，并制定了《学员管理暂行规定》，人手一册，发动学员自觉遵守，促进了全体学员情绪饱满地投入学习。

1982年夏，北京市成人教育局评估验收小组来学校进行教学验收。验收小组按照各项教学评估标准（包括课堂教学视听、教学质量和效果，以及学员的课堂笔记、作业（作文、论文）、考试试卷等实物展示等），经逐项对照检查通过，评估验收达标，学校取得了成人高教的办学资格。

由于学校及时转型，抢占了改革先机，当其他管理干部学院兴起时，我院83年和84年两届毕业学员已完成学业。他们返回原单位后，成为北京市财贸系统干部队伍的中坚力量。

第二节　大力开展成人学历教育

一、成人教育扩大规模

1982年，学校招收第二期大专班，在招收前先开办了帮助考生复习的预备班，为部分知识丢得太久的考生创造了必要的入学条件，受到了考生的普遍欢迎。1982年学校录取分数线比北京市统一分数线高出21分。1983年，党政干部基础理论班录取分数线超过北京市统一分数线50多分。为使科级以上干部和市、区、县、局以上劳动模范、先进工作者能够入学，从82级起，采取录取时降低一个分数段照顾10分的做法，被市工农教育办公室采纳，1983年在全市推行。

为满足广大党政干部的需要，1983年，学校又增开了党政干部基础理论专业，设脱产班1个班，夜大班2个班。市委财贸部在1983年第31期《财贸商报》对学校增设党政干部基础理论专业情况有如下记述：今年该院新设立的党政干部基础理论专业，尤其受到广大党政干部的欢迎。多年来，党政干部一直被认为是"非专业"干部，业务水平长期得不到提高，远远不能适应新时期党政干部的需要。近几年，不少党政干部有心考学进修，苦于没有对口专业，又怕考数学。这次党政干部基础理论专业的开设，使广大党政干部犹如久旱得甘霖。报考这个专业的名额一再被突破。有些单位刚超过45岁的"老政工"也跃跃欲试。

1983年5月，第一届商业企业管理专业大专班的58名学员，以总评优良率70.6%的成绩毕业。很多学员被提拔到新的领导岗位上，其中两名学员担任了局级副经理，5名学员担任了公司级领导职务，9名青年教师在充实提高后重新加入了学校教学队伍的行列，其中陈鹤鸣担任专业教研室副主任，学校从优秀毕业生中选拔赵庆萱留校任教。之后，从这个班毕业生中还走出了郑国本、王茹芹、王成荣和邢颖4位学校领导。

1983年7月13日，83级商业企业管理大专班的53名学员参加了全市高等院校统一考试，取得了高等数学总平均86分，两门课的优良率达80.5%的好成绩。为了肯定成绩、总结经验、解决问题、改进教学，同年10月中旬起，对83级4个大专班，组织进行了长达一个多月的群众性教学检查，经历了教学自查、重点检查、总结提高三个阶段，总结推广了以下五条经验：一是不断端正为"四化"而学的目的，这是学习积极性得以持久的根本动力。二是勤奋刻苦的学习精神，是克服各种困难的思想武器。三是讲究学习方法，才能收到事半功倍的学习效果。在这方面，学员们总结出比较科学的五种学习方法：①根据自己的特点安排学习，掌握学习的主动权；②重视课前预习，做到带着问题去听课；③听课得法，精力集中，耳、脑、眼、手并用；④课后搞好复习、作业；⑤整理好听课笔记，为复习和今后查阅提供条件。四是妥善处理家务，合理安排家庭事务和学习的时间，保证学习质量。五是发挥各种学习组织的作用，强化督导，共同完成学习任务。

在集中主要精力开办大专班的同时，学校还继续举办各种短训班期，轮训干部，计有局级干部读书班2期，公司经理轮训班4期，宣传干部班、哲学师资班、商业企业管理师资班各1期，业余高考预备班2期，劳动模范短训班1期，生产服务联社商检班1期。举办了学习马克思再生产理论讲座和学习《邓小平文学》《陈云文稿选编》《社会主义商业道德》等讲座9次，参加听讲人数达11700人次。此外，还为16个单位讲课1153课时。

二、成立北京市财贸职工学院

1983年1月27日，经北京市人民政府批准，在北京市财政贸易干部学校成立北京市财贸职工学院，一套人马、两块牌子。

4月23日，市委组织部通知，市委决定任命刘世亮同志任北京市财贸职工学院党委书记，劳而逸同志任党委副书记、院长，李兴园、高琛任副院长。组织机构由两处两室扩大为三处（教务处、干训处、院务处）五室（办公室、资料研究室加上专业课、基础课、政治理论课三个教研室）。教职工队伍扩大到118人，比复校时的44人增长1.7倍。其中专职教师由复校时的9人扩大到50人，增长了4.5倍。经过两次职称评定，学校已拥有教授和副教授。

在教材编写方面，除与数学应用研究所合编的《应用教学讲义》一、二册外，自编了《社会主义财政金融概况》《商业统计教材》《市场学参考资料汇编》和财贸系统职工中专7门专业课的教学大纲。《中国商业地理学》一书已印刷8000册，除学院自用外，还提供给兄弟省市共800多个单位使用。写出调查报告、学术论文13篇，其中《关于商业系统门市市部主任和会计培训情况的调查报告》，市委财贸部办公室已转报王纯、郭献瑞副市长和刘汝明市长助理，并转发各局、公司、大商场党委。

全校组织了"为教学服务"的大讨论，进一步树立了为教学服务的思想；召开了思想政治工作会议，加强了思想政治工作；进行了党员轮训，发挥了党支部的战斗堡垒作用和党员的先锋模范作用。

学校图书资料进一步充实，藏书量达36974册。并与28个兄弟省市的600多个单位建立了资料交换的关系。

学校举办了"本校情况简介展览"，接待了上级领导和有关部门来校指导工作及对第一期商业企业管理干部进修班的验收。学院总结的《怎样做好干部大专班思想政治工作》，在1983年市财贸系统第五次教育工作会议上，作为会议材料印发。

后勤工作持续加强，整修了下水道、锅炉房，检修了危险房屋。经请东城区房管局鉴定，部分房屋结构变形严重、地基下沉，房屋墙体酥散，应予拆除，另行改建。学校将这一情况反映在《关于解决校舍问题的请示》中，于1983年8月10日向市委财贸部、市财贸办公室并韩伯平副市长报送。

三、学校妇女、群团工作

财贸干校刚刚恢复时，妇女工作同样是从零开始。当时全校教职员工队伍中，妇女同志占了一多半。学校当时加强妇女工作的做法是：加强思想教育，树立妇女学习标杆。由于学校在妇女工作方面抓得紧、抓得实，广大女同志对自己要求严，充分发挥了学校半边天作用。每年评选学校先进，女同志都占到60%以上。医务室陈淑仪大夫就是当时学校树立的妇女先进典型。陈大夫每天上班总是提前到校。她来校第一件事就是巡视教工学生宿舍，询问了解有无病患，告诫大家当前应预防什么疾病。她不仅负责看病，还给教职工和学生煎药，甚至帮忙到大医院挂号。她和胡秀娟大夫坚持预防为主、防治结合。每当社会上爆发流感或其他疫情，她们自己配药、煎药，亲自送到每个教工学生手中。自复校以来，北京发生的几次传染性呼吸道疾病，学校都是零感染，保证了学校教学工作的顺利正常进行。陈大夫本人连续多年被评为先进工作者，成为全校妇女学习的楷模。

财贸干校刚恢复时尚未组建工会，但是工会的日常工作有序开展，主要体现在三访、一补、旅游。"三访"是定期不定期地走访学校生活贫困的职工家庭，走访生病职工或家属，节假日访问学校职工。"一补"是每年学校都给生活困难的职工发放生活困难补贴，通过深入调查、个人申请、民主公议，做到公平公正公开。"旅游"是学校每年组织职工春游、秋游，体现"团结、紧张、严肃，活泼"，做到劳逸结合，活跃文化生活，增强教职工凝聚力。

学校刚恢复时教职工仅有37人，青年人占了一半以上。他们是学校发展的中坚力量。学校通过抓组织、抓思想、抓进修加强青年工作。1978年，党政领导批准组建了学校第一个团支部，支部书记李爽，团支部委员是刘武华和宛莉。学校历年来一直坚持党校性质，定期组织开展团支部的政治学习和民主生活会，引导青年牢固树立理想信念。1979年学校团支部邀请了东城区环卫局一位时传祥式的劳动模范来校做报告，他的感人事迹，"干一行钻一行"的精神激励和鞭策了广大青年，报告会后很多青年人写了入团申请书。

由于学校青年教职工学历层次参差不齐，甚至相当一部分青年职工文化程度偏低，不适应学校工作需要，也不利于他们今后的进步和发展。学校实行"两个系统、三步走"的青年教师学习提升实施方案。"两个系统"是：教师系统未达到大专水平的，和学校企管大专班学员一同上课，先补齐大专课程；行政人员没有达到高中水平的，先到附近中学补习高中。"三步走"是：教师系列分大专→MBA班→博士三步安排；行政人员分高中→大专→续本（或MBA班）三步安排。事实证明，学校大力支持青年教职工提升学历、提高业务能力，是极具战略眼光和创新魄力的举措。二十年后，这些青年人有的取得了博士学位，有的成长为学校中层干部和校长。

四、小院里的文化活动

1983年，财贸干校经过加速建设呈现出勃勃生机。在东四礼士胡同41号的2000余平方米的四合院中，干部培训和大专班都在有序开展，为北京财贸系统培养着干部人才。当时学校校门是两扇朱红色大门，迎门有一个影壁，影壁上题字"实事求是"。校园是一个三进的大院子。前院有一个漂亮的长廊将院子分为东西两个跨院，东跨院是办公区，有办公室、教研室、教务处等，各个办公室不是很大，但人员较多，书记、院长办公室更小；西跨院是传达室、学生宿舍、礼堂（后改为大教室）。影壁后是会议室，穿过会议室西侧的走廊是个四合院，院中最好的几间大北房是图书馆，当时馆内图书虽不多，但采编、流通、阅览等工作门类俱全，还兼管教材；四合院东西厢房都是学员宿舍。会议室东侧院有一座假山，山上有个漂亮的小亭子（后来改为教研室，拆迁时将此亭整体移至陶然亭）；院中西侧是教研室、医务室，东侧是教工休息室、锅炉房。东侧院通往后院，后院北侧是研究室、打字室，还有一个车库，车库后门通往枊棒胡同；南侧东头有一走廊，通往东侧院，均是学生宿舍；西侧有一临时搭建的库房，1980年前后为扩大办学，将此处拆除，盖起一个大教室，后大家将其称为第二大教室。

复校之初，学校的文化建设环境有几个特点：一是整个社会刚从"文革"的文化沙漠中脱离，文化建设氛围较弱；二是校园局限在狭窄的四合院中，活动场所有限，且缺乏文体器材；三是学员大多是工作多年的成年干部，好静不好动。尽管文化建设工作的开展缺乏软硬件条件，但是学校党委却视校园文化建设为思想政治工作的重要部分，领导宣传处、工会、团委和学生会，硬是在看似条件不允许的环境中，组织师生员工开展了丰富多彩的校园文化活动。在图书馆前不大的空地上，专门辟出一个羽毛球场，供师生训练和比赛。组织各种学生社团配合教学频频举办讲座、展览、演出、竞赛，以此推动着学生和全体员工的素质养成与全面发展，也孕育着具有新时代特点的校园文化和学校精神。

1983 年 3 月，82 级商业企业管理专业大专班由班委会和团支部发起举办了学员书画展，展室就设在并不宽敞的平房教室里。全班 50 多名学员人人参加，几天之内作品选出，有肖像素描、风景写生、工艺装饰和书法习作。班长还筹借来著名书法家李铎的几幅墨迹，以作示范。就这样，有 80 多幅作品参展的小小书画展揭幕，不仅本班同学相互鉴赏，还吸引了全校师生前来观摩。大家在艺术创作中升华了精神境界，在艺术鉴赏中得到了心灵满足。

第三节　学校更名和扩大发展

一、更名北京市财贸管理干部学院

北京市财贸职工学院成立一年后又传来喜讯。1984 年 4 月 11 日，北京市人民政府办公厅通知北京市财贸干部学校办公室，经白介夫副市长批示，将北京市财贸职工学院改为北京市财贸管理干部学院。

此时，学校处于办学规模扩展之际，由原有的三个教研室，即专业教研室、政治理论课教研室、基础课教研室，调整为五个系（部），即商业经济系、信息管理系、财税会计系、政治思想教育工作系、基础课教研部。同时，干部进修班、夜大班持续办班，并且招生规模都有所扩大。

随着学校的发展壮大，现有的校舍面积和办学环境都在客观上制约着学校的发展。由于原有校舍是清末时的古建筑，百余年的风雨侵袭，加上地震灾害的撼动，尽管复校后年复一年地维修加固，仍然老化严重，存在很大安全隐患。在关于拆掉旧房、原址新建的请示报告上报后，经上级和有关领导部门实地勘查，排除了另选新址建校的可能性。市计委、市建委于 1984 年 5 月 22 日批准拆除旧房，建设 8000 平方米的教学楼。至此，学院进入了三年艰苦的分散办学时期，再一次经历创业的艰辛。

二、拆建和搬迁

拆建是为了更好地办学，搬迁绝不能影响办学。1984年，学校在校学员456人，是复校以来在校学员最多的一年。学校党委决定利用暑假时间拆建和搬迁。由于批准拆建已是5月底，时间紧，任务急，搬迁最理想的方案是临时教学办公地点尽量在邻近的地方。经发动全院师生，最后在市领导关心和朝阳区的支持下，租借了相对邻近的水碓子中学、关东店中学、东大桥小学作为临时校舍。

1984年8月，正值三伏天气，全校开始进行有计划有步骤的大搬迁。大家挥汗如雨，突袭搬迁，将必需的教学办公设备用具搬到指定地点。暂时不用的或大件的物品搬运到大兴黄村仓库存放；无保留价值的处理给信托公司和废品公司。经过近一个月的奋战，终于完成了搬迁任务。搬迁后的学院状况是：院部在关东店中学；教务处和5个脱产班的284名学员安排在水碓子中学一层楼里。资料研究室、图书馆转移在东大桥小学两间教室内。由于校舍不够用，两个教研室挤在一间房里办公，屋内几乎没有回旋余地，图书资料打捆码垛堆放。后勤同志巡回上门、分散服务、优先教学，并为寄居单位修建饭厅合办食堂。

教师讲课地点也随之分散在以下几处：脱产班安排在位于朝阳区的水碓子中学；夜大班安排在位于宣武区的北京市工人俱乐部；还有两个班分别设在位于西城区的北京市服务干校和西城区饮食公司。教师们要奔走于各教学点，不仅十分辛苦，也增加了课程安排的困难，并且相对挤占了备课、批改作业的时间。教务、干训工作也相应要分散深入到各教学点。

在分散办学的艰苦时期，全校在超负荷运转，但是全体师生十分明确，分散是为了将来的集中，为了将来更好地发展。在分散办学阶段，不但要坚持办好班，而且要制定发展规划，做好进楼准备，迎接新的发展。

三、坚持办好大专班

在分散办学时期，学院党委做出了坚持办好大专班，暂时停办短训班进行休整的决定，但是两年多来学校仍然坚持完成了繁重的教学任务。大专班和夜大班有商业企业管理和党政干部基础理论两个专业，又新开了财务会计和财税两个班。共毕业学员485人，在校学员有482人。

分散办学并未影响教学质量。1984年12月3日毕业的82级商业企业管理班学员共53名。第一学年，有25名学员被评为"三好学员"（各科均在90分以上）和"优秀学员"（单科成绩均在85分以上），第二学年有31名被评为"优秀学员"。他们始终把"为了现代化大业"作为学习的内在动力，专业学习成果显著。16门专业课程都取得了优良成绩。商业经营学和商业企业管理学两门主课的期末考试成绩分别平均为90分和92分；优良率分别为90%和100%。毕业论文质量也较高，董喜军的论文《论我国商业企业的激励制度》的指导教师——中国人民大学教授夏光仁在评语中写道："在我国学术界，理论界鲜见专论激励制度的论著，作者做了大胆尝试。这种开拓、探索精神是十分可贵的。作者用马克思主义观点，并参照西方激励理论，分析了我国典型商业企业利用激励提高职工积极性所取得的成就，使他们的经验系统化、条理化，是一篇有理论价值和现实意义的文章。"周来生的论文《盈亏分析法在饮食业的应用》被指导教师——中国科学院教学研究所研究员计雷、蔡晨评价为："（1）理论正确，应用得当，具有改革精神；（2）分析论述有创见，可以指导饮食业的经营管理，受到群众欢迎；（3）根据科学理论，结合实际应用，很有创新。可以发表。"

　　在这段教学历程中，自编教材增多，从81级进修班举办伊始的5种增至12种，并且与财贸行业实际的结合更为紧密；师资力量不断增强，许多年轻教师走上了讲台，本校教师任课比例大为增加。

　　这一时期，还举办了商业企业管理师资班、商业基层企业经理岗位职务培训班、财会短训班等各种短训班。1984年3月26日，办起了商业、粮食、供销、服务系统国家统考经理培训班。培训内容为党的十一届三次全会以来的社会主义经济建设基础理论方针政策和企业管理基本知识，时间4个月。在教学上采取了以下方法：一是明确教学指导思想，始终强调全面掌握复习大纲的基本内容和观点。防止单纯应付考试，不搞猜题，使准备统考与提高素质统一起来。在学习中要求做到：深入理解、准确掌握、精练答题以及理论上的延伸；对有争论的观点不争鸣，强调领会精神实质。二是充分调动学员积极性，不搞包办代替，在讲课基础上，由教师指导学员自己分解复习大纲，列出题目，独立回答。三是运用检验手段，及时检验教学成果，推动学习继续深入。从第一单元开始就搞了三次模拟测验，既检验了学习效果，又及时发现问题，起到了考前练兵作用，使辅导更有针对性，取得了较好效果。

1984 年 10 月 24 日，市委财贸部印发第 83 期《财贸简报》，公布当年 8 月举办的第一批经理（厂长）国家统考成绩，北京市财贸系统 67 人应试。《社会主义建设基本方针政策》科目及格率 100%，平均 83 分，比全市平均分高 3.4 分；《企业管理》科目及格率 97%，平均 76.3 分，与全市平均分相同；两科及格率都超过了政府规定的及格率均要达到 95% 的要求。这次考试全市得"双优"（即两科均在 85 分以上）、"特优"（在"双优"基础上自选题在 15 分以上）共 12 人，其中财贸系统 4 人，占 1/3。宣武粮食局局长兰玉昆两科成绩分别是为 90 和 93 分，为全市两科成绩最高分。财贸管理干部学院培训工作抓得好，培训及格指标超过了市政府的规定，负责这一培训工作的教学和教务工作人员受到了市有关部门的奖励。

四、举办财贸系统师资培训班

1985 年 7 月 29 日，市委财贸部、市财贸办公室联合发布《关于对商业基层企业经理进行统考的通知》，9 月 30 日又联合发布《关于转发北京市商业系统商业企业基层经理统考委员会会议纪要》的通知。学校受市委财贸部委托举办师资班，为各区、县、局职工中专、职工学校培训师资，并承担了编写教学大纲、教材、辅导材料以及出题、阅卷等任务。商业基层企业经理统一考试师资培训班为期 40 天，参加 157 人，学习内容为社会主义经济建设基础理论方针政策和企业管理基本知识。这些教师学完回去后，在市、区委办的统一领导下，从 10 月开始，对全市商业服务业基层企业 8000 名中青年经理分批进行脱产两个月的系统培训，并在本系统自行统考，共有 1110 人参加统考，其中 1103 人获得了北京市商业基层企业经理统考合格证书。第二期培训学员 1926 名。在 1986 年 4 月 24 日和 28 日的统一考试中，学校领导和教师们深入四个区了解情况。学员们情绪饱满，许多人不畏年龄大、记忆差、基础差等困难，积极参加考试。许多学员赶几十里路提前来到考场，带病的同志也不放过考试的机会。

此外，学校还根据财贸系统需要，举办了"关于实行利改税问题""现代管理基础知识""国际形势报告""市场体制改革的几个问题"等讲座共 7 讲 18 期；为市财贸系统公司级干部举办了电脑知识培训讲座；外派教师到 66 个单位讲学，共计 7086 课时。

五、加强党建工作，迎接新发展

1983 年，中共中央十二届二中全会在京召开，邓小平同志在会上做报告《党在组织战线和思想战线上的迫切任务》。1984 年 11 月，学校根据中央整党工作指导委员会发出的第 9 号通知精神和北京市委财贸部的有关指示，进一步提高认识、统一思想，在教职工党员和学员党员中开展彻底否定"文革"的教育。经过学习文件，否定"文革"时期的补课和对照检查，在思想上进一步拨乱反正。1984 年 11 月，中共中央整党工作指导委员会发出《关于认真做好组织处理和党员登记工作的通知》（即第 10 号通知），提出各整党单位在基本完成整改阶段的任务后，即可转入下一阶段，认真做好组织处理和党员登记工作，以保持党组织的纯洁性和先进性。学校党委积极推进落实。1985 年，全校 68 名党员和 178 名学员党员，全部完成了党员登记手续。

为了迎接新的发展，在这段任务空前繁重、条件十分艰苦的办学时期，学校抓紧时机，积蓄力量，做好搬迁新楼后开创新局面的准备工作。在更名财贸管理干部学院后，组织全校进行了"面向现代化、面向世界、面向未来"的大讨论，从培养目标、招生办法、学制、专业、课程设置、教学方法和管理方面，提出改革建议，草拟学院规划。

1984 年 12 月，院务会明确提出："为适应我院发展需要，必须扩大师资队伍，大力加强师资队伍建设。这个问题是新校舍建成后，为我院新发展做好准备的关键问题。"会议具体部署：一要大力加强现有教师的进修培养，1985、1986 两年要求做好五个方面的计划安排，即现有教师的进修培训计划，各门学科的业务建设和进修提高计划，教师深入基层调查研究实际锻炼计划，教师进修、研究、深造计划，开发新学科计划。二要选调教师、扩大教师队伍。确定专人组成专门工作小组负责这一工作。三要加强对专、兼职教师的考核管理。四要加强科研、调研工作，充实人员，扩大图书资料。

六、对接"三个面向"，推进教育改革

1985 年 5 月 27 日，《中共中央关于教育体制改革的决定》提出，"教育必须面向现代化，面向世界，面向未来。"这是根据中国特色社会主义现代化建设新时

期的总线路、总任务，对教育战线提出的战略方针和对教育发展方向的明确。学院积极推进教学改革，把党中央提出的"多出人才、快出人才、出好人才"和三个"面向"的要求作为教改的指导方针，加强了教学管理，实行了学年学分制。学员除 15 门左右的必修课外，还可在十余门选修课中，选修 5~6 门课，使学员有了选择余地，增强了教学的针对性，适应了定向培养需要。并从教学态度、内容、方法、效果四方面提出了 8 条具体要求，开展了教学评估，运用录像手段，总结交流教学经验，促进提高教学质量。加强教学基础建设，推行考试标准化。学院成立了考试委员会，建立了严格的考核管理制度，制定了《师资队伍管理的若干意见》。此外，1985年 1 月，学校还派关葆璋处长参加了赴日本的商业职工教育考察小组，先后到东京、大阪、京都、名古屋各个城市，考察百货店、啤酒厂、批发商、饭店、工厂、大学等 17 个单位，深入调研其成人教育情况和现代化教学手段，作为学院教学改革的借鉴。

1984 年 11 月，学院组织教案检查，检查了 11 门课程 12 位教师的 45 份教案。从检查结果看，这些教案基本体现了改革精神，有计划地突出难点、重点，能够联系实际，深入研究学员关心的问题，表现出既管教又管学，既管课堂学习又管课后学习，收集了大量案例，安排了企业一线工作人员专题讲授实际工作，并列出了课后阅读参考书目索引。

1985 年 5 月 24 日到 6 月 21 日，学校又进行了期中教学检查，以教学改革为中心，从教与学两方面总结交流经验，借以推动教学改革，提高教学质量，先后交流了 7 位教师的教改经验。主要是：（1）教学内容安排详略得当，突出重点、难点；（2）注意采用"启发式"教学；（3）重视引导学员理论结合实际，管理教学组上午讲理论课，下午辅导学员上机练习；（4）因材施教，分类指导；（5）不断根据学员反馈信息改进教学。学校拟订出《联合办学管理办法草案》开展联合办学。专业教研室与顺义天竺宾馆旅游学院联合开办了为期 4 个月、49 人参加的财务会计训练班。期末考试合格后颁发结业证书。为市水产总公司、马连道粮库举办了基层经理培训班和中层以上管理干部培训班。1984 年，学校荣获北京成人教育系统先进单位。

1985 年 5 月 10 日至 12 日，学院组织 124 名师生到崇文、东单、朝内菜市场和关东店等 8 个副食店进行物价改革宣传咨询活动，接待群众 4000 余人。学员们反映，通过宣传咨询，他们接触了社会、学到了知识、受到了锻炼、增长了能力，并收集了群众普遍关心的 45 个具体问题，上报市委财贸部、市财办和有关区委、区政府。1986 年上半年学院又组织毕业班分别到 16 家企业进行管理咨询和企业诊断。

七、加强教师队伍建设

这一时期，学校师资队伍得到壮大。除了通过系统内选调、上级分配、人才交流中心介绍，还采取社会招聘的办法。1985 年公开登报招聘后，应聘的有 180 多人，经过调查考核最后选聘了 18 人。在努力培养青年师资方面，除了由老教师分工或兼职教授传、帮、带，安排青年教师下基层代职锻炼或进行调查研究，在教学实际中边教边学外，还下大决心、花大力气，选送青年教师去中国人民大学、中央党校、成都培训中心、大连培训中心和杭州商学院等单位学习进修，选派 2 人赴日本深造。在培养中注意做到政治思想与业务提高并重、理论与实际相结合，正确处理好以下四个方面的关系：（1）在处理个人理想、志愿、兴趣与学院工作需要的关系上，以服从工作需要为前提，尽力照顾个人的理想、志愿和兴趣；（2）在处理专业知识学习与政治理论学习的关系上，两者必须同等重视，做到又红又专;（3）在脱产进修与在职进修的关系上，以在职进修为主，不排除有条件的脱产进修；（4）在对待一线教学与著书立说的关系上，努力把两者结合起来，提倡认真搞好教学，积极钻研问题，著书立说。

在此期间，学校教师编写了《政治经济学（资本主义部分）问答要点》《中国革命史教材纲要》《商业企业经营学》《商业企业管理学》《商业经济学》《农村供销社改革资料汇编》《新技术革命资料汇编》等 43 本教材，共约 346 万字。

1985 年，学院召开了第一届学术讨论会。会上宣读了论文，检阅了成果，交流了经验，并组织了"科研在管理干部学院的地位和作用"的讨论。通过讨论认识到："不搞科研，学院就不能生存和发展。""学院没有科研，等于缺了一条腿。"并进一步落实了科研规划，推动了科研发展。1986 年，学校召开了第二届学术讨论会。从 1984 年到 1986 年共有论文 174 篇，其中"管理干部学院培养目标和培养对象特点浅析"一文，先后刊登在《北京成人教育》等 5 种刊物上，在 5 个学术讨论会上宣读，被成人教育研究会授予二等奖。在此期间，学校编辑出了两期《院刊》。

八、解决职称问题

在党的教育方针指导下，北京成人高校发展很快，截至1985年已达十几所，教师队伍也庞大起来。这时国家教委下发了评定专业技术人员职务的文件，要求给任职教师评定职称。不仅要在普通高校执行，成人高校也要开始执行。"文革"前职称评定只在普通高校执行过，"文革"期间已停止多年。在成人高校执行职称评审，这在当时不仅是一件新鲜事，更是一件大事。由于没有经验可以借鉴，北京市成人教育局选了几所学校作为试点，我校被选入第一批试点单位。学校党委对此非常重视和支持，认为这是一件大好事，对教师管理、教师队伍稳定、教学质量提高会有促进，要求一定办好、办早、办快。市成人教育局长亲自来到学校调研，要求学校派人参加试点前的准备工作，并组织相关人员去上海参观学习。回京后又多次组织学习讨论座谈，反复学习评审条例和规定，力争试点成功。在市里统一部署下，学校于1986—1987年开展职称评审工作，评审工作领导小组由学校主要领导组成，教师评审委员会由教授、副教授、教师组成。人事处把评审工作的有关资料准备齐全，对符合条件的老师，排出名单先易后难逐个办理。并按程序逐级上报，最后报至市里有批核资格的评审委员会核准。学校初次评审的教授、副教授、讲师、助教后来成为了教学科研骨干。这项工作也为日后评审技术职称打下了基础，开辟了先河。

当时学校的教师队伍尤其是骨干专业教师，有些人没有进过正规大学，因此没有学历文凭。他们是先工作再学习（脱产、半脱产）或边工作边学习的优秀人才。学校认为这些骨干专业教师后续的学历也应该被承认，不应以初次参加工作时的学历定终身。基于此，学校提出了相应意见和建议，北京市成人教育局高级职称评审委员会也做出了适当的调整。

九、完善组织机构

为促进教学改革，适应课程设置和教学发展需要，学校请示市编制委员会进行处室调整，并于1986年7月28日接到上级批复。处室设置由分散前的3处5室，扩大为12个系、部、处、室。实际设置为办公室、教务处、干训处、院务处、研究室、图书馆、基础课教研部、商业经济系、政工系、财务会计系、经济信息管理系11个系、部、处、室。

第四节　开拓发展新格局

一、乔迁新教学楼

1986 年 9 月，为加强学校领导力量，市委任命张国群同志任校党委书记。1986 年 10 月，新建教学楼落成。全校师生员工喜气洋洋，在坚持正常教学工作的同时，按计划迅速完成了搬迁工作。

在学校党委的领导下，全校认真贯彻中央关于教育体制改革决定和成人教育指导思想，制订了五年发展规划，做出了战略安排。张国群书记明确提出要逐步建立起背靠各局，以企业和经济部门为依托，大力开展多层次、多规格、多形式的教育。

1986 年 12 月 4 日，中共中央政治局常委陈云同志亲自为学校题写了校名。此举充分体现了党和国家领导人对管理干部教育的高度重视，也是对学校的亲切关怀和鼓励鞭策。

"1986 年 11 月间，原北京市委常委、商贸部部长陈元同志约我谈工作。他对我校办学方向和特色、办学质量和成绩予以充分肯定，并问工作上有什么问题和要求。当时我想，他的父辈陈云同志是我们党和国家的领导人、老一辈无产阶级革命家，长期分管财贸工作。如果能请陈老为学校题写校名，一定会为学校增添光彩，随即冒昧地提出想请陈云同志为学校题写校名的要求。陈元同志爽快地答应了。不久陈云同志就为我校题写了'北京市财贸管理干部学院'校名。"

（摘自原学校党委书记张国群回忆文章《领导题词　学院生辉》）

二、立足于需办学

学校认真贯彻《国家教育委员会关于改革和发展成人教育的决定》精神，针对国家形势展需要、深化改革需要、企业现代化管理需要，以及市财贸系统的实际需要，实行按需办学。学校注意处理好当前需要与长远需要的关系：立足于当前学历提升需要，逐步转向岗位培训需要；以较高层次需要为主，高中低层次并举；满足本系统学历教育需要，逐步向社会开放，扩大办学覆盖面。学校不断扩大办学的层次、规格和形式。层次上有高层次，较高层次和中等层次；规格上有学历、师资、岗位、职称、研讨以及业务、管理、文化、单一学科、多种学科等；形式上有单独办学、联合办学、分工合作办学；有学校主持承办，也有系（部）主责承办。培训地点根据需要，有的设在学院内、市区内，有的设在远郊县；既有脱产、半脱产也有业余；有面授也有函授。培训人数上少则十几人，多则几千人。

1. 举办多层次学历教育

我校和市成人教育局、市成人教育学院、中国社会科学院财贸物资研究所联合举办了三年期商业经济管理专业研究生班，招收大学本科和同等学力学员14名，学校选派部分年轻教师参加，于1987年2月18日开课。该班经市成人教育局批准，按照研究生水平设置课程，组织教学和开展侧重于应用的科学研究。授课教师、导师均是由聘自高等院校、研究所的正副教授、正副研究员担任。到1991年，多数学员完成了学业，取得了研究生毕业证书，少数学员取得了研究生硕士学位。1987年学校自办的大专班、业余大专专修班和与市石油总公司、密云县供销社联合举办的企业管理中专班等，共14个班次，学员810多人。

2. 适应岗位职务培训需要办班

1987年9月，学校受商业部委托，作为国家经委的试点单位，举办了大中型商业企业经理岗位职务培训班，为全市商贸系统基层支部书记培训统考做准备。同年12月23日，受市委商贸部委托，举办了为期一个月的为全市培训党支部书记举办的师资研讨班，之后由各区县局党委组织对其所属党支部书记进行培训统考。培训受到了党支部书记的欢迎。他们说："'文革'20多年来，没有对支部书记进行过正式的专业培训。在改革的新形势下，工作上碰到了很多新问题，早就渴望有学习的机会。""培训班办得解渴，明确了任务，看准了方向，学到了方法，增强了信心。"5月28日，学校组织了第一批统考，平均得分88.22分，全部及格。先后4次统考，参加人数共计2865人，其中2843人获得了结业证书。此外，学院还举办了人事干部岗位职务培训班、采购员培训班等。

3. 配合职称评定办培训班

1987年8月3日，受市统计专业职称改革办公室委托，学校与市统计局联合举办了半脱产的统计师专业职务进修班，先后两期，每期3个月，共培训324人；与文化部电影局联合举办了经济师进修班，两期共培训119人；1988年与市财政局联合举办的会计师英语单科大专班共培训280人,财会单科大专班共培训1300人。

4. 满足专项业务或推进管理需要

1987年3月13日,学校受市委财贸部委托,举办了《全面服务质量管理》试点单位经理研讨班,组织了全市商贸企业全面服务质量管理基础知识的学习统考工作,共有6081人参加统考,有力支持了市商贸系统推行全面服务质量管理工作的开展。学校还根据行业需求开办了会计电算化班、现代管理方法培训班等。另外,举办了两期200人的文化补习班,以满足干部参加成人高考的需要。

1987年全年共办班87个,直接培训2431人。1988年上半年在校学习的学员共有31个班、近3000人。

几年来,学校认真吸取国内外成人教育管理科学的新成果,学习财贸管理干部教育兄弟院校的先进经验,不断探索干部教育特点,认真贯彻"按需施教""讲求实效"的原则,转变教学思想,努力发挥学员的积极性,启发他们独立思考,提高其分析问题、解决问题的能力。

在教学内容改革方面,学校分析了近年来大专班学员出现的三低(年龄、职务、工龄下降)一高(文化水平上升)的趋势,不断更新调整教学内容,强调了内容的先进性,突出了新(新理论、新知识、新信息、新经验),实(结合实际、针对性强),高(有一定的理论深度与水平)。注意吸收国内外的先进经验与成果,先后邀请了澳大利亚成人教育协会艾伦·戴维斯教授以及美国自选市场企业家来学校讲学。

在教学方法改革上,努力改变"满堂灌"的授课方式,广泛采用灵活多样的"启发式"教学。注意在重点讲授的基础上,抓好研讨与实践环节。普遍采用案例分析、课堂讨论、专题调查,以及企业实习、企业改进经营管理方案答辩、为企业诊断咨询等方式,力图通过灵活多样的方法,开展教师与学员之间的双向交流。

三、初步发挥财贸系统教育、科研、信息三个中心作用

经过30年建校的传统积淀、10年复校的锐意经营,学校已发展成为拥有适合财贸企业和经济部门需要的多个学科,设备条件比较先进,具有一定的师资力量,一定科研水平和一定办学规模的市财贸系统干部教育的高等学府,初步发挥了财贸系统教育、科研、信息三个中心的功能作用。

首先，依靠上级主管部门，承担本系统的教育培训工作。学校原本肩负着本市财贸系统干部教育培训的重任，随着形势的发展、干部教育规模的扩大，又担负起各区、县、局及以下单位开办的干部教育、中专教育、专业教育、文化教育任务，还负责师资培训、教材提供，以及组织统考、批阅试卷等工作，扩大了间接教育的覆盖面，初步发挥了本系统教育中心的功能。

其次，利用各种协会、学术团体开展科研与交流资料信息活动。学校是市商业经济学会、企业家研究会的挂靠单位。学校各系部负责人也担任了工商学会、市场预测研究、电子研究学会等多个学术团体的一定的领导职务，并与上海、天津财贸干部学院定期交流经验（后发展成为18省市财贸干校经验交流会）。通过各协会、学术团体和遍布财贸系统各行业的毕业学员，开展理论研究，组织交流经验，交换资料，传递信息，初步起到了科研资料信息中心的作用。

最后，根据企业和与财贸工作的实际需要，开展登门咨询服务活动。学校组织教师积极参加市里组织的有关业务中心工作和试点工作，参加了全面服务质量管理工作的试点和统考，参加了市百货大楼岗位职务系列评定试点，帮助提供资料，培训骨干。派出王成荣等5名教师前往市劳保公司进行经营管理咨询诊断，通过50多天的调查，提出了改进经营管理方案，经市一商局和劳保公司领导审议通过，付诸实践后取得较好效果。还为崇文区不锈钢商店培训管理人才，指导利用电子计算机进行进、销、存、管理等工作，初步发挥了利用知识密集优势为企业服务的功能，起到了一定的咨询服务中心的作用。

四、围绕校风建设加强思想政治工作

复校以来，学校一直注意校风的培养，一直在探索学校到底应具有什么样的校风。1987年经全校教职员工反复酝酿，"求实、严谨、团结、奋进"八字校风诞生了。校党委做出了加强校风建设的决定，经程春英同志联系，请邓颖超同志为学校题写了八字校风。自此学校围绕校风建设开展思想政治工作，努力树立一个良好的学校精神。具体来说着重抓了以下三点：

1. 根据"求实"原则，从学院实际出发，紧跟中央步伐，不断明确办学方向

每年利用期末、年末总结工作，在寒暑假召开工作会议，学习中央有关决定、指示精神，分析学校面临的形势，不断增强市场观念、竞争意识，强化面向企业、

为企业服务的意识，并提出"逐步建立背靠各局，以企业和经济部门为依托，充分发挥智力优势，形成全方位为企业和经济部门服务的新格局"，作为学校办学及各项工作的方向。

2.强调从严治校，严谨治学

要求各级领导干部必须严于律己、以身作则，全体教师应具备良好的师德，严谨治学、教书育人。制订了行政、教学、后勤等方面的规章制度31种228条，作为从严治校的初步依据，力争使各项工作逐步走向规范化、制度化。

3.寓教于乐，努力创造一个团结活泼、轻松愉快的教学环境

学校抓思想政治工作，除进行方针政策及形势教育外，还开展各种各样的文体活动。如：两周一次的本院电视新闻和书画摄影展、征文、演讲比赛、中秋和新年等节日游艺会，以及各种讲座等，寓教于乐，努力创造轻松活跃的校园氛围，进而培养高尚情操、增强学校凝聚力。

学校校风建设的过程是一个思想教育的过程，是学校全体人员自我磨炼的过程。学校党委从大处着眼、小处着手，从点滴做起，做到严格管理与耐心细致的思想工作相结合，领导、骨干带头与广大群众自觉行动相结合。

五、学校30周年校庆

1988年6月（龙年仲夏），学院迎来了第30个生日，来自四面八方的校友和全校师生一起，以各种方式向母校献上真诚的祝福。邓颖超同志为学校题写的"求实、严谨、团结、奋进"八字校风，作为宝贵的精神财富，一直为财贸人所秉承和发扬。

30年来，学校培训财贸干部36000人，其中输送了大专水平的干部达513人，目前担任区、县、局领导职务的7人，处级领导职务的近200人。经过发扬30年的建校传统、10年复校的锐意经营、5年建校的奋力拼搏，学校已发展成为拥有满足财贸企业和经济部门需要的多个学科，设备条件比较先进，具有一定的师资力量、一定的科研水平和一定的办学规模的市财贸系统干部教育的高等学府。

为适应教学管理需要，学校系部处室调整扩大为14个，对15个教研室进行了民主选举，选拔出20位室主任。全校形成了五个方面的工作系列：①以教务处、干训处为主的教学管理职能系列；②以研究室为主的科研工作职能系列；③以办公

室为主的行政管理职能系列；④以组织人事处、宣传教育处为主的思想政治工作职能系列；⑤以院务处、劳动服务公司为主的物质保证及服务工作职能系列。

截至 1988 年，学校已拥有教师 97 名，其中教授、副教授、讲师共 46 名，自编教材 54 种，撰写发表论文 262 篇。

六、获评市成人教育评估 A 类院校

学校 30 周年校庆结束之后，经过梳理办学经验、总结工作成效、明确发展目标，学校根据"以提高教学质量为中心，巩固和提高学历教育，同时大力开拓岗位培训和各种短训"发展方针，继续加强成人教育。1991 年度大专班报考 727 人，5 月经统考后录取了 5 个专业 166 名学员，使下半年在校大专班和专业证书班达 22 个共816 名学员。同时，短训班和岗位培训也得到较快发展：受市委商贸工委委托开办的处级干部关于社会主义若干问题学习班；受市人事局委托开办了国家机关人员岗位培训班；为东安市场举办"青年基本国情、基本路线教育"短期培训班 10 期；受市人事局委托举办经济员职称考前辅导班开班。此后几年，又陆续开办了职称考前辅导班，涉及经济类、财会类、统计类等多种专业。据统计，1991 年全年各类短训共有 83 个班 7177 人次。

1991 年 4 月，市成人教育系统评估组进校，学院被确定为北京地区成人高校评估试点。专家们通过听汇报、看展示、查资料、听课、开座谈会等形式，按评估指标体系对我校进行了严格评估，最后评定学校为 A 类院校。5 月，27 所成人高校派代表来学校听取了关于评估试点工作的情况介绍。

七、召开全体党员大会

1992 年 9 月 4 至 5 日，学校召开全体党员大会，进行党委换届改选。党委书记张国群做了题为《坚持贯彻党的基本路线，坚决执行党的教育方针，为完成学院"八五"期间干部培训和各项任务而奋斗》的工作报告；纪委书记余邦和做了纪委工作报告。自第六届党委会（财贸干校 1982 年 1 月 9 日党员大会选举）产生以来的十年间，由干校到学院取得很大成绩：先后开设商企管理、政工管理、财税财会、经济信息管理、营销、旅游饭店管理、行政管理等 8 个专业，10 届大专班共毕业1719 人；专业证书班 4 届共毕业 1643 人。学校与有关单位合办研究生师资班毕业

18 人，其中获硕士学位的 8 人；与有关单位合办中专班，毕业 217 人；岗位培训和短训结业 3060 人次；和区、县、局学校合作，统考培训基层干部 27562 人次。以上总计培训 61769 人次。先后选拔、聘任、充实了 42 名中层干部。

贯彻党委《关于进一步加强教师培养的决定》，安排教师国内外、校内外进修 82 人次；全校 1985 年以来共推出科研成果 487 项，其中校外委托课题 12 项，获校内外各种成果奖 342 项，自编教材 34 本。近几年有 70% 左右教师先后深入 40 家企业调研服务，锻炼提高。目前教师已由 1982 年的 29 人增加到 83 人，其中高级职称 14 人，中级职称 52 人；本科以上学历的教师已达 86.7%，其中研究生占 20.5%。校内开课 153 门，其中 144 门（占 94.1%）由本校教师担任。全校教职工由 1982 年的 86 人增加到 189 人，其中党员由 50 人增加到 133 人，大专以上文化程度的由 30 人增加到 139 人；从职工中提干、聘干 17 人。历年被评为院级先进集体的单位 36 个（次）、先进个人 124 人（次），其中被评为商贸系统先进单位的 3 个（次）、先进个人 31 人（次），还有 5 人被评为市级和国家级先进个人。十年中发展新党员 100 人，其中学员党员 60 人。自 1986 年开展"争优创先"活动以来，校内评出先进党支部 8 个（次）、优秀党员 72 人（次），其中被评为商贸系统或市级思想政治工作优秀单位 1 个、优秀思想政治工作者 2 人、优秀党务工作者 2 人、优秀党员 1 人。

校舍总面积由 1982 年的 2000 平方米增加到 16245 平方米；图书馆藏书由 2.3 万册增加到 12 万册；直接为教学服务的价值 500 元以上的现代化仪器设备达 149 台（件）；新建教工宿舍 4000 方米。

党员大会选举产生了第七届党委会和第二届纪委会：党委书记张国群，副书记劳而逸和赵天海，委员顾志坚、宋振涛、赵庆萱；纪委书记赵天海，委员叶立雯、杜世荣、周脉云、张荣生。

这是北京市财贸管理干部学院更名以来的第一次全体党员大会，是在党的十四大召开前，在加快改革开放的历史条件下召开的。会议认真总结了过去的基本经验，确定了以后的基本任务，讨论了学校深化改革的基本思路，标志着学校的建设迈上了一个新台阶。

八、探索面向市场办学

1991年3月，第七届全国人大第四次会议审议通过了国务院《关于国民经济和社会发展十年规划和第八个五年计划纲要的报告》。"八五"计划是在政治风波之后不久制定的，在发展目标上主要强调确保经济与社会稳定，制定的指标力求稳妥。"八五"计划的基本任务是：进一步解决过去遗留下来的阻碍经济发展的各种问题，取得实现财政经济状况根本好转的决定性胜利。以1992年邓小平同志重要谈话和中共十四大为标志，"八五"时期（1991—1995年）中国改革开放和现代化建设进入新的阶段。学校党委认真贯彻党的路线、方针、政策，在深化改革方面进行了大胆的探索。

在大力加快改革开放步伐和发展社会主义市场经济的形势下，学校面临着两个市场的挑战与考验：一个是社会主义市场经济，要求在培养目标上由过去培养计划经济管理人才转向培养市场经济管理人才；一个是培训市场，要求在办学机制上，由过去主要依靠上级指令性计划的封闭式办学转向主动、及时、直接、有效地为社会为企业服务，参与竞争的开放式办学。

事实上，学校已经在招生办班、为企业咨询服务和"下海"办实业等方面接受了这两个市场的挑战，参与了市场竞争。社会主义市场经济条件下的经济部门和企业，要求学校培养与输送"适销对路"的管理人才，因此学校认真贯彻执行党和国家的教育方针，坚持以教学为中心，"按需办学""按需施教"，把培训符合工作需要、质量合格的人才作为办学的根本宗旨。在学习邓小平同志南方谈话以后，学校及时提出了"教学人员知识结构必须更新，教学改革必须狠抓'五新'（建立新专业、开设新学科、更新教学内容、采用新教学方法、开办新教学班次）"的要求。经过一年来的探索和实践，取得了初步效果。

学校围绕经济建设发展和企业需要设立专业和学科，对原有学历教育的九个专业进行了调整，增设了急需的国际贸易、公共关系、文秘与办公自动化专业，开设了国际金融、国际贸易、计算机网络与用户系统、外贸会计、商务谈判、国际礼仪等必修和选修新课。政治理论课打破了沿袭多年的"老五门"体系，改革了马列主义基础理论，建设中国特色社会主义理论和社会主义市场经济理论等课程。几乎所有学科的教学内容都进行了更新，学校开设的专业和学科，正在逐步适应社会主义市场经济的需要。1992年4月20日，第一期"TＱＣ"骨干培训班开学，来自各企业的92名员工参训。在此前后，学院商经系负责人和从日本留学归来的陈立平教师等多渠道举办了"TＱＣ"培训，深入几十家企业进行指导，推进全面质量管理，受到市质协、中国质协的好评。

办学格局和层次同市场需求的多样化、高层次相适应。作为国家大中型企业领导干部任职资格培训试点单位，学校一方面是坚持以岗位培训为重点，根据企业需要设计培训内容，围绕经济建设和改革开放以及转换企业经营机制的热点、难点问题，及时组织学习党的方针、政策，学习经济工作现代化管理与经营的新知识新经验，受到学员的好评。同时，不失时机地为企业开办以外向型经济、关贸总协定等急需知识为内容的不同层次的短训班。仅1992年，学校举办岗位培训班和短训班131个，共培训9586人，受到了企业的欢迎。另一方面是坚持以学历教育为基础，在办好原有的大专学历班、专业证书班的同时，开设了第二学历班、专科接本科班，同有关部门合作举办了研究生及申报硕士学位进修班，完善与提高了学历教育层次，1992年共办班次28个，在校学员943人，较好满足了企业管理干部对高层次学习的要求。

改革教学方法，除继续强调启发式，采用案例教学、模拟教学等教法外，有的短训班采取自学与面授两段式教学，有的课程组织参观考察进行现场教学，多数课程增加了实践教学环节。由于采取符合干部教育特点的教学方法，努力使教学同培养开拓型、应用型、复合型的经济管理人才相适应，理论与实践相结合，收到较好的效果。

九、拓宽办学道路

在社会主义市场经济的条件下，学校深刻意识到过去依靠行政指令性计划、封闭式的办学必须向自主性、多样性、开放式办学转变。培训市场的形成和发展，一方面出现了多家办学的局面，成人高校之间，成人高校同普通高校、民办学校之间的竞争越来越激烈；另一方面学员单位和个人有更多挑选学校的自由。干部教育的"卖方市场"正逐步向"买方市场"转变。面对这种情况，学校作为培训市场的主体，要在竞争中立足而且发展，吸引并拥有足够的生源，根本的出路在于以高质量的教学和积极竞争的姿态投身培训市场，走出去、请进来，打破封闭自守，走放开搞活的办学之路。

学校坚持面向企业，把企业作为教育培训对象来源的主阵地。发挥我校作为行业成人院校同企业联系紧密的优势，组织教师走出去，下企业主动上门服务，广开办学门路。根据企业需要设置学科专业，充实改进教学内容，应企业急需举办短期培训，如为百货大楼集团办了外向型经济班；为解决企业部分年龄较大、工龄较长的业务骨干学历问题，实行"5+2"招生办法改革；为解决学员工学矛盾问题开设纯业余（晚上、周日）班；开拓市区以外的培训市场，同郊区、县商业主管部门联合办班，选派教师到郊区讲课。这样既扩大了生源，又满足了企业和学员的要求。

依托大型企业，校企联合办学。由于全市要建立上百个现代化商业企业的规划目标，以及商业企业向集团化发展的趋势，对人才的需求越来越高，学校采取走出去、请进来的方法主动开展工作。为开业前的企业如城乡贸易中心培训干部和职工，并从长计议，与西单商场集团联合举办培训中心。校企联合办学，开辟了一个新的办学模式和方向。

打破行业界限，面向全市开拓新的办学领域。我们在坚持为财贸部门培训干部的同时，积极扩大培训范围，加强同有关主管委、局的联系。把培训工作逐步扩展到其他行业和经济部门。依托市人事局，为侨办、文物局、工商局举办公务员培训班；在市科委的支持下，开办全市经济、财会系列专业人员职务资格考前辅导班；会同市集体经济办公室为全市集体经济企业培训管理人才，及时为部队培训军地两用人才。

学校利用北京优势和学校教学特长，逐步向外省市辐射。采取"请进来"共同办学的方法，为云南省科协、青海省商业部门和大同矿务局服务公司举办了多期财会、公关和企业管理与营销班。1992年4月，第一学期云南会计培训班开学，学员64人。此后学校举办了多期云南会计培训班，开辟了跨省市培训的渠道。5月，山西省大同市营销人员培训班开学。

这一时期，学校进一步深化开放办学，与国外有关办学机构和商业企业开展交流。学校先后与日本、澳大利亚、美国等国家的商企企业职工教育部门、成人教育协会、社区教育代表团开展互访和办学经验的交流，近年来干部和教学人员的出访以及与境外有关单位办学协作的洽谈都有所进展。面向现代化、面向世界、面向未来，大胆借鉴、为我所用的新举措使学校开放搞活的办学道路越走越宽阔。

1992 年，学校认真贯彻邓小平南方谈话时所提出的"经济发展得快一点，必须依靠科技和教育"的指示精神，在办学方面更上一层楼。学历教育完成招生计划的 180%，新招 220 人。同年，学校经国家教委批准，进行"5+2"招生考试改革试点，考生中有 106 名参加了专业基础课的加试。全年岗位培训和短训共办 131 个班，培训 9586 人次。12 月，学校获得市政府颁发的"北京市成人教育先进学校"的奖状。

十、扩展学校功能

随着形势的发展，学校由单一强调教育功能，逐步强化和拓宽科学研究和咨询服务功能。在社会主义市场经济的大潮中、在培训市场的激烈竞争中，学校充分发挥人才比较集中以及与企业联系广泛的优势，拓宽功能，在加强教学、科研、咨询服务的同时办好第三产业，实行"多功能"并举，这样既可以适应经济建设和培训市场发展的需要，又可以锻炼队伍，提高师资水平和教学质量，还可以增加经济效益，增强办学实力，改善教职工生活福利。

学校强调在高质量服务的基础上积极创收。学校结合内部管理体制改革，制定了院、系办班收入分成办法，良好的经济效益促进了大家办学的积极性，也从而扩大了社会效益。与此同时，学校积极组织教师下企业，紧密围绕经济建设和改革开放转换企业经济机制的实际，进行调查研究，并提供企业诊断、质量管理、财务管理、人才开发等方面的咨询服务。既为企业解决了实际问题，为主管部门提供了指导工作的参考材料；同时也提高了教师自身的素质，充实了教学内容，取得了丰硕的科研成果，增加了学校效益。

学校根据实际兴办第三产业，涵盖三种类型：第一类是人才智力开发型产业，以教学系部为主体，组建了计算机技术服务公司、商贸企业服务公司，把教学与企业的技术开发、计算机管理、咨询服务、信息交流和人才培养结合起来，初步探索办好此类企业的道路；第二类是商品经营型产业，办了两个商店，一个是为师生员工服务为主，一个是参与商业流通，正在摸索前进；第三类是设备服务型产业，利用学校的印刷设备，在为学校服务的同时，对外承揽印刷业务。为了加强对校办企业的领导还成立了校办企业董事会。将三产经济收入用来弥补学校经费的不足，改善办学条件，适当增加教职员工的生活福利待遇，促进了以教学为中心的各项工作的发展。1992 年 10 月，经工商局批准，校属商贸服务公司成立，邢颖任总经理。

同年 12 月，商贸服务公司、申元计算机技术开发公司等 10 个校办企业向全体教职工进行新闻发布，展示企业发展愿景，表达办好企业的决心。校办企业的建设和发展是学校在改革开放新形势下的创新实践，成为学校经费来源中除国拨经费、办学创收外第三大经济支柱。

1996 年，学校成立校办企业管理组，顾志坚为组长，组员有李占文、宗福顺、刘庆、刘凤英。至此，校办企业经过几年的建设发展和调整，拥有商贸咨询服务公司、大专商贸公司、大冶商贸公司、申元计算机技术服务公司、精益印刷服务部、招待所、财硕科技产品开发公司 7 家企业。管理组成立后对校办企业进行了进一步调整，对一些企业实行了招标承包经营。

十一、改革内部管理体制

1991 年 6 月，学校作为成人高校内部管理体制改革试点单位，制定了内改方案，上报成人教育局。12 月学校职代会进一步审议内改方案。同月校务会通过内改方案。1992 年初在全校启动实施，同年 2 月上级有关部门审议学校内改方案，副院长顾志坚汇报方案，财政局、市总工会、成教局等部门共同审议。

学校积极推进内部管理体制改革，进一步明确整体提高适应社会主义市场经济和培训市场发展与要求的能力，深化改革内部管理体制，贯彻"优胜劣汰"的原则，引进竞争机制，以增强压力与活力；贯彻"按劳分配"的原则，克服平均主义"大锅饭"的弊端，实行物质鼓励与精神鼓励相结合，以调动积极性；贯彻"宏观管理，微观搞活"的原则，建立健全各项规章制度，加强思想政治工作，以规范和约束各单位和教职工行为。

根据上述原则，学校进行了内部管理体制改革，实行了教育目标和工作任务责任制，教师、干部的聘任制和结构工资制。改革了分配办法，实行了分配与系（部）办班收入挂钩，与聘任制挂钩，与完成教学、科研、工作任务的数量、质量挂钩。同时，结合思想政治工作，及时解决思想认识方面出现的一些问题，注意处理好四个关系，即：按劳分配与无私奉献的关系；教师与行政教辅人员的关系；系（部）领导与行政领导的关系；干部与教职工的关系。既有侧重又要兼顾，以调动全体人员的工作积极性，增强凝聚力。

方案实施后，体现出院系两级管理和分配：一是工作成效与分配挂钩，收入档次拉开，教师和行政人员按 10:8 比例分配，整体调动了全体工作人员的办学和工作积极性。1992 年全年办班超过 150 个，培训逾万人，规模空前，社会效益和经济效益增加。二是聘任制引进竞争机制，体现了优胜劣汰，增强了教职工责任感，上进心。三是打破了分配上的平均主义，教职工收入普遍提高，在有利于稳定队伍的基础上，拉开差距，教师之间和行政教辅人员之间的个人收入最高和最低分别相差 3 倍和近百元，体现了奖勤罚懒，增强了开拓奋进的活力。

1992 年 12 月，在北京市成人教育工作会上，学校获得北京市政府颁发的"北京市成人高等教育先进学校"荣誉。

第五节　德育和思想政治工作的新进展

一、营造良好的教书育人环境

1989 年 4 月，时任中共中央总书记胡耀邦逝世后，北京发生了一场波及全国的政治风波。经过"八九"政治风波后的深刻反思，学校党委十分重视加强思想政治工作和德育工作。学校坚持社会主义办学方向，从提升认识入手，树立全员德育意识，根据新形势的需要，探索思想政治工作新途径，构建全方位德育格局，形成良好的育人环境。1991 年 3 月，学校德育教研室正式成立，党委副书记赵天海为主任，校领导和政工干部亲自任课。随后于 1994 年，学校自编了以邓小平"四有"要求为内容体系的德育教材《有理想、有道德、有文化、有纪律》。1996 年后，对德育课教学进一步改革，统一严格要求，取得了较好效果。

1991 年，学校二期基建工程验收。新建了报告厅、餐厅、图书馆等，扩大了校舍面积 2500 平方米，改善了办学的硬件条件。7 月 3 日起，图书馆发动群众动手，十余万册图书及多年的报纸杂志很快迁入新址。1992 年 3 月，北京市高校图书馆评估组专家来校对图书馆采编等工作进行评估，评价较好。1997 年 4 月，学院三期工程完成，使用面积为 1270 平方米的新楼交付使用，学校办公用房和与校外合作办学所需校舍得以扩充。同年 6 月，学校图书馆恢复教师阅览室，建立了学术期刊光盘版三级站，接通中网公司转接因特网。师生员工的学习工作环境得到了很大改善。

1993年，学校陆续出台并实施了《关于申请学科建设基金若干规定》《关于教材建设的若干规定》《关于创办新专业的若干规定》《关于评选教学优秀奖的若干规定》《关于教师下企业服务的若干规定》《系部教学管理工作规范》《教师课堂教学工作规范》7个教学管理文件，为营造风清气正的教书育人环境提供了有力保障。

1993年6月18日，学校举行建校35周年、建院10周年院庆纪念大会，张国群、劳而逸等校领导和师生代表参加大会，市委常委兼商贸工委书记欧阳文安参加纪念大会并讲话，国家教委、国家经贸委、国内贸易部、市委商贸工委、市商委有关领导同志参加大会。同时各班以多种形式开展了小型庆祝活动。历届校友1000多人返校团聚。学校印发了纪念册、校友名录、院庆专刊等。35年校庆进一步总结了学院改革开放以来取得的办学成果，凝聚人心建设财贸师生共同的精神家园。

二、成立思想政治工作研究会

1993年2月，学校党支部书记讨论党委把党务和思想政治工作纳入学校目标责任制量化考核体系。同年4月2日，学校思想政治工作研究会正式成立。成立大会上，通过了研究会《章程》，确定党委书记张国群任会长，纪委书记余邦和任常务副会长，宋振涛同志任秘书长，会议安排了研究会工作任务。市委商贸工委副书记李牲、商业部系统思想政治工作研究会及华北分会的负责同志出席成立大会并讲话。思想政治工作研究会成立后，每年召开相关的专题研讨会，推进思想政治工作研究，并参加学校一年一度学术委员会组织的交流和评奖。这一做法对提升学校思想政治工作水平起到了极大促进作用。

1993年，研究会围绕"解放思想，转换观念，加强和改进思想政治工作"召开专题研讨会。4位会员宣读论文并讲话。研讨会评出论文二等奖4篇、三等奖5篇，纪念奖9篇。1994年召开了以"新形势下应有什么样的价值观"为主题的专题研讨会。1995年1月4日至10日，学校思想政治工作研究会秘书长宋振涛赴重庆参加全国经济管理干部学院系统思想政治工作研究会暨华北分会年会，学校提交的《在校一代新人，德育至关重要》的调查报告获分会和总会优秀论文奖。换届改选中，我校被选为华北分会常务理事单位。

三、强化思想政治工作

学校围绕党的重大政策、重大决定，扎实做好宣传教育和贯彻落实。1991年7月至9月，学校先后组织教职工初学和精学江泽民总书记的"七一"讲话，批判了"民主社会主义"思潮，联系苏联和东欧局势的变化，提高了教职工反"和平演变"的自觉性。同时加强学校党建工作，制定完善了加强领导班子建设的十项制度。

1999年5月8日凌晨，以美国为首的北约悍然使用导弹对中国驻南斯拉夫大使馆发动袭击，造成馆舍毁坏和人员伤亡。消息传来激起广大师生的极大愤慨。5月11日，学校党委副书记白淑仙组织召集了有王茹芹常务副院长、顾志坚副院长、雷呈达副校长及老教授、青年教师参加的座谈会，声讨以美国为首的北约的暴行，表示坚决拥护政府声明和胡锦涛副主席的讲话，坚守岗位做好本职工作。

1999年7月，中共中央做出了关于取缔法轮功邪教组织的决定。学校党委认真落实中央的决定，积极开展法轮功问题的处理工作，进一步对党员干部进行无神论教育和辩证唯物主义教育。并组织师生学习中央有关文件，观看有关纪录片，深化反对邪教、崇尚科学的活动。

1999年10月1日，在中华人民共和国成立50周年之际，北京举行了隆重的庆祝大会，学校20名师生代表参加了庆典标兵任务。王成荣教授作为首都"人民教师"代表在国庆期间受到朱镕基、李岚清、温家宝、李铁映、罗干等国家领导人接见；同时收到由朱镕基总理签发的国务院办公厅邀请函，受邀参加了中华人民共和国建国50周年国庆招待会。1999年10月12日，学校宣教处、工会组织召开了以"祖国，我为你骄傲"为主题的"亲历国庆五十周年庆典"座谈会，党委书记郑国本、党委副书记白淑仙、王成荣教授以及参加国庆庆典任务的师生、各支部代表等参加了会议。

2000年2月16日，学校接到中共中央办公厅通知，王成荣教授受邀作为首都知识界知名人士代表，参加了在人民大会堂举行的元宵节联欢会，受到江泽民、李鹏、朱镕基、李瑞环、胡锦涛、尉健行、李岚清、丁关根、罗干、田纪云、姜春云、吴邦国、张万年、贾庆林、钱其琛、吴仪等党和国家领导人的亲切接见，并与领导人交谈合影，一起参加联欢活动。

四、"三讲"教育进校园

1995年11月8日，江泽民在北京视察工作时指出："根据当前干部队伍的状况和存在的问题，在对干部进行教育当中，要强调讲学习，讲政治，讲正气。全国都要这样做，北京市更要起带头作用。"1996年，党的十四届六中全会做出决定，对县处级以上领导干部进行一次以讲学习、讲政治、讲正气为主要内容的党性党风教育。1999年8月16日，郑国本书记、白淑仙副书记参加了北京市第二批"三讲"教育动员会，学校是商贸系统参加"三讲"教育的四个单位之一。

8月24日，学校召开"三讲"教育动员大会，党委书记郑国本做动员报告，"三讲"教育办公室主任、党委副书记白淑仙做征求意见的说明，市委"三讲"教育巡视组组长张淑容同志做重要指示。8月31日至9月1日，按照"三讲"教育要求，学校领导郑国本、王茹芹、白淑仙、顾志坚、雷呈达集中2天进行"三讲"教育封闭学习。随着"三讲教育"的深入进行，10月22日，经市委"三讲"教育领导小组办公室和市委"三讲"教育巡视组同意，学校组织干部群众对校级领导班子和领导干部的剖析材料进行民主测评。此次民主测评共发出民主测评表44份，收回44份，收回率100%。对领导班子的满意率为100%，对班子成员的满意率平均为97.42%。10月26日，学校召开处级领导干部"三讲"教育动员会，校领导和全体教职工参加。党委书记、"三讲"教育第一责任人郑国本同志做动员报告，党委副书记、"三讲"教育办公室主任白淑仙同志做具体安排。10月28日，学校领导班子根据"三讲"教育安排召开民主生活会。会前班子成员积极开展谈心活动，互相征求意见。会上敞开思想，开诚布公，抓住重点，击中要害，对存在的问题从党性党风的高度进行了认真的分析，达到了互相帮助、增进团结的目的。11月5日，学校召开"三讲"教育总结大会。党委书记郑国本同志做总结报告，院领导和中层干部、支部书记、职工代表、老干部代表等40余人参加了会议，市委"三讲"教育巡视组全体成员出席了会议，组长张淑容同志在讲话中对学校"三讲"教育活动深入细致的开展情况及活动成效给予了较高评价。

五、打造德才兼备的教师队伍

随着学校发展和建设的脚步加快，学校党政领导对教师队伍建设也更加重视。1991年，学校党委经研究讨论，形成了《适应形势需要，进一步加强教师培养的决定》，当年印发执行。《决定》要求通过加强教师德育，坚持走与实践结合与工农结合的道路，有计划地选送人员进修深造，鼓励教师开展教研和科学实践等措施，打造一支政治立场坚定、业务素质优良、理论结合实际好、能力全面的教师队伍。《决定》突出强调教师要理论结合实际，教师要密切联系企业等方面内容，并实行了一系列严格规范而又切实可行的制度——逐渐成为学校治学的传统和特色。这也是后来一批既善教学又能咨询，深受学员和企业欢迎的"名师"得以成长成才的制度保证。

教学质量是办学的生命线，教师在提高教学质量方面起主导作用。学校通过广泛组织教师学习建设中国特色社会主义理论和社会主义市场经济理论，有计划地安排学历和学位进修，鼓励以老带新，开展教研活动，提供最新专业知识的音像、图书资料等方法，促进教师的知识更新，改善教师的知识结构。学校积极组织教师深入企业实践，1992年共安排65名教师到企业调查研究，开展咨询服务式挂职锻炼，了解与熟悉企业，以充实教学内容，提高分析与解决实际问题的能力，固定联系企业27家。同样也重视开展科研活动，1992年共完成论文、调查报告、教材、著作149项，其中有不少是市级课题、获奖项目和参加全国与国际交流的成果，从而提高了教学与办学人员的学术与专业水平，保证了教学需要和教学质量。与此同时，学校还制订了系列教学管理和保证教学质量的制度和措施，制订了教学质量与奖励挂钩办法，颁布了申请专业建设、教材建设、学科建设的基金规定，鼓励教师努力提高教学质量，开新专业、新学科，撰写新教材；实行了系、部教学管理工作制度和教师课堂教学规范，严格了教学管理。这些措施对学科建设、教学内容更新、教学方法改进和教学质量提高，起到了促进作用。

1993年3月16日，郭志军、王凤鸣两位副教授受邀参加了商委系统享受政府特殊津贴的18位专家座谈会。李建立、关葆璋被评为商贸系统1993年度先进教师和先进教育工作者，参加了商贸系统教师节表彰会。邢颖被评为北京市1993年度优秀青年教师。1995年，王成荣副教授荣获全国优秀教师称号并获全国优秀教师奖章，李宇红获市优秀青年教师称号，陈鹤鸣获市商贸系统优秀教育工作者称号。同年，北京市商委在西单商场举行教师节表彰大会，本校陈鹤鸣、王若山受到了表彰。

1996年4月29日，学校隆重召开"庆五一　再创辉煌"主题大会，表彰学校立过功、受过奖的百名教职工，大会向全院教工发出学习先进再创辉煌的倡议书。至此，学校已有受国务院表彰有突出贡献并享受政府特殊津贴的教授及副教授郭志军（1992年10月）、王凤鸣（1992年10月）、杨茂源（1993年10月）、张文焕（1993年10月）、王瑞光（1993年10月）；获全国职业教育先进教师和全国优秀教师称号的教授及副教授余斯晟、张文忠、王成荣。9月10日，郭志军教授作为优秀教师代表在人民大会堂受到中共中央书记、国家主席江泽民的接见。

1997年陈鹤鸣被市教委评为北京市优秀教师，兰丽丽被评为优秀青年教师。教师节来临之际，学校召开"郭志军教授、杨茂源教授从教40年座谈会"，由邢颖副院长主持，市商委教育处及有关高校专家学者和学校教职工代表32人参加。党委书记郑国本、常务副院长王茹芹向两位教授赠送纪念盘。同年，王成荣、王茹芹、范法明三位同志入选首批"北京市跨世纪优秀人才工程"学术技术带头人。

第六节　面向企业服务企业

一、一以贯之的优良传统

北京市财贸管理干部学院是在原北京市财政贸易干部学校的基础上建立起来的。继承和发扬干校时期形成的"面向企业、服务企业"的优良传统，不但在院、系两级领导班子中形成统一认识，同时也通过对全体教职员工的宣传教育形成为全校共识，进一步明确了坚持面向企业、为企业服务，就是坚持社会主义办学方向的具体体现。学校要巩固和发展、要办出特色，就必须在面向企业、服务企业、依靠企业、适应企业需要上下工夫。十多年来，随着我国社会主义现代化建设的迅速发展，学校在深化服务企业过程中不断提升教学科研水平，强化服务能力。

最初学校为企业服务主要是办培训班一种形式。从服务内容看，主要是通过培训提高企业人员素质与经营管理水平，并且学校在这方面服务的形式、内容与数量、质量，不断得到扩大和提高。由最初学校单一地按上级计划要求办班，发展到根据企业需要多形式、多层次、多规格办班；由在校内办班，逐步走出去到企业办班或在校外建立培训点；由学校单独办班，发展到与企业联合办班，进而共同办培训中心等联合体；在培训内容上，由单一的培训，发展到复合型、高层次的办班培训。学校每年不仅举办了各种类型的岗位培训班、职称考试班、转岗人员培训班、青年干部班等，而且在学历教育上，也已由中专、大专，发展到大专续本科、研究生申报硕士学位班。1993、1994 年每年培训均在 3500 人次以上。1995 年 5 月，学校承办的北京市商业系统大中型领导干部岗位任职资格函授培训试点班（通县）开学。自此，由设在学校的"北京市商业中高层次紧缺人才培训中心"按市委组织部、市商委等 4 部门部署，举办商业系统大中型企业领导干部岗位任职资格函授培训拉开了序幕，受训人员 3000 多人，遍布各区、县、局。

随着改革开放的深入与扩大以及社会主义市场经济的建立与发展，市场竞争机制、科学技术更新，特别是管理科学的日新月异，促使企业对教育、对人才、对新知识技能的需求更为迫切，北京市商贸系统出台的"百、千、万"人才培养规划就是明显的体现。社会形势的变化、企业发展的需要，也促使学校在服务企业方面有了新的发展变化，即抓住大中型企业这个重点，利用学校的智力优势，在为企业服务中积极发挥学校办学、科研、咨询服务等多功能作用，根据企业需要努力做到全方位地为企业服务。

在服务层次上由单项咨询服务，逐步发展到对企业进行高层次、全方位的服务。在服务内容上，从企业的选名、定位、设计方案、质量管理、基础工作、账务管理到战略发展，提供整体的咨询服务；在服务形式上，学校与企业的联系与合作更加紧密，先后与几十个企业建立了教学、科研联合体。1993 年学校与西单集团建立了培训中心。1994 年学校与元隆股份有限公司合作建立培训中心，与京伦大厦共建企业战略研究室等。

自 1991 年以来，学校每年都组织一批教师深入企业调查研究，为企业服务。除了与数家大型企业建立培训中心外，各系、部与企业建立的比较固定的联系点有20 多个，在企业当顾问或做其他兼职的有 10 人。据不完全统计，1991—1994，为企业单项咨询 14 项，系列或整体咨询 3 项，形成方案、报告以及预测、论证、计算机软件等成果，并在实际运用中已初步取得一定效益的 14 项。直接为企业办班

241 个，培训各类人员 14163 人次。尤其是商经系在郭志军教授的带领下，组织本系和跨系老师活跃在首都商界，为企业送教上门，把脉开方，形成较大影响力，受到企业的高度赞誉。1994 年 3 月 31 日，学校由王成荣副教授牵头为蓝岛大厦策划组织了"蓝岛企业文化研讨会"，中纪委原书记、中国企业文化研究会理事长韩天石，北京市人大常委会原副主任、中国企业文化研究会常务理事长张大中，以及 20 余位国内知名企业文化专家和部分学校领导、教师参加了会议。这次会议总结升华了蓝岛"一片情"服务文化的经验，对推动蓝岛文化的形成起到了关键作用。1995年 9 月 6 日，学校与金伦股份有限公司合办"首都零售业发展趋势研讨会"，劳而逸校长主持，著名专家学者贺名仑、贾履让、高涤陈、陶琲、夏光仁、黄国雄、曹厚昌及学一些校教授出席并发言，市长助理、市商委主任藏洪阁等出席会议。

与此同时，在为企业的服务过程中，企业也从各方面给予学校很大的支持和帮助。不但无偿提供教学实践、培养教师的实习基地以及资料信息，还在物质及经费上给予支持。每到教师节及传统节日，企业领导带队来校慰问教师，开展座谈，给学校教职工以很大的鼓舞，更加密切了与企业的情感联系。1991 年 3 月 22 日，学校召开深入企业经验交流会，甘家口副食商场经理栾茂茹和学校王凤鸣、丁德泗、郭志军三位副教授做了发言，会上表彰了陈立平等 10 名下企业优秀教师。1994 年5 月 23 日，为纪念毛主席《在延安文艺座谈会上的讲话》发表和开展红五月歌咏活动，学校与西单商场、百货大楼、蓝岛大厦、贵友大厦等八家企业联合举办了一场演唱会。

二、服务企业的实践经验

学校深化服务企业功能，由最初的办班、搞培训到为企业提供咨询服务，经历了一个从无到有、从不能到能的过程。这也是学校多年来在这方面不断探索实践、总结经验的过程。

第一，学校能够审时度势，根据社会主义现代化建设的发展形势，立足于行业、企业的需要，不断深化学校改革，改进服务内容，提高服务层次，扩大服务渠道。这是能否服务好行业企业的前提。

面对学校整体办学实力较普通本科院校弱，办学水平与经济社会发展需求、与企业需求不相适应的客观实际，学校党委发动教学部门和教师深入企业调查研究，加强与企业的联系与合作，研究企业的需要，论证学校为企业服务的内容和方式。

企业的需要是随着社会主义现代化建设的发展而不断变化的，这便给学校提出了新的任务目标，要求我们必须不断改革发展与之相适应。尤其是师资队伍必须不断提高，既要掌握最新的科学管理的理论知识和成果，又要熟悉党的方针、政策和企业的实际情况，不然就会对企业形成误导。为了解决这一问题，提高学校为企业服务的整体水平，学校进行了内部体制改革，不断充实教学、科研一线人员，大力加强师资队伍建设，提出了教学建设的"五新"要求（开设新专业、建立新学科、更新教学内容、采用新教法、开办新班次），围绕企业需要建立了一批应用型的学科，突出了教学实践环节，强调教学内容的"新、实、高"，倡导教学的职业性以及向职业技术教育发展。

第二，强化企业意识、服务意识，正确处理好服务与创收的关系，是能否为企业服务好的关键。

学校始终坚持在全体教职员工中强化服务企业意识，把深入企业、为企业服务作为考核干部、考核教师、实施奖惩，以及衡量教师工作量的重要内容；把为企业服务好视为学校的生命力之所在，并在实际服务过程中，力求做到全心全意。在学校国拨经费不足的情况下，如何处理好服务与创收的关系，确实是摆在学校面前的一个实际问题。为了引导大家处理好这一问题，除不断进行思想教育外，还制订了教学人员和研究人员深入企业、经费管理以及廉政建设等一系列文件，明确提出我们的指导思想是"服务第一"，在服务的前提下创收。并规定"外出讲课、咨询服务要经系、部批准""不允许以教谋私、擅自索要高额酬金和其他财物"。同时，也明确在为企业办班培训、讲课时，要按有关政策收取合理学费与报酬，而且无论是短期培训，还是学历教育的实际收费，一直较同类院校保持较低水平。学校认为办学质量不在于收费多少，而在于培养人才的质量。这样做不仅有利于扼制拜金主义对教职工队伍的侵蚀，而且也密切了学院与企业的关系，扩大了为企业服务与合作的领域。

第三，加强与企业的紧密联合，建立校企培训中心，科研、信息联合体，是学院深化服务企业的必然趋势。

1993 到 1995 年，学校在与企业建立固定联系点、与企业联合办学、为企业服务由单项咨询服务逐步走向多方位服务的基础上，与几个大中型企业共同建立了培训中心。这一举措使学校服务企业的能力以及与企业的关系都前进了一大步。

（1）有利于双方资料信息的及时交流、共同研究，将企业需求落实到学校全方位为企业服务中；（2）有利于服务企业规范化、制度化；（3）战略发展的研究使企业站得更高、看得更远，有利于企业人员素质的提高，知名度的上升；（4）有利于校企双方优势互补，促进学校各方面改革深化，特别突出教学实践环节，培养目标职业性的落实，以及师资队伍的提高，使学校办学能更加直接有效地为社会主义建设服务。

第四，建立一支既有深厚理论基础又有丰富实践经验，并能掌握最新科学管理知识和信息的素质较高的师资队伍，是服务好企业必不可少的条件。

学校教学质量的高低关键在于教师，同样地，为企业服务成效大小的关键也在于是否有一支适应企业需要的素质较高的师资队伍。为此，学校采取了一系列措施，出台了《关于加强教师队伍建设的决定》《教师管理工作的若干意见》《教师队伍建设的近期安排》《教师下企业服务的有关规定》等文件。对教师的培养除送出去进修深造，以及通过教学实践活动提高教学水平外，学校特别强调了教师必须牢固树立服务意识，深入企业，走与实践相结合的道路。学校骨干教师、学科带头人，以及服务企业卓有成效者，绝大多数都是沿着这一条道路迅速成长起来的。他们自我总结成长与提高的过程，一般都是经过了"了解企业、熟悉企业、服务和指导企业"的过程。他们从企业中汲取营养、充实自己，反过来又更好地为企业服务。目前，学校师资队伍中已经有了一批能较好为企业服务的骨干，在为企业多方面的服务中发挥着重要作用。

1995年3月，《光明日报》《中国教育报》《首都经济信息报》《北京晚报》《北京日报》《人民日报》聚焦北京市财贸管理干部学院，报道学校服务企业办学的事迹。"服务企业"是学校生存发展之根本，是特色彰显之所在，在学校此后的发展历程中一以贯之，坚守不变。

三、探索综合办学模式

根据北京市成人教育局 1993 第 32 号文件《关于批准成人高等学校部分专业举办本科学历教育及下达 1993 年"专升本"招生计划的通知》，学校被批准成为可以开办"专升本"的成人高校之一。3 月 8 日至 15 日的招生报名中，报考我校 8个专业的大专、二学历和专升本层次的考生达 1100 人。1993 年度新开设了国际贸易、文秘与办公自动化、公共关系三个专业。专升本开设了商业企业管理、会计、金融三个专业。1993年，学校在校学历班共计29个，862人，其中大专班613人，二学历和专升本231人。全年总计各层次学历教育班学员1040人，岗位培训和短训班学员3857人，加上文化补习班114个班次，学员共5233人。

1994年1月，根据成人教育局要求，经校领导办公会研究通过学校建设发展设想，提出学校第二个十年的建设从1994年起步，3至5年初具规模，为争办重点院校而努力奋斗。同月，市委商贸工委下发关于任命王茹芹、邢颖为学校副院长的通知。

1994年5月，根据市成教局〔1994〕第10号文件《关于北京市财贸管理干部学院建立高级财务管理学院问题的批复》，北京财贸管理干部学院高级财务管理学院即成立。1998年1月5日，经校领导办公会研究同意，北京高级财务管理学院改由学校与国康实业有限公司、天津鸿基恒业房地产开发有限公司、北京坤达得科工贸公司合办，办公会一致通过了《北京高级财务管理学院章程》。这一举措表明学校在深化改革决心和力度，推进二级学院与企业深度合作更进一步。

1994年12月，中共北京市委商贸工委党校在学校成立，实行"一套机构、两块牌子"，商贸工委常务副书记李姓同志兼任商贸工委党校校长，雷呈达副院长任商贸工委党校副校长。市委常委、商贸工委书记欧阳文安以及市委组织部、市委宣传部、市委党校、市委商贸工委、有关区县委党校、干校及商贸各局（社、总公司）党委及党校负责人等500余人出席成立大会。商贸工委党校同时为市委党校的教学部之一。1995年3月，商贸工委党校首期具有研究生学历的青年干部培训班开学，欧阳文安等上级领导出席开学典礼并做指示。1994年4月，商贸工委党校首次招收学历生，各单位报名踊跃，经济管理、行政管理、思想政治教育三个专业的本科、大专两个层次共报名1001人。

1994年，学校适应市场需求，增设了外贸英语、广告策划、金融和财会电算化4个新专业，共招收11个专业的新学员738人，报考和录取人数均居全市同类院校之首。全年大专（含二学历）、本科、研究生各层次学历生已达1400人，各类短训3754人次，另有补习班410人、高财院290人，总培训规模达到5456人。其中工委委托举办的研究生班、中青年干部班等层次较高。会计系列职称考前辅导一项就培训了2000人以上。这一年，在大专学历教育中全面推行了学分制管理，学员可根据自身情况选修课程，学业可在 2~6 年内完成。

1995 年学校申请参评"北京市商业中高层次紧缺人才培训中心"。11 月，市成教局马淑平局长、胡晓松副局长带队的审批小组，来学院听取汇报、现场考察和专家论证，正式批准我校为"北京市商业中高层次紧缺人才培训中心"。市商委委员文洪仁、商委教育处长张念宏和我校邢颖副院长参加了审批活动。12 月 18 日，市政府正式向全市三所行业性紧缺人才培训中心授予证书和牌匾，并赠 586 计算机一台。

四、"八五"期间的办学成果

八五期间（1991 至 1995 年），学校在改革开放的春风中聚力奋进，深化改革，取得了丰硕的办学成果。1996 年 3 月 19 日，市商委、市教委联合召开"北京市财贸管理干部学院教育改革现场会"。全国政协常委关世雄，市长助理、商委主任臧洪阁，国家教委成教司高教处处长张科，市教委委员贺向东、胡晓松，市商委委员文洪仁，市委教工委成教处处长杨明启等出席。劳而逸院长做了题为《深化改革，适应需求，为企业培养合格人才》的发言，商经系主任陈鹤鸣和王成荣副教授介绍了深入企业、服务企业、提高教学质量的经验。劳院长指出，学校自 1981 年开办大专班，到 1995 年办学规模扩大了 36 倍；仅 1991 年到 1995 年就业大专生 1044 人，专业证书生 1138 人，结业短训生 29033 人。学院先后培养 7 万多名干部，可谓桃李满"商苑"。学校为之服务并紧密联系的大中型企业达 55 家；"八五"期间陆续开设了营销、国贸、外贸英语、财务（计算机辅助管理）、广告设计（计算机动画制作）等 9 个新专业和应用性、实务性、操作性强的 18 门新课；大专二学历近几年以平均年递增 11% 的规模扩大，目前在校生 438 人，专接本已办 4 个专业 6 个班次现在校生 239 人；商贸党校学历教育目前在校生有 10 个班 586 人；申请硕士学位研究生班的目前在校 50 人，新学年又和社科院合办一个班 59 人；高等职业教育今年申办会计和商场经营与管理两个专业，已通过论证完成招生；"八五"期间共辅导职称考试学员 12143 人；商贸系统大中型企业领导干部岗位任职资格函授培训首批 2000 人，二批 1000 人已开学；"八五"期间共编写出版 96 本教材和专著。

劳而逸院长在全面总结学校为企业服务的办学特色后归纳说：以党的基本路线和教育方针为指导，以深化改革为动力，以市场需求为导向，以应用学科开发为重点，以提高教育质量为中心，以培养合格人才为目标，以服务企业为宗旨，是我们取得一定成绩的根本经验。这几个"以"聚焦到一点，就是全心全意地为企业服务。劳院长最后概括了学院八条做法：

（1）坚持一条办学宗旨，即"端正社会主义办学方向，坚持为企业服务"的办学宗旨，始终一贯、坚定不移，以"科教兴国""科教兴商"为己任。

（2）建设两支教师队伍，在下力气培养专职教师队伍的同时，加强对兼职教师队伍的管理。以应用学科过硬的高素质教师，保证为企业服务的办学特色。

（3）遵循"三严"治校准则，即"严格要求、严格管理、严格考核"。规模越大，治校越严；质量统一，以质保量。

（4）充实"四库"教学资料。习题库、试卷库、案例库、资料库，是教考分开、教改教研的必要后备。努力做到教学一线兵马未动、后备粮草早日先行，随时建设"四库"，充实"四库"。

（5）加强"五新"基础建设，即"设置新专业、开拓新学科、更新教学内容、采用新教法、举办新班次"，是教学发展的基础建设。面向现代化，面向世界，面向未来，抓住"五新"，实现学校常办常新，永葆活力。

（6）完善六种办学机制。探索以学校、党校为主体，多种机制办学的路子。学校、党校、紧缺人才中心、培训中心、培训部、高财院、计算机培训点等，各机制发挥优势，互促互补，形成合力，发展学校。

（7）落实七份教改文件。学校根据成教主管部门有关规定制定的《关于创办新专业的若干规定》等七份文件，坚持落实、对照执行，促进教学管理的制度化、正规化、科学化。

（8）贯彻校风要求。贯彻"求实、严谨、团结、奋进"的校风要求。学校党、政、工、团、学齐抓共管，始终把精神文明建设放在重要位置，把思想政治工作做深做细，培养无私奉献、艰苦奋斗、团结协作的精神，依靠全校各级领导班子和全体教工这支能打硬仗的队伍，完成艰巨而光荣的任务。

五、成立北京市商业研究中心

学校高度重视科研工作，为不断提升科研质量和水平，扩大学校社会影响力，在财贸行业研究领域有更多发言权，学校采取积极措施提升教职员工开展科研的自觉性，进而推动全校科研工作。首先，学校明确要求每位教师每年要有一项科研成果，可以是论文、社会服务成果、课题研究、教学成果等，作为年度考核指标。其次，学校提倡教职工开展应用型科研和学术课题研究，鼓励与企业或经济部门合作搞科研。最后，学校每年召开一次学术交流会，在各系（部）处室召开的交流会基础上，评选出优秀论文和其他成果，报送校学术委员会进一步评奖，并在学术交流会上予以表彰。

尽管学校是大专层次，但在校领导的高度重视、鞭策和激励下，各系（部）处（室）积极开展科研工作，年复一年，成绩斐然。院系领导和部分青年教师成为科研带头人，他们积极奋战在科研第一线，在教育部、北京市教委的重大课题研究中担任负责人，或成为大中型企业战略研究室负责人。1996年5月，王成荣副教授申报国家社科基金"九五"规划项目《中国名牌战略研究》获得立项，实现了教师申报国家级纵向课题的突破。1991年以来全校每年都有近70项科研论文。1991—2000年，学校获得论文一等奖共计28篇，为企业服务、为北京经济部门服务成果奖项50项。

学校教职工深入企业、服务社会，对推动北京市商贸系统应用型课题研究发挥了积极作用。北京市各大企业集团、中小企业及实际经济部门不断呼吁成立北京市商业经济研究中心，组织和引领全市商业经济研究。为此，学校向市委、市政府报送了《关于设置北京市商业经济研究中心的请示》。1991年5月17日，北京市编制委员会办公室正式发文《关于设置北京市商业经济研究中心的批复》〔1991〕京编字第059号，全文如下：

北京市委商贸工作委员会、北京市商业委员会：

市委、市政府转来《关于设置北京市商业经济研究中心的请示》收悉。经研究，同意成立北京市商业经济研究中心，为市商委所属事业单位，日常行政管理工作由北京市财贸管理干部学院代管，不定级别，编制定为10人。一次性开办费由市财政解决，以后实行自收自支。

抄送：市委组织部、市计委、市人事局、财政局、北京市财贸管理干部学院。

根据文件要求，学校代管日常行政管理工作。尽管北京市商业研究中心未在学校挂牌，但学校研究所责无旁贷地承担了北京商业经济研究的主要任务和课题，包括市级及各区县的商业发展规划的编制。此后，市商委、商贸工委不断有紧急的课题任务布置下来。研究所的全体人员在所长王成荣、副所长赖阳的组织领导下，立足商贸实际，紧跟时代前沿，追求卓越品质，较好地完成了各项课题研究任务。尤其在商业规划制订方面，以北京市"九五"商业发展规划为开端，后来相继完成和参与完成了北京市5个五年商业服务业规划、《中关村科技园区海淀园商业发展规划》《北京市CBD工业区商业发展规划》《北京经济技术开发区商业发展规划》和北京市各区、各主要商业街区商业发展规划的制订，均受到领导好评，多数作为政府文件下发执行。

六、走出去，请进来

北京市财贸管理干部学院以其在北京市商贸系统教育培训、科研服务的奋力开拓，赢得了业内人士和上级部门的认可，产生了较大影响。学校通过积极的交流活动，学习借鉴兄弟院校和国外先进的管理经验和理论知识，形式也从单纯的接待国内外院校、教育机构来访，发展为"走出去、请进来"等多种形式。

学校还根据实际发展需求向财贸系统同类院校学习交流先进经验。1995年10月27日至11月3日，院长劳而逸、副书记白淑仙率中层干部一行10人，赴上海、杭州走访了上海大学国际商学院、上海工商学院、上海市经济管理干部学院和财贸管理干部学院以及杭州商学院。1997年4月，党委书记郑国本、副书记白淑仙率有关同志分赴北京工业大学、首都师范大学学习搞活办学机制、改革人事制度的经验。

为开阔视野、学习先进，学校早在20世纪80年代就积极组织教师走出国门学习国外行业办学的先进经验，曾选送优秀教师2人赴日本深造。1985年学校派员参加了去日本的商业职工教育考察小组，先后访问了日本的东京、大阪、京都、名古屋四市的东武、西武等5家百货店、札幌啤酒1家批发商、大阪等4家饭店、丰田等2家工厂和一桥大学等5所大学共17个单位的成人教育情况和现代化教学手段等，作为学校深化教学改革的借鉴。

1995年4月2日至5月11日，经市商委委派，邢颖副院长率"北京市商业委员会超级市场与便利店研修考察团"一行14人赴日研修考察。1999年1月，应日本商业流通经济学会邀请，由我校常务副院长王茹芹教授、郭志军教授、王成荣副教授、吴晓辉副教授等人组成的北京商业经济考察团赴名古屋爱知大学参加"中日流通学术交流会"，与日本专家学者就中日两国的商业流通经济现状及发展进行讨论研究，学术交流题目分别为"中国零售业发展趋势""北京连锁业发展趋势""北京零售业的名牌服务"和"北京商业研究"。

随着国家深化社会主义市场经济建设，财贸业态出现了新变化新挑战，对人才培养提出了更高要求。基于此，学校积极邀请国内外业内专家组织开展财贸行业学术研究。1996年3月15日，学校与北京商经学会联合举办"连锁联盟报告会"，由美国经济博士、美籍华人学者黄于蓝先生主讲，邀请北京市30余家企业领导人参加。1996年10月6日至9日，学校与北京商经学会和日本商业学会中部会联合召开"中日流通产业的现状与未来学术讨论会"。1997年1月9日，学校主办"首都经济论坛，首都零售业发展趋势"学术交流会。中国社科院、内贸部、大专院校和本校专家学者以及市委商贸工委、市商委、市社科规划办的同志和部分企业家参加了交流会。1996年2月18日，学校与北京商经学会、中国计算机用户协会市场发展分会、奥伟德电子科技有限公司联合举办了"商业管理信息系统应用与开发研讨会"。1999年1月12日，学校研究所与中国计算机用户协会市场分会共同举办了"电子商务研讨会"，首都电子商务工程领导小组华平兰主任、国家经贸委信息管理人员及经理近50人参加了研讨会。1999年2月23日，王茹芹常务副院长参加"21世纪以市场为导向的企业管理培训国际研讨会"。1999年5月4日学校邀请日本爱知大学教授村松幸广应邀做题为"现代日本的消费动向和顾客满意系统"的学术报告，学校师生和企业界人士参加并进行了现场交流。

随着社会影响力的提升，学校对外交流频繁，并与一些境外教育机构达成了合作意向。1994年2月26、27日，俄罗斯哈巴罗夫斯克地区教委主任、韩国以文解教育学会会长金济泰为首的教育代表团先后来我校进行了友好访问。校长劳而逸接待到访客人，并介绍了学校情况以及发展规划。

1997年3月31日，经国家教委、市委推荐，芬兰教育考察团一行17人来校参观访问。1997年3月10日至4月20日，英国特许公认会计师公会（ACCA）委托北京奥威士培训中心在京办学，由北京商学院、中央财经大学和北京市财贸管理干部学院联合举办"财会资格证书"班，主体工作由学校高财院承办。

1999年1月20日，学校与澳门科讯顾问有限公司、亚洲（澳门）国际公开大学达成合作开办工商管理（MBA）硕士研究生班协议，并举行签字仪式。三方还就：学生交流与合作培养，教师管理人员交流，科学研究合作和学术交流，教材、学报以及其他教学、学术资料的交流等内容达成了协议。同年6月19日，学校与亚洲（澳门）国际公开大学联合举办的工商管理研究生班在学校举行了开学典礼。王茹芹常务副院长致辞，市教委副主任马叔平、成教处处长吴晓川、亚洲（澳门）国际公开大学常务副校长许毓彬、葡萄牙驻澳门国际公开大学代表马森嘉博士、澳门亚洲国际公开大学校董兼中国事务顾问苏香致女士，以及学校党委书记郑国本、副书记白淑仙、副院长顾志坚、雷呈达、周宏参加了开学典礼。

七、成为北京市成人高校示范校

1997年以来，学校以"创示范院校，争一流水平"为动力，加强了全面建设，召开了加强专业建设高职称教师教学研讨会，部署了各系的专业评估，修订了学校规章制度。年内，学校被市教委评为北京市成人高校示范校，被国家教委认定为全国成人高等教育评估优秀校，被国家经贸委批准为工商管理培训资格院校，被北京市实施国际经贸人才培训计划领导小组评为先进单位。此外，"北京市商业中高层次紧缺人才培训中心"被市教委评为1994—1997年先进单位，商企管理专业被市教委评为特色专业。

1998年3月11日，北京市教委召开成教系统领导干部会，我校党委书记郑国本、常务副院长王茹芹参加，受领了市教委颁发给我校的"北京市成人高等学校示范校"和国家教委颁发给我的"全国成人高等教育评估优秀学校"荣誉。3月24日，学校就此召开"荣誉面前找差距、凝心聚力创一流"动员大会，布置全校教职工结合期中检查开展一次找差距、定措施、促工作活动。市委商贸工委书记刘建华、常务副书记兼党校校长李甡、市教委委员胡晓松、市商委教育处处长张念宏等应邀出席动员大会并讲话。常务副院长王茹芹主持会议，党委副书记白淑仙宣读国家教委和市教委的表彰通知，党委书记郑国本做动员报告。各部门代表发言，一致表示要"携示范校优秀校美誉，创特色校一流校新路"。

1997年初，市教委特色专业专家评估组来院进行考察评估，肯定了学校专业建设成绩，商业企业管理专业最后被评定为特色专业。1998年4月，学校向市教委申报财会专业和经济信息管理专业为特色专业，请示及自评报告正式上送。这次申报特色专业是在学校商业企管专业被评为特色专业之后，学校加强专业建设、各系普遍自评专业的基础上，开展了系列自我评估活动后提出的。特色专业评估活动有效促进了学校专业建设。

1998年上半年，东城区第二期领导干部高级工商管理培训班和市委商贸工委第六期中青年干部班相继开学。5月学校承办的王府井百货大楼集团股份有限公司"连锁经营培训班"开学。这个班采取"企业点菜、学院配餐"的办法，教学内容更切合企业需要，充分体现了前沿性、科学性、针对性和可操作性。

1999年2月26日，学校召开了全体教职工参加的"深化改革、促进发展"动员大会。王茹芹常务副院长传达了校党委、商贸工委党校关于改革的9项决定，郑国本书记主持会议并讲话。9项改革的主要内容是：（1）撤销系内教研室编制，教研室主任、副主任自然免职，其职务课酬补贴用于学校教学和科研。（2）成立党校工作部，负责开发生源、学员管理、教学管理、落实市委党校教学计划等工作。（3）是否组建金融系，有待进一步调研、分析、论证后再做决定。（4）成立咨询机构，暂与研究所合署办公。（5）成立电化教育中心，年内待条件成熟后再开始组建。（6）成立生源开发部，撤销干训处。在生源开发部未成立前，干训处仍履行职责。（7）调整行政机构设置，原则上除按照上级规定必须保留的科外，其他科的编制一律撤销，食堂、学员宿舍实行内部承包管理。（8）调整内改试行办法。（9）贯彻市人事制度改革会议精神，分步实行全员聘任制：第一步在行政处和新成立的单位开始试行；第二步在全院其他行政人员中实施；第三步在教师中实施。

这次大会彰显了学校深化改革的决心和力度，进一步统一全员思想，凝聚力量干事业，为学校跨入新世纪、谋求新发展打下了良好基础。

第四章

开拓进取：跨入新世纪的新征程

第一节　在新的起点上

进入 21 世纪，随着成人学历教育的顺利开展，北京市财贸管理干部学院自建校 42 年来，已经走出了"立足财贸、面向市场、深入实际、服务企业"的特色办学之路，被首都商界誉为"经理的摇篮"。但是，学校仅有 6.3 亩的办学场地，不符合教育部规定的"高等职业 150 亩地"的硬件标准，因此解决办学场地问题成为学校发展面临的首要问题。1999 年 9 月 9 日，北京市教委召开限制招生会议。因学校占地面积不足 30 亩，被市教委亮了黄牌。会议要求，亮黄牌各院校在 2 个月内解决。学校领导班子积极采取措施，应对办学危机。

一、机构调整和人事制度改革

2000 年，根据教人〔1999〕16 号文《关于当前深化高等学校人事分配制度改革的实施意见》、人发〔2000〕59 号文《关于深化高等学校人事制度改革的实施意见》要求，学校更新观念，破除上下对应和"官本位"思想，从明确职能入手，对职能重叠、交叉或相近的机构实行撤销、合并或合署办公，以增强机构的综合管理能力，减少层次，理顺关系。学校调整行政机构设置，完全是按照 1999 年 2 月 26 日校党委、商贸工委党校关于改革的 9 项决定进行的，对于此前未决的是否组建金融系问题，也在此次机构设置时明确决定设置。

2000 年 1 月 18 日，依据学校中层干部竞聘上岗的人事制度改革实施办法，举行学校部门负责人竞聘演讲会。会议由党委副书记白淑仙主持。刘殿成、张荣生、朱志诚、张路京、付卫东、肖民、宛莉、苏占邯、黄毅、刘宝元、周脉云、郭世祥、胡坪、杨少萱14名同志参与了6个部门负责人竞聘演讲。参考学校改革领导小组成员、招聘负责人所在部门同志测评意见，并召开党委会形成以下决议：聘任柴小青为商业经济系主任；聘任刘殿成为财税会计系主任；聘任张路京为广告艺术系主任；聘任赵庆萱为金融系主任；聘任李占文为办公室主任；聘任杨少萱为组织人事处处长；聘任李翔为教务处处长；聘任胡坪为行政处处长。同时，党委会还决定范法明任政工管理系（经济管理系）主任，同时兼任对外办学部主任。

1月25日，学校举行部门负责人（副职）竞聘演讲会。会议由党委副书记白淑仙主持。李悦华等16人参加了6个部门负责人（副职）竞聘演讲会。经学校改革领导小组成员、招聘负责人（副职）所在部门同志测评意见，于当日下午召开党委会并形成以下决议：聘任刘彦平为商业经济系副主任；聘任兰丽丽、邵建华为财税会计系副主任；聘任刘宝元为组织人事处副处长；聘任李悦华为教务处副处长；聘任王成荣为研究所副所长；聘任李宇红为电教中心副主任。根据学校聘任方案中对优秀中青年干部可以破格聘任的原则，聘任胡庆平为办公室副主任；聘任刘武华为行政处副处长，同时任命吴晓辉为商业经济系副主任。至此，学校中层领导干部竞聘上岗工作顺利完成。50人次报名应聘，42人次竞聘演讲，有27名干部走上处级领导岗位，干部平均年龄比改革前降低4.5岁。

4月26日至29日，全校进行行政岗位竞聘，共有41个职位。在竞聘过程中，全校教职工全身心投入，每个人综合审视自身优势，以个人能力、兴趣为基础选择竞聘岗位。在竞聘演讲中，既充分展示自我，又勇于剖析自身，谈思路谈设想，表现出学校教职工良好的精神状态。经过两轮聘任演讲，47名同志落实了工作岗位，25%的人员实现跨部门流动。通过竞聘，出现了"要我干"转变为"我要干"的局面。

二、办学格局的变化

2000年3月9日，经市教委批准并报教育部备案，学校获批举办高等职业技术教育资格。2000年7月，学院与二商集团下属的北京商贸学校开展合作，协商并明确教育与管理等方面的合作意向，由北京市财贸管理干部学院负责组织教学，北京商贸学校负责管理以及体育课的教学和管理，当年开办财会、金融、工商管理、美容美发 4 个高职专业，共招收 120 名学员。2000 年 9 月 11 日，在南苑学区举行首批高职学员开学典礼。学校初步形成了成人教育、高职教育、党校三种学历教育的办学格局。

2000 年 1 月 30 日，学校在亚洲大酒店举行兼并北京新仙娜美容美发职业技能培训学校、建立新仙娜美容美发培训中心、组建美容美发高职专业成立大会。国家劳动保障部、国家经贸委国内贸易局、市委商贸工委、市商委、市教委、市劳动局和美容美发行业协会的领导以及新闻记者和学校中层以上干部参加大会。会议由常务副院长王茹芹同志主持，党委书记郑国本同志致辞，国家国内贸易部饮食服务消费司司长韩明同志、北京市委商贸工委副书记张连登同志为美容美发系和美容美发培训中心揭牌，北京市委商贸工委文洪仁委员、北京市教委成教处吴晓川处长和全国美容美发行业协会会长刘小红等先后发言。当晚北京电视台《北京新闻》进行了报道。美容美发高职专业的建立是学校积极深化改革、创新办学模式的有力实践，专业师资力量为学校美容美发高职专业的高水平发展提供了有力的保证。

2000 年，学校与日本好莱坞美容美发专门学校经过深入沟通，互访考察，形成合作共识。11 月 1 日，双方友好校际合作协议的签字仪式在学校举行，市商委副主任卢彦到会并讲话。常务副院长王茹芹和日本好莱坞美容美发专门学校山中祥弘在协议上签字，并共同为"日本好莱坞美容美发专门学校合作校"揭牌。协议的签订标志着学校在国际合作办学上实现了零的突破。两校在师资共享、教学共研、学生互访、观摩实训等方面达成了共识，共同培养具有国际水平的美容形象设计高职专业学生。学生在获得国内毕业证书的同时，还将获得日本好莱坞美容美发学校颁发的证书。市教委高教处副处长张有声、学校领导白淑仙、顾志坚、雷呈达以及兄弟院校的相关领导出席了仪式。光明日报、中国教育电视台等新闻媒体对此进行了报道。

三、加强师德建设

2000 年 10 月 17 日，学校召开师德建设动员大会。党委书记郑国本代表党委和学校领导班子做了动员报告，对活动做了具体安排并提出了要求，即要强化师德建设，提升教师队伍双师素质，提升教书育人质量，提升科研服务水平。11 月 1日至 14 日，学校进行了为期三周的教学期中检查，首次开展教学成果展示活动，共有 76 名教师展示了两年来的教学成果 320 多项，评出 3 个先进集体和 11 个先进个人。教学改革成果展示活动目的明确、全员参与、重点突出，达到了把学校教学改革向前推进一步、管理水平提高一步、自我要求再严格一步的"三个一步"目标，营造了良好的教育教学改革氛围。11 月 21 日，学校召开期中教学检查总结暨教学成果经验交流会，学校领导出席大会。党委书记郑国本同志主持大会，柴小青、简海平、杭国英、薛笑萍、王琦 5 位教师或代表集体或从个人角度出发交流了教学改革中的经验和体会。学校师资队伍建设不断加强，年轻教师快速成长。2001 年 8 月王成荣教授获得国务院"政府特殊津贴"，成为学校最年轻的享受政府特殊津贴的专家。

2000 年 12 月 12 日，学校召开第十六次学术交流会。副院长顾志坚对 2000 年的学校科研工作进行了总结，进一步明确了 2001 年的科研工作要坚持科研兴校，科研兴教的方针，以科研教学化、教学科研化为中心，出精品、重应用，突出科研为高职教育服务这个重心。年内，学校教师共完成科研成果 178 项，其中论文 139 篇，占 78%；著作教材 18 项，占 10%；承担课题 18 项，占 10%；咨询服务成果 3 项，占 2%。已发表论文 55 篇。学校承担了北京市商业发展规划课题的制定工作，参与了市委商贸工委领导的三个课题《市直属商贸企业实行法人治理结构情况的调查》《商贸企业建立经营者激励约束机制的调查》《关于当前市属商贸企业安定稳定情况的调查》。此外，还完成了商委课题《东珠市口大街商业及消费者情况调查报告》。提交校学术委员会评审的有 67 项。学术委员会遵照高标准、严要求、出精品的原则，本着公开、公平、公正的精神，评出学校科研一等奖 3 项，二等奖 19 项，三等奖 38 项，优秀服务成果奖 1 项。

2000 年 11 月 28 日，市委常委阳安江、市委组织部常务副部长赵家琦代表市委宣读任命王茹芹为学校院长兼党委副书记的决定。阳安江同志希望新的领导班子精诚团结，继续发挥学校优势，努力提高办学质量，办出特色，增强学校竞争力，为首都经济发展做贡献。

四、加强专业建设

学校在办好专业促行业的思路下，大力加强专业建设，积极申报北京市教学改革试点专业。2000 年 10 月 20 日，北京市教委专家组对我校申报的教学改革试点专业——商场经营管理专业进行实地考察。在听取汇报，参观校内实训、实习基地，查阅有关资料后，对我校商场经营管理专业面向市场、深入实际的办学特色给予了充分肯定，并就如何把该专业办成国内一流专业，提出了建设性意见。

2000年12月23日，教育部专家组对学校商场经营管理专业教育教学改革工作进行评估。专家组通过听取汇报、查阅资料、参观教改成果和学校教学环境、与教师和企业家座谈、到企业实地考察等方式，从不同侧面进行了较为全面的考察。专家组对学校高职专业教学改革工作给予充分的肯定，认为商场经营管理专业"目标明确、思路清晰、构思合理、改革深入、特色鲜明、措施落实"，应当作为示范专业予以发展。教育部高职高专处处长刘军谊、市商委副主任卢彦到会并讲话。

2000年12月14日，学校财税系成立教学指导委员会。委员会由北京一商集团副总经理张军，北京首都旅游集团财务部副总经理，北京粮食集团副总经理、总会计师黄志贤，北京商业管理干部学院会计系主任孙保珩，学校财税系主任刘殿成，副主任兰丽丽和副教授简海平组成。其宗旨是：加强学校专业建设同社会的联系，为学校在专业建设中实行产教结合、校企结合提供建设性意见和方案，保证学校专业建设更好地适应北京商业发展的需要。

2001年12月16日，学校召开了高等职业教育实训基地建设专题论证会，教育部高职教育专家陈斌龙教授和其他几位有关专家出席了会议。专家们分别从各专业建设角度着手进行分析，就如何为高职学生创造较好的实训环境提出了意见。此次会议首次提出了采用计算机管理实现各专业实训基地共享的思路，为合理使用实训基地提供了参考方案，进一步明确了实训基地的规模、级别和建设方针，初步勾画出了实训基地的建设模式。

2002年4月2日，北京市教委高职专业教学改革试点专业评估专家组对电子商务、形象设计两个专业进院考察。汇报会上，王茹芹院长向专家组介绍了学校的高职专业建设指导思想、教育教学改革的思路和措施、硬件建设、师资队伍建设等情况。美容美发系周晓和信息系副主任延静分别从专业需求、培养目标、课程设置、实践教学体系、考核体系、教学改革及保障措施等方面进行了详细汇报。市商委科技教育处马长旺处长出席了汇报会。专家组在反馈意见中，对我校高职教育教学给予了四个方面的充分肯定：（1）办学指导思想明确，专业定位准确，教学改革思路清晰；（2）紧密地与行业、企业结合，与国际相关专业接轨，与普通高校相比在专业计划、实训基地产业化、市场化办专业方面成效较为突出；（3）重视教学基础建设和专业基本建设，"双师型"师资队伍建设成绩显著；（4）在专业教学改革上，围绕"高""新""特"构建新的教学模式，做了很多探索。同时，专家组提出了三点指导性的意见和建议：（1）进一步加强理论基础教育，提高专业办学层次；（2）加大专业教学改革力度，进一步细化"职业岗位群"的知识、能力、素质要求，结合专业培养目标，构建更加合理的理论教学体系、实践教学体系和素质教育体系；（3）进一步加强教育教学研究和分析，熟悉并掌握高等教育教学规律。

第二节　建立涿州校区

一、实现与石油物探局教育资源重组

2000 年学校领导班子正积极采取措施应对学校因办学面积不足而面临的停办危机。与此此时，中国石油集团地球物理勘探局在改革中也在积极寻求其下属的石油物探职工大学的出路问题，决定将其现有的原值 3196 万元的国有资产和 176 亩土地使用权以及现有的低值易耗品全部无偿划拨给实力强、有发展前途的高等学校。我校在与 12 家高校的候选单位竞争中，通过多次互访、调研、谈判，取得了石油物探局领导、职工大学领导班子和教职工的认可，他们对与北京市财贸管理干部学院进行教育资源重组充满信心。

2000 年 12 月 18 日，物探局党委书记王小牧同志来学校洽谈职工大学划拨一事。2001 年 5 月 16 日，在涿州诚信大厦举行学校和石油物探局教育资源优化重组的签字仪式。出席签字仪式的有市教委副主任耿学超，北京市商业委员会主任梁伟、副主任卢彦、委员文洪仁、人事局、财政局和涿州市委、市政府、物探局的同志，我校领导、中层干部、离退休局级干部，以及原中国石油物探职工大学教职工共 80 余人参加了签字仪式。院长王茹芹和物探局局长徐文荣在协议上签字。涿州市委、市政府、石油物探局和北京市教委、商委的领导表示将继续给予支持，希望两校领导班子加强团结，优势互补，为首都和涿州建设服务。两校领导也表示一定不辜负上级领导的期望，共同努力，充分发挥两校优势资源，把学校建设成为支持首都商业、石油物探、涿州市建设发展的人才培养基地。《光明日报》《北京日报》《中国教育报》、北京电视台等新闻媒体对此进行了报道。

2001年6月22日，受涿州市委、市政府委托，涿州市常务副市长姚世峰、涿州市教委主任宋振清前来我校涿州校区就原石油物探职工大学划转北京市财贸管理干部学院后的工作运转情况做了专题回访，院长王茹芹、院长助理陈兆雄出席了回访座谈会。

座谈会上，院长助理陈兆雄首先汇报了教育资源重组后一个多月的主要工作情况，重点介绍了涿州学区全员聘任上岗的指导思想、竞聘方案和取得的初步成效，对此，姚振峰副市长给予了充分肯定和赞许。宋振清主任也表示这种人事改革机制可以在涿州市教育系统试行。

院长王茹芹就学校未来发展思路，从三个方面做了介绍：（1）学历教育发展设想；（2）开发短期培训项目的设想；（3）校园及周边环境建设设想。副市长姚振峰同志肯定了学校发展的大思路，他认为学校的发展对涿州市非常重要，一定会全力支持和配合学校涿州校区的各方面建设工作。

两校教育资源重组后，专业优势互补，学科建设得到进一步加强。办学条件形成了规模优势，学校占地182.3亩，总建筑面积58334平方米，教职工总数265人（其中教师137人，管理人员128人）。学校完全具备了教育部规定的举办高等学历教育的硬件条件。

二、推进涿州校区建设

2001年4月20日，原中国石油物探职工大学门口正式挂上了北京市财贸管理干部学院的校牌，成为学校涿州校区。

2001年5月22日至6月4日，学校紧锣密鼓地完成了涿州校区教职工的聘任工作，11名干部、55名行政岗人员走上了工作岗位。为尽快实现两校区工作的融通，使涿州校区教职工尽快了解掌握学校有关规章制度、专业设置、教学改革情况，熟悉本部门、本岗位的工作职责和内容，从2001年6月11日起，学校开始进行校内对口交流活动。行政部门之间交流时间为一周，教师、系秘交流时间为两周。交流形式采取教务处、办公室、电教中心、会计室四个分设机构对应交流；涿州校区独立设置的部门与东城校区相关部门进行对口交流。在对口交流中，所有教职工都表现出积极的态度，认真交流，做到热情、互助、互帮，涿州校区教职工很快熟悉了自己新的工作岗位，并制定出近期工作计划，为健康有序地开展工作奠定了良好的基础。

学院投入 600 余万元对涿州校区的教学楼、办公楼、宿舍楼、食堂、浴室、校门全部进行了装修改建，翻建了报告厅，新建了 3 个多媒体教室、2 个计算机房、400 米塑胶跑道、4 个篮球场、2 个排球场、1 个网球场、10 个乒乓球台，构建了现代教育的硬件体系，为学生们创造了整洁温馨的校园环境。

2001 年 6 月 19 日，在美丽的涿州校区举行了两校重组以来的第一次全校教职工大会。院长王茹芹，党委副书记白淑仙，副院长顾志坚、雷呈达，原职工大学校长现院长助理陈兆雄，以及原职工大学党委书记现涿州校区总支书记邢在滋出席了大会，大会由党委书记郑国本主持。王茹芹院长首先做了"坚持开拓创新，发挥整体优势，争创高职名校"的动员报告，她要求全校教职工面临新的挑战，尽快实现思想转变，抓住机遇，调整自我，团结一致，努力做好 9 月 1 日全日制首批高职学生开学前的准备工作。雷院长介绍了学校申办高职院校的情况，指出"发展高等职业教育、争创高职名校是我们坚定不移的努力方向"。郑国本书记在会上强调发展高职教育是学校适应教育事业改革的必然趋势，只要全校教职工团结一致，同心协力，开拓进取，一定会实现高职名校的奋斗目标。

2001 年 9 月，首批高职大学生 482 人进入涿州校区学习。2001 年 12 月 26 日，学院第一届学生代表大会在涿州校区召开，大会选举产生了学生会，崔晓光、徐健和宋薇分别当选学生会主席和副主席。2002 年 1 月 10 日，学校第一届团代会在涿州校区召开，共选出 7 名团委委员，具体分工是：团委书记蔺永明，团委副书记杨克，办公室主任张月华，组织部部长朱静，副部长李羚，宣传部部长孙童杰，副部长魏玲。

三、融通两校区文化

教育资源重组后，两校区的领导和教职工都以主人翁的心态积极创造融合条件，在较短时间内达到了领导、人事、教学、管理、财务的五统一，各项工作走上了正轨。伫立在涿州校区银杏林中的"莲荷亭"，其楹联内容："莲者联也联天下；荷者合也合胸怀"，是两校区深度融合、和谐发展的真实写照。在校领导的大力推动下，两校区通过丰富多彩的文化活动进一步实现文化融合，促进情感交融。

2001年9月10日，在焕然一新的涿州校区，召开了全校庆祝教师节暨全体教职工大会，表彰了校级先进个人和先进集体。商委副主任卢彦参加了庆祝教师节联欢活动。出席大会的有北京市商委科技教育处处长马长旺、干部谢凤珍，涿州市委副书记邸建民和学校领导。学校党委书记郑国本首先代表校党委和领导班子为教师节致辞。他要求全体教职工认真学习贯彻江泽民同志"七一"重要讲话精神，以"三个代表"的重要思想为指导，在实际工作中，坚定信念，团结进取，以振奋的精神状态和一流的工作标准，投入到建设学校、发展学校、争创国内高职名校的工作中。院长王茹芹做报告《2001年上学期工作总结和下学期工作安排》。涿州市委副书记邸建民同志代表涿州市委、市政府向我院全体教职工致以教师节问候，并表示涿州市委、市政府将会大力支持，努力为学校的发展，为广大师生的工作、学习、生活创造最优美舒适的环境。北京市商委科技教育处处长马长旺同志对我校在美丽的涿州学区庆祝新世纪的第一个教师节表示祝贺。他鼓励大家要认清形势，抓住机遇，迎接挑战，进一步开拓创新，把原有特色专业转变为社会优势专业，并努力由成人教育向普通高等职业技术教育转变。

2001年9月29日，在涿州校区举办了国庆中秋2001联欢晚会。院长王茹芹，党委副书记白淑仙，副院长顾志坚、雷呈达、周宏，涿州校区党总支书记邢在滋以及处级干部与师生共同欢庆佳节。党委副书记白淑仙同志为晚会致辞，向全校教职工和全体学生致以节日的祝贺，并对同学们在军训中的出色表现，以及很快转变角色适应大学的学习生活给予了充分肯定。在同学们的精心策划组织下，晚会节目非常成功。

2001年12月28日，学校领导在涿州校区与师生共同迎接2002年新年的到来。院长王茹芹代表学校党委和领导班子向全体师生、离退休干部及家属致以节日的问候。她对全体教职工的积极进取、努力工作给予了肯定。王院长勉励大家，要把握时代的旋律，与时俱进，坚持改革和创新，用责任、智慧和行动，去创造新的业绩，开创学院美好的明天。这次庆祝活动是由各系安排，以班级为单位进行组织。经过同学们的精心策划和充分准备，各班展示了不同的风采和特色。

四、"创新型人才"培养大讨论

20世纪末，时任国家主席江泽民同志指出："创新是一个民族的灵魂，是国家兴旺发达的不竭动力，一个没有创新能力的民族，难以屹立于世界民族之林。"进入21世纪，国家启动了"知识创新工程""技术创新工程""211工程"在内的创新体系，培养创新型高素质人才已成为一项十分紧迫的任务。

根据中央及市教委的有关文件精神，学校积极部署，2001年开展了"创新型人才"系列讨论活动。10月31日，学校主办"创新型人才"系列论坛活动之"构建德育教育体系"。50余名教师参加了论坛，党委书记郑国本、党委副书记白淑仙、副院长顾志坚和涿州学区党总支书记邢在滋出席了论坛。六位教师做了主题发言，从不同的角度陈述了自己对构建和完善德育教育体系的认识以及自身如何去实践德育教育的体会。党委书记郑国本鼓励全体教师要深入研究，继续深入探讨，理论联系实际，真正构建出符合学生实际、满足社会需求、具有我校特色的德育教育体系。

11月1日，涿州校区"我与创新型人才……"学生论坛拉开帷幕。此次论坛活动内容丰富、形式多样。范法明博士和顾志坚副院长介绍了国内外大学生的创新教育和创新型学习生活；学生们以"我的大学生活——创新思维与大学生活"为主题举行演讲比赛；大家围绕高职学生的教育与创新型人才的发展等问题展开热烈讨论。系列论坛活动帮助同学们开阔了视野，活跃了思维，明确了大学生活的努力方向。

11月13日，培养创新型人才系列论坛之一"非学历短训特色论坛"在东四学区召开。有关系、部、处、室的负责同志就各自开展短训市场开发、教学安排、学员管理的经验进行了交流，并对学校创新型人才培养的途径和措施提出了建设性的建议。党委书记郑国本、副院长顾志坚、雷呈达、周宏出席了论坛，并就当前注重开发非学历短训教育的意义、办学模式和人才培养特色等方面发表了见解。此次论坛统一了以下认识：（1）坚持以需定教意识，从办学优势出发，坚持以市场定项目，长远结合、统筹规划。（2）坚持创新意识，根据学员特点、项目特点和企业需要，创新教学安排和管理模式。（3）坚持质量意识，配备高素质、负责任的师资，精心组织教学实施，树立质量品牌。（4）坚持服务意识，供需双方充分沟通、协调，合理安排好学员在校的学习、生活，处理好工学矛盾。（5）坚持打整体战意识，注重实效，统一对外宣传，整合师资，协调配合。

11月14日，学校举办"构建创新型人才培养模式"——教授论坛。副院长顾志坚同志出席了论坛，7名教授分别就目前的教育现状及如何构建创新型人才的培养模式提出了自己的观点和意见。经过交流探讨，大家一致认为：应紧密结合我校的实际情况，增强培养创新型人才的意识，研究创新型人才的基本特征，从创新型观念、制度和具体方法等方面构建一种具有我校特色的创新型人才培养模式。

11月14日至11月28日，在涿州校区举行了"我与创新型人才"学生辩论赛。经过四场预赛和两场复赛，金融系和广告系两支代表队进入决赛。11月28日，两支代表队围绕"唯才创新"这一辩题展开激烈论战，最终广告系代表队获得了冠军。

11月29日，在涿州校区报告厅举行了"我的大学生活——创新思维与大学生活"主题演讲会。金融、电子商务、形象设计、旅游、财税、广告、商场管理专业的10名同学进行了演讲。他们从不同角度出发，讲述了创新的必要性、创新思维与大学生活的关系、培养创新思维的方式以及如何在大学生活中创新。商经系孙桐荣获一等奖，旅游专业的肖晶和广告一班的陈博分获二、三等奖。

经过全校对"创新型人才培养"系列论坛活动，全校师生基本统一了共识。在新世纪，培养创新型高素质人才是学校必须肩负的责任和使命，也是每个人必须明确的今后努力奋斗方向。只有结合学校发展实际，深化机制体制改革，探索教育教学改革创新，才能营造良好的创新型高素质人才的培养环境；只有结合学生实际和行业发展实际，不断更新知识结构，培养创新思维，强化德技兼修，才能让学生达到新世纪创新人才的素质要求。

第三节　推进高职教育

一、筹建高职学院

跨入新世纪后，学校积极筹划成立高职院校以及学校更名等事宜。根据教育部和市教委"大力发展高等职业技术教育"的精神，以及市教委关于教育改革的部署，学校在高等职业教育专业建设方面取得了一定成绩，开设有商场经营管理、电子商务、会计、美容形象设计、汽车销售服务等8个专业，其中商场经营管理等3个专业已是市教委推广的特色高职专业。但是原校名"北京市财贸管理干部学院"不利于高职生源对学校办学定位的理解，造成了高职招生方面的工作难度，因此学校拟更名为"北京商贸管理学院"。学校的性质不变，仍是一所由北京市商委和北京市教委共同领导，以管理学科为主干，以高等职业教育为主要任务，集培养人才、学科研究、产业开发为一体，学历教育、岗位教育、继续教育并存，培养经营管理人才的高等职业院校。

2001年4月19日，市教委副主任耿学超、市教委委员线联平、北京市商委主任梁伟、副主任卢彦、商贸工委副书记张连登来到学校，与学校领导共商申办高职院校大计，并一致认为原校名"北京市财贸管理干部学院"应予以保留，原有的职能不变，原有的管理体制不变。

学校与石油物探职工大学实现教育资源重组后，专业优势得到互补，学科建设得到进一步加强。办学条件形成了规模优势，学院占地182.3亩，总建筑面积58334平方米，教职工总数265人，其中教师137人、管理人员128人。学校完全具备了教育部规定的举办高等学历教育的硬件条件。

2001年10月26日，北京市教委有关领导和专家组成员一行9人到涿州校区对我校筹建职业院校工作进行了实地考察。市商委科技教育处处长马长旺、学校领导及各系部主要负责人参加了会议。当天，市教委副主任耿学超、市商委副主任卢彦视察了涿州校区的硬件建设和教学情况。在考察汇报会上，院长王茹芹就学校申办高职院校所做的前期工作，从学校发展概况、组建北京商贸职业学院的可行性、举办高职教育的办学优势、"十五"发展规划以及存在的不足这五个方面向专家进行了汇报。副院长周宏重点就招生及教学改革工作方面做了补充说明。市商委科技教育处马长旺处长代表市商委表示将会继续积极支持学校的建设和发展，为首都商业培养更多的人才。

专家组经过听取汇报、查阅资料和考察办学设施，形成如下考察、评审意见：（1）从北京商贸行业发展的需求出发，北京市需要举办这样一所高等职业教育学院，以加强商贸行业高等应用型专门人才的培养；（2）该校办学指导思想、发展目标明确，功能定位准确，专业设置基本符合北京商贸行业的需要，并具有高等职业教育的特色；（3）具有较好的教学和生活条件，基本具备举办商贸高等职业学院的办学条件，师资队伍基本符合教育部《高等职业学校设置标准（暂行）》的要求；（4）学校领导班子具有开拓创新意识、工作效率高；（5）主办单位领导重视学校建设和发展，学校在办学过程中与行业联系紧密，并得到行业多方面的支持，使办学更有保证；（6）学校已经具有两年高等职业教育的实践经验，为举办"商贸职业学院"奠定了基础。

同时，专家组建议在以下几方面加强建设：（1）明确认识、正确定位，扎扎实实办好高等职业教育；（2）要加大对学校的投入，特别是实验、实习和实训基地的建设；（3）进一步加强师资队伍建设，根据高等职业教育发展的要求，调整结构、充实队伍；（4）注重探索、研究高等职业教育的办学规律，提高教育质量，办出特色。

二、与北京财政学校、北京市立信会计职工大学教育资源整合

为了进一步提升北京市财贸管理干部学院办学能力，根据北京市教委整合现有教育资源，加快发展高等职业技术教育的精神，学校领导班子经过近半年的调研论证，并与北京市财政局多次协商后，拟与北京市财政局下属的"北京财政学校"和"北京市立信会计职工大学"实现教育资源的优化整合。

学校自 1958 年创立起就承担着北京市财政系统和商贸系统干部的培养任务，为财贸系统培训各级各类专业人才。20 世纪 80 年代中期，由于经济体制改革，财政系统和商贸系统分离，人才培养随之发生了变化。学校与北京财政学校、北京市立信会计职工大学在各自领域都取得了发展，积累了丰富的办学经验，为首都经济建设和发展做出了重要贡献。但是三校在发展过程中都遇到了持续发展的难题。此外，学校与两校学科相同、专业类似、层次衔接，如果三校走到一起，优势互补，共同建设职业院校，可形成整体发展优势。

2002 年 7 月，北京市教委《关于北京市财贸管理干部学院与北京市立信会计职工大学、北京财政学校合并的复函》下达学校，同意三校合并方案。学校同时接受北京市财政局培训中心、北京市委财政局党校、北京市立信会计学院三块牌子，并承担其相应的培训任务。

2002 年 8 月 2 日，北京市财贸管理干部学院与北京立信会计职工大学、北京财政学校的三校合并签字仪式在北京市财政局礼堂举行。学校领导和市财政局领导出席了仪式，院长王茹芹同志和财政局局长吴世雄同志分别代表双方在合并协议上签字。自此，北京市财政局下属北京市立信会计职工大学、北京财政学校与北京市

财贸管理干部学院整建制合并，保留立信品牌，成立立信会计二级学院。

第四节　三所院校的发展和贡献

　　21世纪初，北京市财贸管理干部学院、中国石油物探职工大学、北京市立信会计职工大学、北京财政学校四校合一，共同组建北京财贸职业学院。资源整合后，原中国石油物探职工大学和北京市财政学校校址，作为学校开展高职教育的两大校区涿州校区、通州校区发挥着重要作用；原北京市立信职工大学保留"立信"品牌，成为学校二级学院。学校的发展壮大源于多源流的汇入，而每所学校自身的发展建设、办学历程、为国家教育事业所做出的贡献也同样应为我们所铭记和尊重。

一、中国石油物探职工大学

　　中国石油物探职工大学是全国唯一的一所为石油地球物理勘探事业服务的成人高校和教育培训基地。位于北京城南50公里，在河北省涿州市北端。校园西侧300米有107国道，东侧3公里有京广铁路和京石高速公路，交通十分便利。

（一）中国石油物探职工大学的创办

　　1983年2月3日，石油部发布（83）油教字第6号文件，要求石油地球物理勘探局创办"地球物理勘探"和"地球物理勘探解释"专业的职工大学。根据文件精神，物探局党委召开了常委会进行专题研究：认为筹办石油物探职工大学是加强物探队伍建设的一项重要措施，要积极筹建。会后物探局党委将初步方案上报石油部。

　　1984年6月，石油部批复同意石油地球物理勘探局成立职工大学筹建处，列为物探局直属单位，行政级别正处级。由此，石油物探职工大学筹建工作全面展开。

　　1984年8月11日，中国石油物探职工大学筹建处成立。物探局发文任命：李全慎为筹建处主任，张恒思为筹建处副主任，金桂元（局基建处处长，兼职挂名）为筹建处成员。筹建处办公地点设在物探局招待所123号房间，筹建处人员有李全慎、张恒思、金桂元、杨燕生。李全慎负责筹建处全面工作和教学筹备工作，张恒思负责行政筹备工作，金桂元、杨燕生负责基建工作。

8月15日，石油部地球物理勘探局下发了（84）油物计字第08号文件《关于石油物探职工大学一九八四年基本建设计划的批复》，拟按在校生1000人、电大200人、干部培训250人和相应教职工330人的规模进行建设。计划建筑面积7.6万平方米，投资1816万元。

1985年3月8日，石油工业部下达（85）油教字第161号文件《关于成立石油物探职工大学的批复》，经征得河北省教育厅同意，批准物探局成立石油物探职工大学。中国石油物探职工大学由物探局领导，面向全国石油物探职工招生，规模1000人，暂设地球物理勘探专业，为全脱产专科3年制，并筹建其他相关专业。招收具有2年以上工龄、高中以上实际文化水平、35岁以下的在职正式职工。

1985年8月29日，中国石油物探职工大学在物探学校培训楼召开首次全体职工大学，教职工80余人参加了大会。李全慎主持大会，物探局党委副书记陈启发宣布了《石油物探职工大学党委会组成成员的通知》和《石油物探职工大学领导干部任职的通知》。物探局党委常委会研究决定：石油物探职工大学党委会由陈启发（兼）、李全慎、张恒思、毛京萍四位同志组成，陈启发任党委书记（兼），张恒思任党委副书记。经物探局领导研究决定任命：李全慎为中国石油物探职工大学校长（副局级），免去其物探局副总工程师职务；程嘉梁为中国石油物探职工大学教务长（正处级），免去其物探学校校长职务；孙伟民为中国石油物探职工大学副教务长（副处级），免去其物探学校副校长职务。

1985年9月6日，中国石油物探职工大学成立大会暨85级新生开学典礼在物探局招待所二楼礼堂举行。石油工业部教育司、勘探司领导李国玉、陈洪藩、陆帮干、邱志远、郭光明，保定地区教委领导，涿县县委副书记李希九，涿县教育局局长王振亚，华东石油学院教授苏盛甫等应邀参加了大会。物探局党委书记严衍余，物探局局长潘瑗，副局长庄国成、王建仁，物探局原局长林运根以及物探局机关处室和各二级单位领导，职工大学全体教职工和学生参加了大会。学校首批招收石油地球物理勘查技术专业大专生68人，来自全国14个石油物探单位。同月22日，函授本科学员31人报到；年底成立函授部（函大），设物探和计算机应用两个专业。由于学校还在建设中，教学场所和学生宿舍暂时设在物探学校培训楼。

（二）学校建设和发展

1985—1988年期间，中国石油物探职工大学的基础设施建设在稳步推进中逐步完成。1985年3月，水井工程竣工。1986年1月，职工食堂、家属楼竣工；5月，实验（图书馆）楼竣工验收；7月，架空电话电缆线路竣工。1986年3月，学校总务处搬迁到大石桥新校址，党委办公室、工会、团委、图书馆也陆续搬迁。1986年底，师生全部搬迁到新校址。1987年8月，学生食堂竣工。1988年9月，教学楼竣工验收。

建校以来，中国石油物探职工大学把牢办学方向，拓宽办学途径，逐步形成了职大职中、函大函中、岗位培训、联合办学"四位一体"的办学格局，具备了大专、中专、双专、专升本、本科等多层次学历教育功能和岗位培训、继续教育、计算机考试、为社会服务等多形式的非学历培训功能。

1986年，学校增设了石油物探设备专业。1987年，学校又开设了政治、企业管理等专业，同时拓展了函授、短训班等形式的办学模式。1987年7月，根据物探局下发的《关于将物探学校电大学科调归石油物探职工大学的通知》，将物探学校电大学科调归职工大学，学校成立了电大部，增设电子技术专业。1991年干部中专（函中）教学转到职工大学，设行政管理、财务会计、企业管理、多种经营销售4个专业。

为了拓宽办学途径，学校联合优质办学资源，积极探索联合办学之路。1989年9月，与天津对外贸易学院英语系签订试办外贸英语专业协议书，试办外贸英语专业（大专）学制两年半，招收应届高中毕业生。1992年9月27日，职工大学与北京理工大学联合办学，招收自动化专业40人。1994年3月，物探局与石油大学联合举办的不脱产工程硕士研究生班在职工大学开学，柴桂林副局长出席了开学典礼。研究生班设地质、物探、计算机、自动化等专业，物探局有28人参加学习。1994年，学校与农工民主党主办的前进大学联合办学，首届学生41人。在9月26日的开学典礼上，全国人大副委员长、中国科学院原院长、农工民主党中央主席卢嘉锡，全国政协常委、农工民主党中央副主席方荣欣，物探局党委书记李玉超，副局长柴桂林等，到场并参加校牌揭牌仪式。卢嘉锡题写了校名和校训。中央电视台、北京电视台、人民日报、光明日报、中国石油报、石油物探报、物探局有线电视台等新闻单位都做了报道。

中国石油物探职工大学立足物探系统，服务地方发展，承担了多项培训任务。按照物探系统的部署，自1988年起用三年时间，把野外一线的经理、队长、机械师、测量师全部轮训了一遍。在普及微机时代，职大及时开办了财务、计划、人事、干部、档案等微机培训班，为物探系统实现办公自动化和机关人员微机扫盲做出了突出贡献。职大还承担了涿州市政府机关、有关社会单位委托的培训任务。在举办中央工委所属的67个部、委、办人事管理微机培训班时，时任国务院副总理李岚清接见了全体教师和学员。建校以来，共举办各级、各类培训班264个。

1991年1月18日，学校组成新领导班子，张恒思任书记，孙伟民任校长，骆世兴任副校长，孙伟民任副书记。党委成员张恒思、孙伟民、骆世兴、毛京萍、孙仁书。1991年11月8日至9日，石油物探职工大学召开第一次党员大会。大会选举产生了职工大学第一届委员会和职工大学纪律检查委员会。11月12日，物探局党委批复同意中共职工大学第一届委员会由张恒思、孙伟民、骆世兴、孙仁书、田培基五人组成，张恒思为党委书记，孙伟民为党委副书记。同意学校纪律检查委员会由陈福林、孙仁书、胡振民三人组成，陈福林为纪委副书记。1994年2月2日，物探局副局长柴桂林代表物探局宣布任命：戴九如任职工大学校长，孙伟民改任调研员。

为满足多元化的办学模式，学校对现有机构设置进行规划调整：设置了党办、校办、人事科、教务处、政治经济系、计算机系、石油物探系、机械装备系、物探仪器系、培训部、总务部和多种经营部等部门。所设的专业有物探资料处理、计算机及应用、物探装备仪器、物探装备机械、财务会计、外贸英语、文秘英语、市场营销业、勘察地球物理、石油地质勘察、工业企业管理、财务会计、文秘与办公自动化。

自1985年建校至2001年整体划归到北京市财贸管理干部学院的这16年期间，各种层次的成人学历教育共招生2841人，送出毕业生2642人。在学历教育高峰期的1994—1998年，在校生、在籍生达到1022人；为石油系统举办各类继续工程教育和岗位培训班280个，培训各类管理人员、专业技术人员12000人次，在高峰期的1995—1997年，每年办培训班30个以上。石油物探职工大学作为企业办学在一定历史时期，为提高机关工作人员办公自动化和野外一线骨干队伍培养及提高企业职工的整体素质做出了贡献。

2000 年 5 月 17 日，中国共产党中国石油天然气总公司物探局委员会研究决定，邢在滋同志任职工大学党委书记，免去戴九如同志职工大学党委书记职务。聘任邢在滋同志为职工大学校长，郑有国同志为职工大学副校长，高跃为职工大学副校长。6 月 27 日，中国共产党中国石油天然气总公司物探局委员会研究决定，陈兆雄同志任职工大学党委副书记。中国石油天然气总公司地球物理勘探局研究决定，解聘邢在滋职工大学校长职务，聘任其为职工大学副校长。

（三）昔日荒滩变花园

中国石油物探职工大学校址位于拒马河畔，建校之前这里是泄洪区，荒沙遍地，蛇蝎寄居，曾有人戏称之为华北平原上的"塔克拉玛干"。春季风沙严重，一夜狂风后一米高的流动沙丘就会堵住校门口，车辆人员都无法出入。因此，绿化校园、以植被治理荒沙成了校园建设的重要任务。

学校师生渴望校园绿化，并积极参与到这项工作中。学校开展基础建设，工程队进场平整土地时，校园里仅有的一株三厘米粗的小树在荒野中迎风摇曳。为了保护这片土地上的珍贵的绿色，大家用石头把它围护起来。30 年过去了，这棵"校区第一树"如今已根深叶茂，屹立在银杏园路边，为师生遮荫送爽。1986 年植树节时，30 多名教职工在学校围墙边种下了 120 棵大杨树，水罐车一进校园就陷在流沙里不能动弹，只能人工浇灌。大家肩挑手提，用了两天时间才把树浇了一遍。

1987 年开始，学校开始大规模的绿化工作，并持续进行了三年。除了在当地购买大棵乔木外，每年还从江苏订购了一车皮草坪和花灌木。每到春季教职工都要半天劳动，提前挖好树坑和垄沟，从农村买土垫底，拉来羊粪鸡粪做底肥。树苗运达火车站时，为了保活和防盗，卡车、班车连夜抢运，职工分两批装车卸车，三天之内必须种植完毕。北方的春季风干物燥，再加上沙地渗水严重，灌水喷淋是苗木成活的关键。每年的三、四月份是绿化现场最忙碌的时期，大家分班昼夜浇水，使苗木成活率达到 90% 以上。

夏季野草疯长，各部门分片儿承担绿地内除草任务，成果与奖金挂钩。3 年共种植乔木 1200 棵、花灌木 600 棵、绿篱 900 米、草坪 3000 平方米、各种花卉几千株，建设小果园 3 个，种山楂、苹果和葡萄 900 棵。经过多年的不懈努力，校园绿化面积达到70%，有效地抑制了风沙，改善了校园环境，实现了四季常绿、三季有花的目标。昔日的荒滩被涿州市授予"花园式单位"称号。

近十年来，学校不断加大绿化投入，更换树种，广植花草，使校园环境更加优美怡人。涿州校区的银杏林成了涿州市著名景点，每到秋季叶黄时，前来校园观赏的人群络绎不绝。

（四）文化传统和办学贡献

中国石油物探职工大学经历了15年的建设和发展，取得了突出的办学成果，也形成了优秀的文化传统。1985年9月5日，中国石油物探职工大学在物探学校培训楼五楼召开首届全体新生大会上，李全慎校长宣布职工大学的校训为：勤奋、求实、创新、献身。

"勤奋、求实"是中国石油物探职工大学在办学中一贯秉持的优良作风。作为石油系统唯一一所为地球物理勘探行业培养人才的成人高校和培训基地，学校倾力打造优秀教师队伍，从勘探一线经验丰富的技术人员中选调教师，同时聘请部、局的总工程师、总地质师及石油学院知名学者担任客座教授。随着办学规模扩大，陆续从相关院校调入或从大学毕业生中选聘了一批青年教师，悉心培养，逐渐形成了教学实、业务精、师德好的专兼职教师队伍。为了理论联系实际，在实践中提升学员业务能力，学校与机械厂、仪器厂、资料解释中心和研究院银河计算机处理中心合作建立了实习训练基地，在秦皇岛建立了野外地质实习基地。学校教育成果突出，多次获得局级荣誉。职工大学9441班荣获1995—1996学年物探局教育系统先进集体；石油物探函授分部被评为1995—1996学年教育系统先进班组；9671班荣获物探局教育系统1996—1997学年先进集体。

校训中的"献身"二字反映了石油系统对石油人献身祖国石油事业的特殊要求，这也是大庆精神的核心。十几年来不断激励着职大学员们努力学习知识、练好本领，投身到祖国石油事业需要的地方。很多职大学员返回工作单位后成为业务骨干，不少人走上了领导岗位，用他们的话讲，"勤奋、求实、创新、献身"这四个词就是他们为石油勘探事业奋斗终生的精神加油站。这种"献身"精神也体现在石油物探职工大学担当重任、攻坚克难方面。1986年我国引进"兰德马克"人机联做野外资料计算机处理系统，石油部将首台设备的验收以及推广任务交给石油物探职工大学。为了不负重托，学校积极筹划，认真准备，1986年8月20日，我国第一台兰德马克-Ⅲ型机（人机交互解释系统）在职工大学学生楼六楼安装成功。学校组织业内专家、学校教师昼夜奋战，经过半年多的攻关，总结出一套使用、操作规范，并设计出人机交互解释系统培训方案，为野外解释人员使用专业设备铺平了道路。1987年2月14日，石油工业部部长王涛来职工大学参观兰德马克-Ⅲ型机，现场观看了资料处理操作演示。

校训中的"创新"二字则体现在学校积极探索办学出路、整合教育资源的重大决策中。石油物探职工大学尽管在80年代取得了办学辉煌，但是受行业限制和大学扩招影响，生源不足的矛盾严重妨碍了学校的发展。20世纪90年代，学校除了少量的学历教育外，学校主要是搞岗位培训，开办各类培训班。学校曾经与石油大学、外贸学院、农工民主党前进大学、河北华瑞艺术学校联合办学，但是都是短暂合作，始终没有形成规模化和常态化。随着石油系统机构改革日益深入，学校的出路问题尤为凸显。

1993年，学校并入中国人民大学的构想几成事实，但因涉及资产流失问题没有实现。2000年9月，在物探局企业深化改革调研会上，学校提交汇投资料《职工大学目前状况与今后工作设想》，再次提出教育资源重组问题。该报告提出"职工大学不适合搞公司，其根本出路仍然是搞教育。要改变过去联合办学的模式，把学校资产和教职工一起划拨给一个有实力有发展前景的教育单位，实现彻底的教育资源整合是学校唯一出路。"这个报告受到物探局的重视，并获得局领导的首肯，学校教育资源重组再次启动。2000年5月28日，中国共产党中国石油集团地球物理勘探局委员会将原石油物探职工大学党委撤销。石油物探职工大学整体划分工作开始于2000年10月，经过多次协商和谈判，集团公司于2001年4月5日批复：同意物探局将职工大学整体划转到北京市财贸管理干部学院，自此，中国石油物探职工大学经历了15年的艰苦奋斗、砥砺发展，在与北京市财贸管理干部学院实现资源整合后，以崭新的面貌在新的教育阵地继续贡献力量。

二、北京立信会计职工大学

北京市立信会计职工大学、北京中华会计函授学校隶属于北京市财政局，是一所以培养高中级财会专门人才为主的成人学校。地处西直门立交桥的东北侧，西二环金融街向北。学校建校 16 年来，先后建立了 20 个分校，发展成为覆盖全市的教育培训网络，向首都的各条战线培养输送了大批优秀的财会人员，为首都的现代化建设做出了卓越的贡献。

（一）"立信"的源起

北京立信会计职工大学的前身北京立信会计学校的成立和上海立信会计学校有很深的渊源。上海立信会计学校是我国会计之父、著名会计专家潘序伦先生于 1928 年创立的。

潘序伦（1893—1985）：会计学家、经济学家，江苏宜兴人。曾赴美留学，先后获哈佛大学工商管理硕士学位和哥伦比亚大学经济学博士学位。学成归国后，在暨南大学、上海商科大学任教，致力于传播西方先进的会计知识和技术。他深感我国会计人才匮乏，遂于 1927 年辞去教授职务，创办了"潘序伦会计师事务所"，并在事务所内开办簿记训练班。他取《论语》中"民无信不立"之意，将"潘序伦会计师事务所"改名为"立信会计师事务所"。后又引申为"信以立志，信以守身，信以处事，信以待人，毋忘立信，当必有成"，并将其作为办理各项会计事业的训条，要求立信会计同仁共勉。此后一直到 1947 年，立信会计补习学校共计举办了 40 届，前十年入学学生 4783 人，后十年 30476 人，最盛时仅上海一地就设有 11 所分校，为我国输送了数以万计的会计人才。而立信会计学校的品牌也一直延续至今，发展成为如今的"上海立信会计学院"。新中国成立前，北京也曾设有立信会计学校，1956 年公私合营后，北京立信会计学校停办。

20 世纪 80 年代初，中国大地一派春天的气象。人们都以饱满的热情投入到刚刚开始的改革开放潮流之中。北京会计人员从业者众多，但是经过十年浩劫，普遍的状况是业务知识贫乏、整体素质不高，急需补充新知识，提高会计队伍的业务水平。尽管当时各企业主管部门组织开设了培训财会人员的短训班，但规模小、时间短，培训质量没有保证。针对这些情况，当时市财政局主管工业企业财务的于连国提出了建立一所会计职工大学设想，受到企业主管部门的普遍欢迎，更获得有关领导、专家学者、上海立信会计学校的老校友们的大力支持，其中包括北京市财政局常自超局长，财政部科研所所长、著名经济学家财政学家许毅，财政部会计司原司长会计权威杨纪琬，财政部科研所研究员黄菊波，市经济委员会副主任王志长，以及立信老校友端木和、何兆贤等。

（二）筹建立信会计职工大学

1984年11月15日，立信校友、北京市工艺美术品总公司副总会计师，后任北京市立信职大常务副校长的何兆贤就筹建北京市立信职大问题，拜访了时任北京市成教局高教处处长的何祥生。这一天被确定为北京立信会计职工大学的筹备日。1985年4月16日，时任北京市副市长陈吴苏同志批示，原则同意成立北京市财政局立信会计职工大学，请成教局协助办理。1986年7月2日，签订了北京市第二绣花厂机绣花边厂在西城区玉芙胡同11号建筑和租赁的房屋，由北京市工艺美术品总公司收回并转让给北京立信会计职工大学的协议，于是在西内大街玉芙胡同11号的这座小院，北京立信人开始了艰苦创业。

1986年，经国家教委和北京市人民政府批准，北京市立信会计职工大学开始筹建。市政府和国家教委确定其办学方向为"面向北京市财政、税务、审计等财经系统的职工，开展岗位培训、职称考核，有计划地举办大学专科教育"。同年，"北京市立信会计职工大学筹备处"正式挂牌，学校董事会同时成立。董事会成员有财政、税收、审计、银行、计划经济、物资等部门有关领导和部分在京大专院校、科研部门的教授、专家共计38人。会议推举杨纪琬为董事长，常自超为副董事长，于连国为秘书长，会议还推荐市计划委员会顾问常自超出任校长，并经财政局党组批准。同时会议还聘请财政部科研所所长许毅为名誉校长，之后筹建工作正式开始运作。

1986年8月2日，筹建北京立信会计职工大学论证会召开。由北京市计划委员会顾问、原北京市财政局局长、后兼任立信职大校长的常自超同志主持，在这次会议上，初步形成了关于成立立信职大的一整套方案。论证会后，在1986年8月到1987年4月不到一年的时间里，北京市成教局向市人民政府递交《关于同意建立北京市财政局立信会计职工大学的请示》，北京市人民政府又先后向国家教委提交了《关于建立北京市财政局立信会计职工大学的报告》《关于建立北京市财政局立信会计职工大学的函》。1988年6月2日，国家教委复函同意筹建北京市立信会计职工大学。经过8年的艰苦奋斗，1996年4月5日，北京市机构编制委员会办公室同意北京市立信会计职工大学与北京市建筑设计院职工业余学院合并，合并后的名称为北京市立信会计职工大学，隶属关系划归北京市财政局。1996年8月13日，北京市人民政府办公厅下发《关于北京市建筑设计院职工业余学院与北京市立信会计职工大学合并定名为北京市立信会计职工大学的通知》，从1984年筹备立信，历经了12年的变迁发展，北京市立信会计职工大学终于正式成立。

立信会计职工大学是边筹建边办学。1986年经批准与物资局职工大学联合招生，首届会计专业大专班学生入学。1987年、1988年第二、三届学生入学。1989年经北京市成教局批准第一次独立招生，下半年北京立信会计职工大学培训部成立。1986—1996年，累计毕业生达4022人。

（三）北京中华会计函授学校

自1986年以来，北京中华会计函授学校就与北京立信会计职工大学在一个校址办学，两校在教学方面相互交流、相互支持、相互配合。1993年，根据北京市成人教育局出台的成人中专毕业生中的3%可以免试保送上成人大专的政策。北京中华函校就积极地把保送生送到立信职大上大专。1999年底，两校合署办公，充分发挥立信和函校的资源共享优势，通过强化内涵和扩大外延两个方面共同发展立信教育事业。

北京中华会计函授学校作为财政部中华会计函授学校的一个分支，是1986年由北京市财政局主办的一所中等财会专业学校。15年来，培养学生11000余名，对北京的经济建设做出了突出贡献，在社会上享有较高声誉。

1985年，财政部成立了中华会计函授学校。作为中国的首都，北京中华会计函授学校的成立也被提到日程上来。北京市财政局向北京市成人教育局递交《关于成立北京中华会计函授学校的申请》。1986年10月23日，北京市成人教育局发出《对〈关于成立北京中华会计函授学校的申请〉的复函》，同意北京市财政局建立中华会计函授学校。1986年12月3号，北京市人民政府办公厅以〔1986〕厅秘字第94号文件批复，同意成立北京中华会计函授学校，校长高学增，副校长吕国祥、钟振声、吴廷谨、潘新。

1987年，北京中华会计函授学校先后建立了房山、平谷、大兴、延庆、怀柔、密云、通县、朝阳八个函授站和一个直属函授班。到1993年，北京中华会计函授学校已经在北京市18个区县建立了19个分校，形成了覆盖全市的办学网络。1993

年 8 月 20 日，经市财政局批准，孙振刚任北京中华函校校长，吕国祥、李祥云任常务副校长，郝建国任副校长。1994 年 5 月 21 日，学校被市成教局确认为全市 16 所 A 级（优秀）学校之一。1996 年 3 月 18 日，北京市财政局批准北京市财政局会计中等专业学校与北京中华会计函授学校合并，合并后由市财政局会计处管理。北京市财政局副局长李士松兼任校长，会计处处长吕国祥兼任第一常务副校长，李祥云任第二常务副校长，杨军、郝建国任副校长。

合并后，北京中华会计函授学校继续秉持和发扬"勤奋、进取、严谨、求实"的校风，为各行各业培育和输送财会人才。先后获得总校 1995—1996 学年和 1997—1998 年度先进办学单位。1997 年，北京市教委批准北京中华函校为北京市示范性成人中等专业学校。1999 年 5 月，北京中华会计函授学校财会专业被市教委评为特色专业。

1999 年 12 月 23 日，北京市财政局下发京财人〔1999〕1833 号文件，决定北京立信职工大学与北京中华会计函授学校合署办公，郭文杰任北京立信函授学校校长，李祥云任常务副校长主持日常工作，唐香普、杨军任副校长。这是北京财政系统教育历史上的一件大事，两校的合并有利于教育资源共享，可以扩大办学规模，满足市场经济的需要，在日益严峻的竞争中形成规模优势，同时中高职相衔接的教学体系也有助于对会计人员的培养。

（四）北京立信的建设和发展

1997 年，北京市立信职工大学在正式成立后首次招生，招收会计专业新生 65 人。1998 年 9 月 10 日，新建成的现代化的办公教学楼正式投入使用。在新楼落成当天，举行了"潘序伦先生铜像① 揭幕仪式"，财政部、市财政局、市教委领导到会祝贺。

合并后的北京市立信会计职工大学、北京中华会计函授学校拥有分校 20 所，建立了覆盖全市的教育网络。由市局领导和各区县财政局主管领导组成校务委员会进行管理。学校设置办公室、教务处、教研室、科研电教部、招生办公室、培训部、图书教材部、总务处、接待服务部九个部门；学校开设会计、证券投资、税务、经济法、市场营销、电子商务、计算机网络等专业，各层次学历班的在校生共 5500 余人。

---

① 2011 年 9 月，此潘序伦铜像移至学校校本部（通州）校园，伫立于图书馆正门对面。学校诚信主题教育活动的开展，以及立信会计学院开学第一课都会在此举行，旨在传承立信文化精神。

作为北京会计人员教育培训的综合基地，学校在北京市财政会计人员的培训教育上发挥着主渠道作用。

学校拥有专职教师 114 人，其中副教授 10 人、讲师 27 人、助教 16 人、非教师副高级职称 6 人、中级 29 人、初级 22 人。同时聘请了一些知名专家、学者担任客座教授。学校重视双师型人才和教师师德的培养，把师德放在教师考核的第一位，把提高教师实施素质教育的能力和水平作为师资培训和培养的重点，在每学期初定期举行教师业务培训。学校还加强了对青年教师的培养，不定期举行青年教师教学基本功大赛，提高青年教师的业务素质。

在教学科研上，学校教师经常在各级刊物发表论文，多名教师被评为市级优秀教师。在总校中华会计学习网站中的"会计网校"栏目中，学校承担了会计专业技术资格中级辅导课程经济法、会计实务、财务管理及大专层次基础会计、财经应用数学等课程的网上教学。学校还与用友软件公司共同开发了《企业财务与业务一体化解决方案》多媒体光盘，该光盘获得"2001 年北京市高等教育教学成果市级二等奖"，并且成立了全国唯一一家"用友软件高级授权培训中心"。在人才培养方面，学校自成立以来共为我国经济建设培养大专毕业生数千人，培养中专毕业生 11400 人。学校还设有各类短期培训，包括注册会计师资格、初（中）级会计职称、继续教育会计人员从业资格、计算机等级考试等项目，承担了财政干部的教育培训工作，建校以来共培训人员百多万人次。

学校的办学条件日臻完善，拥有教室 35 个，可以同步听课的阶梯教室两个，计算机房 3 个，计算机 200 余台。语音室 1 个，还有先进的演播室。校图书馆共藏书 4 万余册，阅览室可供 60 人同时阅读。此外还建立有学生军训和教学实践基地。

学校一贯重视校园文化建设，在长期的办学过程中，形成了优秀的学校文化传统。每一个立信人都会恪守潘序伦先生"信以立志，信以守身，信以处事，信以待人，毋忘立信，当必有成"的教诲和"勤奋、进取、严谨、求实"的校训。学校定期在教职工和学生中开展丰富多彩的文化活动，创办的宣传刊物《办学通讯》至今已发行 112 期。从 2001 年起，学校又创办了《教学与管理论丛》学术性刊物，鼓励教师在学科领域进行学术研究。学校鼓励先进，每年定期对本学年的先进分校、先进个人进行表彰，举行评优表彰大会。同时非常重视党的建设，充分发挥党员在工作中的先锋模范作用。积极开展对外交流工作，与全国各省市立信学校和中华函校保持着紧密的联系与合作。

建校十几年来，学校在各方面取得了优异的成绩，受到了各级领导部门的肯定和表彰。学校多次被评为财政部总校的先进办学单位，被市教委评为首都示范性成人中专学校，会计专业被评为特色专业，多次荣获北京市财政局、北京市教委先进集体、优秀培训项目等奖项。

2002年，为适应国家教委及北京市教委整合教育资源的政策要求，北京市立信会计职工大学从财政系统剥离出来，并入北京市财贸管理干部学院，从成人高等教育转向高等职业教育。实践证明，强强联合给双方创造了巨大的发展红利，立信会计品牌作为二级学院予以保留。立信事业步入崭新的发展时期。

三、北京财政学校

北京财政学校成立于1987年，是由财政部和北京市人民政府共同投资兴建、由北京市财政局管理的一所中等财经类专业学校。学校坐落于北京市通州区，占地约249亩，教育教学设施齐全，校园环境优美。办学十余年来，北京财政学校坚持"以教学为中心，以育人为目的"的办学宗旨，适应北京改革开放后大规模经济建设的需要，为北京市培养了大批合格的中等财会人才，为解决北京市中等财会人员的短缺问题发挥了积极作用，被北京市教委评为中等职业教育骨干示范校。

（一）边建设边办学

北京财政学校建于20世纪80年代初，正值"文革"后改革开放初期，社会急需大量财经类人才的时候。它的创立适应了国家大规模经济建设的需要，是在我国"四个现代化"高歌猛进的经济发展变革中应运而生的。1985年，根据北京市计委《关于建设北京财政学校立项的批复》，开始建校征地，1986年下半年破土动工。占地面积250余亩，建筑面积66000平方米，在校生规模设计为3000人。经过两年筹备北京财政学校于1987年10月5日正式开学。

建校之初，学校根据财政部和北京市政府领导指示，在市财政局的领导下"边建校边办学"，坚持"以教学为中心，以育人为目的"的办学宗旨，遵循"勤奋、严谨、求实、开拓"的治校方针，短短几年就为社会输送了一大批毕业生，对解决财会人员短缺问题发挥了较大作用。

经过 6 年多的艰苦建设，学校建筑面积完成了 53000 平方米，完成总建筑面积的 80%；1992 年完成了综合体育场工程和 3 栋服务楼的改造工程以及综合电教馆工程。完成绿化覆盖面积 40428 平方米，植树 20000 余株。整个校园布局合理，环境优美，风格独特。1992 年，学校被评为通县地区"先进绿化美化"单位。

从 1989 年开始，北京财政学校克服了师资力量不足及诸多环节上的困难，采取中专教育和财政队伍岗位专业培训教育同时并举，"两条腿走路"的原则，坚持"一所学校，两块牌子"的办学形式。于 1991 年 5 月正式创立"北京市财政局干部学校"。从 1989 年到 1992 年，共培训北京市县、乡财政干部和岗位公务员 18 期，总计 2000 余人。1992 年，学校有 1 人被评为市级先进教师，21 人被评为学校的先进教师和先进教育工作者。1993 年，学校已经拥有教职员工 130 人、在校生 14 个班 570 人，开设了投资、财政、会计、涉外会计 4 个专业。北京财政学校的整体建设规模已基本完成，集教学、娱乐、体育为一体的现代化体系已经形成。

（二）锐意革新求发展

1993 年，北京财政学校进一步深化改革、精简机构、压缩编制、理顺关系，在 1991 年改革的基础上，进一步调整压缩了机构和人员的编制。机构设置由原来的 13 个科室合并压缩为 9 个，科级干部由原来的 18 人缩减为 12 人，全校上岗编制由原来的 157 人压缩为 125 人。同时在教学系列上进行了新的尝试，由原来的 4 个教研室合并为由教务科集中管理，按专业学科划分为 7 个教研组，进一步理顺了教学管理体系。

学校积极拓宽办学路径，提升办学效益。从 1991 年开始，学校为外埠开设了委培班，1991 年招收委培生一个班，共 46 名。从 1992 年开始扩大招收委培生至 140 名。1994 年，学校一方面在专业设置上增加了投资财务与信用、税务、涉外文秘三个专业，使专业设置达到了 6 个；另一方面在招生方面采取扩大招收初中毕业生，扩大招收外埠委培生，在招生过程中增加了面试环节以提高新生质量，以及招收自费生等举措。同年，北京财政学校同北京商务学校达成了合作办学的意向，经过多方面的协商，最终签订了合作办学的合同书。

1994 年，北京财政学校把改善师资队伍结构、扩大招生、继续完善以"四制"为主要内容的管理体制作为治校方针，使学校的发展又进入了一个新的阶段。1994

年北京财政学校在校生达到 822 人，办学形式由单一化走向多元化，大大地提高了办学效益。

1995 年，学校专业设置增加到 7 个（财政、财务会计、税务、投资财务与信用、文秘、涉外会计、会计电算化），在校生增加到 1081 名。新设立了外语、财税、财务、计算技能、文化基础课、政治理论、体育、电教 8 个教研科室。1996 年共计录取新生 466 名，其中委培生 91 名。在校生达到 1250 名，达到了省市级重点中专的办学规模。

（三）教师队伍建设

学校建校之初，计划五年内招聘具有中、高级职称的教师 50 名，从根本上改变教师队伍的整体结构，提高教师队伍的结构层次。在此基础上，做好职称评定工作。1993 年学校按照有关部门的要求和规定，经上级批准，评定了高级职称 1 人、中级职称 16 人，使全校具备中级以上职称的人员达到了 45 人，占教师总数的 71%，使教师队伍的职称结构趋于合理。1993 年，北京财政学校打破常规，改革用人制度，面向社会公开招聘了 7 名具有较高教学水平和经验的中、高级职称的教师。1995 年，北京财政学校教职工队伍增至 147 名，共有专兼职教师 83 名；其中高级职称教师 13 名，中级职称教师 42 名。1996 年，学校举行大规模公开招聘，聘用本科毕业生 9 名，全部充实到教学第一线。1994—1995 年，学校获评北京市优秀教师 2 名，北京市财政局系统先进教师、先进教育工作者 7 名。

学校高度重视学校教师教学科研能力的提升。1992 年，学校 4 名教师论文获奖。王文学的《也谈中专语文教学改革》获 1992 年国家教委中等研究会第四届年会优秀论文奖，《财经应用文教学浅说》获 1992 年"两北"地区第十一届语文年会优秀论文奖。马原聪的《数学概念教学初探》获 1992 年北京中专数学学会优秀论文奖。乔梦虎的《新时期税制建立的原则》获 1992 年"两北"地区财政协作会优秀论文奖。常玉心的《论家庭作业》获 1992 年北京市中专外语教学研究会三等奖。

1995—1996 年，学校教师主编、参编出版的论著及获奖论著共 18 部，发表及获奖论文共 11 篇，内部刊物发表论文 40 余篇。其中王文学主编的《财经应用文写作教程》在 1995 年全国公文写作年会上获得优秀论著奖，其主讲的《财经语文教学》视频，由中华函授学校录制并向全国发行；孙万军主编的《会计电算化》中专试用教材，由上海财经大学出版社出版；孙万军主编、齐峰、黄文兰参编的《最新CLIPPERE 5.0-5.2程序设计》，由北京航空航天大学出版社出版；乔梦虎为副主编、黄玉双为编委的《财政税收练习与模拟试题》，由上海复旦大学出版社出版；徐金生主审的《英语》中专教材，由新世纪出版社出版；王振海、蒋占军参编的1995年《北京财政年鉴》，由北京财政年鉴编辑委员会编辑出版，并获年鉴编辑委员会颁发的三等奖；刘淑芝撰写的《中专应用文教学浅谈》，获得1995年北京中专语文研究会优秀论文奖。1996年，孙万军主编的财政部全国统编教材——中等财经学校教学大纲《财务会计专业课》《税务专业课》（会计电算化）由上海财经大学出版社出版；孙万军任副主编的《中级会计电算化》一书，1996年由东北财经大学出版社出版；孙万军撰写的"管理型财务软件的作用"一文，1996年11月6日发表于《中国青年报》第7版；张金英撰写的谈"欲善其教，必先敏其言"一文，在全国财政（经）中专语文研究会上获优秀论文一等奖；乔梦虎主编、黄玉双任副主编的《国家税收考试指导与模拟练习》一书，1996年由华东理工大学出版社出版。

（四）教书育人成果

学校加强管理，重视学生的素质教育，取得了良好的教书育人成果。在1993年六门课程的统考中，学生成绩比1992年提高了5%，及格率达到95%，好于往年。1995年，在北京市第23届中专田径运动会上，学校取得了团体总分第二名的好成绩。94级学生邢晓飞在本届运动会女子100米决赛中，以12秒64的成绩取得第一名，并创下了北京市中专运动会新纪录。在北京高教局举办的"五月鲜花"文艺汇演和纪念一二·九大合唱比赛中，学校取得了三等奖的好成绩。

1997年，学校先后制定完善了《学籍管理规定》《中专学生日常管理规范》《奖学金发放办法》《对违纪学生处理规定》等制度，进一步强化了学生管理，为确保人才培养质量提供了制度保障。

随着国家经济发展和有关经济政策调整，财政与税务分离。1993年，北京市按要求组建市、区县地税系统。时间紧、任务重，除从市、区县财政局及部分单位调任一些年富力强的干部组建各级领导层外，还需要一批政治素质好、懂业务的一般工作人员。部、市领导指示财政学校输送应届毕业生充实到地税队伍。随后由市领导牵头，市财政局和财政学校同北京市地税局签订了五年用人协议，即从 1994 年到 1999 年，财政学校的财政、税务专业的毕业生定向供给市地税局，充实各级地税部门。五年来，近 400 名学生经过北京财政学校的悉心教育和培养，学成后投身到地税工作一线。如今，北京地税系统到处都有北京财政学校的毕业生辛勤工作的身影，他们大都已成为业务骨干、中坚力量，有的佼佼者已成长为领导人才。

2002 年 8 月，根据北京市教委《关于北京市财贸管理干部学院与北京市立信会计职工大学、北京财政学校合并的复函》，学校整建制并入北京市财贸管理干部学院，成为通州校区（后成为校本部，承担着学校高职教育主校区的任务）。学校从可持续发展战略出发，从北京市教育资源整合的大局出发，从为首都培养高素质职业人才目标要求出发，继续以全新面貌为教育事业贡献积极力量。

下篇

战略转型再创辉煌：职业教育时期

（2003—2018）

第五章

跨越发展：全面建设全国高职示范校

第一节　三校区聚力开展高职教育

一、设立北京财贸职业学院

学校与石油物探职工大学、北京市立信会计职工大学、北京财政学校实现教育资源重组，标志着学校发展进入了崭新阶段。形成了一校三址、拥有近440多亩办学场地，400多名教职工的办学规模；具有中专、大专、本科、研究生课程班等多层次学历教育和非学历多种形式的社会培训，国民教育和党校教育两个系列，普通高等职业教育和成人教育共同发展的完整的办学体系。雄厚的师资力量、专业的教学水平、一流的教学设施让学校在首都高职院校中占据了领先优势，为学校建设高职名校奠定了坚实的基础。

2002年到2003年，学校积极推进设立高职院校。在学校命名方面，为体现出财政行业和商贸行业特质，以及职业教育特征，学校将原拟校名"北京商贸管理学院"更名为"北京财贸职业学院"。

2003年1月21日，北京市人民政府下发京政函〔2003〕3号文《北京市人民政府关于同意设立北京财贸职业学院的批复》，同意在北京市财贸管理干部学院的基础上组建北京财贸职业学院，并继续保留北京市财贸管理干部学院名称。该文件明确了北京财贸职业学院属于专科层次普通高等职业学校，主要开展高等职业教育，同时可继续举办成人高等学历教育、非学历教育和行业培训。

北京财贸职业学院成立后，为建设成为健康、团结、向上的高职院校，在稳定发展的基础上获得更大的进步，学校提出以下发展构想：

1. 学校担负"一校五牌"职能

北京财贸职业学院重点承担普通高等职业技术教育的职能；北京市财贸管理干部学院要承担商贸系统和财政系统的干部培训基地的职能；继续承担北京市委商贸工委党校开展商贸系统党校教育的职能；分别承担北京市财政局培训中心和北京市委财政局党校相应的教育和培训的职能。

2. 学校实行"一校三址"办学

三址即东四、通州、涿州三个校区。学校按照一系三址，一部门三址进行机构设置，实行统一领导、统一人事、统一教学、统一管理、统一财务的"五统一"一体化垂直管理。

3. 学校开展两类教育

即建立学历教育和非学历教育协调发展、相互促进的教育体系；以普通高等职业教育为主要发展方向，成人教育和党校教育共同发展，同时相应保留中等职业教育职能；大力发展非学历教育，开展多种类多形式社会培训，努力办出特点、办出规模、办出影响。

4. 发展目标

经过五年努力建成支持首都财贸经济发展的人才培养基地、科学研究基地、咨询服务基地，进入全国"示范性职业技术学院"行列，积极申办本科高等职业技术教育，建成全国名牌职业技术学院。具体发展目标如下：

（1）市场领域。以服务北京财贸行业为圆心，以为第三产业培养人才为圆周，有条件地向北京市其他行业和全国各地及国外辐射延伸。

（2）硬件建设。进行三校区的整体规划，加强基础设施建设，新建现代化的教学大楼、图书馆、游泳馆、学生公寓、实训大楼，建设市内一流的花园式校园环境。

（3）办学规模。到 2005 年特色品牌专业数量不少于 4 个。专科生 6000 人，本科生 1000 人，非学历培训保持在 15000 人次左右。

（4）实训基地。努力建设虚拟与真实相结合、校内与校外相结合的高职实训教学环境。实训大楼按照每个专业至少建设一个设施先进、配套完善的实训环境。

（5）师资队伍。建立两支教师队伍：一支是学校培养的具有"双师"特征的年轻教师骨干队伍；另一支是聘请有教师素质的企业人士、社会专家的兼职队伍。

到 2005 年，教师队伍总人数 300 人，其中专职教师 240 人左右，院外兼职教师 60 人左右。

（6）科研与咨询。科研继续坚持"为企业服务，为教学服务，为领导决策服务"的方针，强化研究所的功能和作用，逐步实行市场化运行机制，加强财贸经济领域的应用性理论研究，努力在规划研究上取得权威地位，争取在较高层次的学术交流中占有领先水平，建成支持首都财贸经济发展的科研和咨询基地。

（7）实现信息交流电子化、网络化。通过校园网实现学校网络化管理，倡导无纸化办公，开发国内外交流办学渠道，探索远程教育，把管理技术、教学技术提高到一个新的水平。

5．发展途径

深化校企关系，开发联合办学的新途径，在实训基地、师资队伍、企业培训等方面进行深层次的合作。积极开发国际合作项目，引进国外先进的办学理念、办学模式、教学体系和人才培养方式，把学校建设、人才培养逐步与国际标准对接。以科研为先导，以教学为中心，把教学、科研与咨询联系起来，三位一体功能服务社会。实施名牌发展战略，开展名牌教师、名牌专业、名牌教材、名牌学生工程。

二、非同寻常的一年

2003 年是非同寻常的一年，是学校转为市教委市属市管的第一年，也是学校四校合并后聚力发展的第一年。就在这年春天，一场突如其来的公共卫生危机突然降临，"非典型性肺炎"疫情在短时间内席卷了全国大部分省市，严重威胁着人民群众的身体健康和生命安全。面对"非典"疫情的肆虐，在市委、市政府，原市委商贸工委、市商委，市委教育工委、市教委的领导下，学校党委迅速建立了防控"非典"领导小组，设立防控"非典"办公室，并和后勤保障、保卫部门共同组成了三校区防控应急系统，较早采取了量体温、喝中药、消毒等多种防范措施，并对三校区实行封闭式管理。由于决策果断，及早行动，措施得力，虽然东四、通州、涿州三校区都处于疫情高发区，但三校区的师生员工无一人感染发病，取得了零病例和无疫情校园的突出成绩。

在"非典"时期，学校教师一手抓抗击"非典"，一手抓教学，及时改变教学方式，制作电子文本教案，采取网络教学、电话答疑、邮寄教学内容等方式，有力保证了教学工作的正常运行。在学校网络管理部门支持配合下，不到一周时间，就有教师350人次将93%（320门次）的必修课和选修课内容传输上网，提前实现了北京市教委开设网络课堂的要求。为了缓冲"非典"造成的紧张气氛，利用学生不在校的时间，学校聘请外教开展教职工学英语活动，受到了爱好英语的员工的一致好评。这次"非典"的经历，学校既积累了危机应对和管理的经验，也证明了学校有一支经得起困难考验的队伍。

2003年，学校高职学历教育生首次大规模招生，计划招收1300名高职学生。这是一项新挑战，突如其来的"非典"打破了招生工作的计划安排。全校调动一切可以调动的力量，周密地安排危机后的各项工作，三校区的招生办、各系部，全校干部、党员、员工都行动起来，走遍了市区和郊区，到高中学校，到区招生的有关部门，通过会议、电视台、电台、报纸等多种途径，利用一切可以利用的机会和场合，展开了密集的宣传攻势。一份辛苦一份收获。这一年，高职招生1529人，完成计划（1300人）达118%，居市教委高职招生院校第二名；成人教育招生1056人，完成计划（990人）达108%，居市教委成人高校（在京）招生前列。中专招生273人，澳门班招生78人，党校招生723人，非学历教育近1万人次。

2003年，全校共创收3076万元，完成了计划指标（3000万元）的102.5%。其中财会系完成创收414万元，居全校各系部第一。高职、中专学生就业率均达到90%以上，位居市内同行的前列。这个来之不易的办学成绩，凸显出教育资源整合形成的整体优势，为学校发展带来了新的活力，为每一个教职员工的个人进步创造了良好条件，是全体教职员工事业心、责任心的具体体现。

2003年12月8日，北京市委组织部朱秉春副部长来学院宣读了北京市委任命决定：张连登任中共北京市财贸管理干部学院委员会书记，曲永宁任北京市财贸管理干部学院副院长。朱秉春副部长提出三点要求：（1）要把领导班子思想政治建设放在首位，用"三个代表"思想统领工作；加强民主集中制建设，更好地发挥一把手和每个成员的作用；加强团结，充分发挥每个人的作用；进一步统一认识，以感情为基础，以制度为保证，建设一个和谐的环境。（2）把促进高职教育事业发展作为工作重心。发展创造生产力，要把发展和"三个代表"思想紧密结合起来，用发展带队伍。（3）要抓好党的建设，抓好思想作风、组织作风、工作作风建设，抓基层、打基础、上台阶。

三、探索三校区教学管理一体化模式

学校党委领导班子清醒认识到，实现多校区教学管理一体化模式需要长时间的研究和实践的积累，既要遵照规律，又要突破创新。根据高等职业技术教育教学管理的要求，按照"重基础、强能力、高素质"的人才培养目标，学校边理思路边建设，主要做了十一项工作。

一是制定了详细的《教育教学工作计划》《教师教学工作规范》《关于加强教风、学风建设的办法》《院系两级管理办法》等教育教学管理文件，统一了管理标准和内容。二是加强教学改革工作。全年完成教育部远程教育项目2项，参与高等教育出版社教学改革立项5项，北京市教委精品教材立项6本，同时启动校级个人教学改革立项143项，校级精品课程立项11项，校级精品教材立项17项，案例教学有2项荣获全国管理干部学院系统优秀奖。三是以突出能力培养为目标，研究并实施多形式、丰富内涵的教学方法和手段，推进课堂教学改革。全年举办四次校级观摩课、示范课，有几十位教师参加。四是继续完善教学质量评价与监控体系，加强了"教师评学""教师评教"和"学生评教"。对三校区175位任课教师组织了学生评教工作，学生评价结果为优秀的教师达54.8%。全校教师学生评价平均分数为89.8分，高于往年。五是加强公共基础课的教学研究，推出了《关于加强高职英语教学提高学生英语应用能力的办法》并初见成效。首次参加高职英语应用能力考试，AB级一次通过率63%，达到评估指标中合格标准；应届毕业生在参加全市专升本统考中取得较好成绩；首次推荐优秀高职毕业生进入本科院校继续学习，录取率达到67%，在16所推荐院校中名列第六。六是探索现代化教学方式，加强教学、教务管理的信息化建设，推进网络教学，在"非典"期间组织开展网络教学，积累了经验。七是加强以教风和学风为主的校风建设，出台了《教师教学工作规范》，聘请教育部专家、市教委、北师大教授做师德、教育改革方面的报告，通过不同形式开展院系两级教研活动。八是完善教学工作的规范管理和预案管理制度，提高管理的科学性和有效性。九是加强教学督导工作，成立学校第二届教学督导组。建立学生教学信息员制度和教师教学信息反馈制度，初步形成双向教学信息收集和反馈机制，提高了教学管理的针对性和有效性；十是加强教学质量监控，严格考风考纪，重点抓好期中、期末教学检查和考务工作，三校区在学期末分别接受了市教委考风考纪巡视组的检查，均受到好评。十一是初步建立系务工作评价体系，根据学生学风、班风状况，学生最满意的教师比例、班主任比例以及教师对本系工作满意度五项指标体系，对各系部系务工作进行综合评价。

四、探索高职学生管理模式

2003年学校首次大规模开展高职教育，如何对高职学生实行有效的管理，是学校面临的全新课题。学校本着"管理育人，活动育人"的工作思路，努力探索具有高职特点的学生工作模式，取得了初步成效。

一是抓制度建设。相继制定了《评选北京地区优秀毕业生的规定》《关于对经济困难学生减免学费的暂行办法》《关于加强学生工作的意见》《关于学生活动经费的管理使用办法》，修订了《学生手册》和《班主任手册》，建立系主任、辅导员、班主任例会和值班制度、学生情况日报和周报制度、学生处24小时值班制度等。

二是抓组织建设。团委从学生处分离并独立办公，明确团委职责，组建了学生社团组织。建立了辅导员队伍，成立了学生工作委员会，采取学生宿舍自我管理模式，加强学生的自我管理和自我约束，并通过每周一期的"学生动态"及时交流学生工作。

三是抓教育活动。在全校开展以"爱心"为主题的教育活动，组织丰富多彩的课余活动，开展学生业余党校活动，开展班主任同新生沟通的"一日一生"活动，谈话达1170人，达到新生总数的66%。

四是抓德育课质量，抓班会标准化，编写《大学生素养》参考材料。学校高职学生管理初步形成了思路。

五、打造商业规划研究品牌

2003年，学校科研工作适应高职名校发展战略，集中科研资源，发挥专业科研优势，着力解决实践性课题，学校科研呈现良好的发展态势。教学科研化、科研教学化成为学院科研工作开展的主旋律。各系教师共编写、参编24本教材。学校圆满召开了第19次科研学术交流会。由学校承担的首批三项北京市教委精品教材项目已完成并公开出版。科研多项成果获得市级以上的奖励，教育教学实践性课题成果也较为突出。针对专业建设、学科建设完成的科研成果50项，占上报学校科研成果的39%。在学校获奖成果中，专业建设、学科建设的成果37项，占43.5%，充分发挥了科研为教学服务的先导作用。

学校坚持与企业密切联系的办学特色，2003年学校教师下企业咨询服务上百人次，在企业兼职44人次。由研究所牵头，完成了北京市哲学社会科学"十五"规划重点课题——"北京现代化商业区研究"及市商委的三项课题。课题的完成集中体现了学校在流通研究领域的专业优势和较高层次，学校在北京区域商业规划研究上形成了一定的品牌效应。截至目前，委托研究所组织学校专家主持制定的商业规划已达13家，咨询服务优势明显。同时，学校还重新修订了"科研工作管理办法"等18项科研管理制度，使三校区的科研工作有了统一的管理平台。还开通了域名为bcrc.com的网站，为教师科研创新提供沟通和拓展的平台。3月26日，学校参与承办了"2003北京中小流通企业服务年会"。

六、强化交流与合作

2003年，尽管"非典"疫情给学校正常办学带来影响，但是学校仍积极开展对外交流与合作，以赢得发展先机。学校通过开展校际合作，深化校企合作，加强对外交流与合作等，联合优质教育资源，多方拓展办学途径。

在校际合作方面，学校探索深度合作，注重成效。2003年5月30日，学校在东城校区同北京航空航天大学职业技术学院举行合作办学协议签字仪式。双方今后将在确保生源和教学质量的前提下，在高职招生领域进行广泛合作，并在专业建设、师资培训、学生管理等方面展开交流合作。

在国际交流合作方面，学校积极对外接触，促进了解达成共识。2003年2月15日，应瑞士席勒大学邀请，王茹芹院长同对外办学部主任范法明、继续教育部主任潘勇赴瑞士、英国进行合作办学考察。此次考察不仅使双方加深了了解，并在合作办学领域进行了深度交流。3月4日，学校在东城校区同泰国席勒大学就双方国际合作办学举行签约仪式，院领导班子及泰方领导出席签字仪式。4月3日，美国席勒大学一行访问学校，参观通州校区，学校与席勒大学就"3+1"国家合作办学模式进一步落实了具体实施方案。

2003年9月17日，北京大学中美合办国际MBA美方院长、美国福坦莫商学院副院长杨壮教授，中国孙子兵法研究会负责人，以及美国宇胜工程公司驻京首席代表一行7人来校访问，参观学校涿州校区。双方就未来合作办学、文化交流活动等方面进行了深入交流。

在校企合作方面，学校秉承面向企业、服务企业的优良传统，积极建设合作共赢模式。2003年7月7日，在东四二楼大会议室举行了"北京财贸职业学院、北京福田汽车股份有限公司合作办学签字仪式"，学校领导班子成员，北汽福田公司邢洪金副总经理及人力资源部经理参加了仪式。学校在深化校企合作办学实践中又开启了新篇章。

为了学习、借鉴先进高等院校的成功经验，提升学校的办学水平，10月23日至28日，由王茹芹院长带队，各教学系部及教学管理部门负责人等一行21人，分别考察了上海商业职业技术学院、复旦大学、同济大学、上海大学、上海立信会计学院五所学校。返京后，考察人员进行了认真的总结和交流。大家清醒意识到在创办高职名校这条道路上我们还存在着不小的差距，要虚心汲取先进的教学管理经验为我所用，要不断地创新和探索适合北京财贸职业学院的新的发展之路，要付出更多的辛苦努力，才能让学校在未来的市场竞争中占得先机。

第二节　以评估为契机推动发展

一、迎接高职高专院校人才培养工作水平评估

2003年12月11日，教育部召开第二次高等职业教育产学研经验交流会，明确提出建立规范的高等职业技术教育准入制度和淘汰制度。强调高等职业技术教育要以就业为导向，进行订单式的培养，推动人才培养模式的改革，在产学研的合作方面要取得突破性的进展。2004年2月28日，教育部部长周济在"全国第三次高等职业教育产学研经验交流会"上提出：高等职业教育已经成为高等教育的半壁江山，要办成人民满意的教育。并进一步强调高职教育要实行校企合作、产学研合作的新模式。国家大力发展高职教育为学校发展提供了机遇。

2004年年初，教育部下发《关于全面开展高职高专院校人才培养工作水平评

估的通知》（教高厅〔2004〕16号）。北京市教育委员会下发《关于开展高职高专院校人才培养工作水平评估的通知》（京教高〔2004〕21号）。这一年是学校进入入市教委管理系统的第一年，刚刚踏进普通高等院校行列，就要迎接市教委对学校的高等职业教育质量评估，这是对学校全体师生员工的一次重大考验。

迎接高职高专院校人才培养工作水平评估，要争取达到的标准是"合格校"还是"优秀校"？学院领导班子经过反复研讨，深刻认识到学校目前的办学水平距离教育部的优秀标准差距较大，但是高职教育快速发展的形势不会等待我们慢慢建设，优胜劣汰的市场竞争也不允许我们低水平办学。学校党委决定评估必须争优秀，抓住国家教育部发展高职教育的战略机遇乘势而上，两年的活一年干，按照教育部规定的高等职业技术教育优秀等级标准对照自查，以评促建、以评促改、以评促管理、以评促发展，强优补差，使学校办学水平跨上一个新台阶。

2004年1月17日，学校召开寒假工作会议，确定学校当年工作的指导思想是：坚持以邓小平理论和"三个代表"重要思想为指导，全面落实党的十六大和十六届三中全会精神，以先进性为标准，以"加快发展"为第一要务，面向首都经济发展的主战场，走产学研结合之路，培养"重基础、强能力、高素质"的应用型人才；"抓管理、创品牌、树形象"，全方位提升办学水平，评估力争优秀，把学校建成支持首都经济发展的应用型人才培养基地、应用型学科研究开发基地、面向企业服务的咨询基地、瞄准行业前沿的信息交流基地。

2004年4月16日，学校在东城校区举行了"迎评估，促建设"动员大会，全校教职员工300余人参加会议。张连登书记主持大会，王茹芹院长做迎接评估动员，明确了责任和分工。各系统纷纷表态，会议隆重热烈，全体教职工对学校发展、对评估工作充满信心。至此，学校"迎评促建"工作正式拉开了帷幕，全校教职员工上下一心、目标一致，积极推动学校各项工作有序开展，形成了"以评促建、以评促改、以评促管、评建结合、重在建设"的积极氛围。

二、以评促建，加快发展

2004年，学校按照评估"优秀校"标准全面推进建设，牢牢把握北京第三产业发展的动态，瞄准市场对财贸人才的需求，大力发展高职教育，开展多类型、多层次、多形式的教育培训，学校发展呈现出前所未有的积极态势。2004年，高职教育完成招生 1458 人，招生数量排序居全市独立设置的公办高职院校第一位。其中高中学生占 76%，成为学校的生源主体。学校继续发挥成人教育和党校教育的比较优势，2004 年成人教育招生 932 人，党校教育招生 373 人，中专教育招生 279 人，学校初步形成了以高职教育为主体、多种教育形式并存的新格局。多种教育互相补充、互相促进，产生连锁效应，增强了学校办学综合实力。

针对学校现有办学资源与市教委下达的教育计划指标需要具备的办学资源存在实际差距的问题，学校教学部门多方开发，调动起三校区办学的积极性。2004 年澳门 MBA 课程班招生 60 人，北京航空航天大学高职班招生 115 人，北京联合大学高职班招生 341 人。多方合作办学建立了灵活的增长机制，形成了学校发展的新的增长点。

2004 年 7 月，学校与北京帅府商贸有限公司举行房屋租赁合同的签字仪式，租赁了位于西四北三条乙 26 号院一幢 3300 平方米的教学楼作为立信会计学院的办学场所，租期为 10 年。至此，学校形成东四、西四、通州、涿州四校区办学格局。2005 年 8 月 28 日，北京财贸职业学院立信会计学院揭牌暨潘序伦铜像揭幕仪式在东城校区举行。北京市财政局副局长苏辉与王茹芹院长共同为立信会计学院揭牌，北京市财政局领导杨宝泉和校党委书记张连登为潘序伦先生铜像揭幕。

2004 年 8 月，北京财贸职业学院国际教育学院正式成立，学校启动中外合作学历教育项目，与美国席勒大学合作开设中外合作酒店管理专业和国际商务专业，开办中外合作 "3+1" 本科学历班，招生 31 人。10 月 11 日，在东城校区正式开学上课。

2004 年 10 月 15 日，学校成立艺术学院，旨在集中力量为首都社会和经济发展重点培养艺术应用型专门人才。2005 年 11 月 28 日，艺术学院在涿州校区举办了首届学生艺术作品展。参展作品共 618 件，分为基础绘画、平面设计类和模型创意三大类，充分表现出艺术专业学生的创新意识和对专业知识的理解与运用能力。

学校发挥继续教育培训优势，2004 年为支持燕莎金源 MALL 开业，学校开办了燕莎班；为服务涿州发展，开办了两期乡镇干部培训班；为支持民营企业百荣世贸集团的人员素质提升，开办了百荣世贸班；为支持太原商业发展，开办了太原商业干部班。各种培训共 3115 人次。在教育教学中，注重职业教育和干部教育的优势互补，形成了品牌效应。

2004 年学校在校生规模进一步扩大，高职教育 3525 人，成人教育 2527 人，党校教育 1433 人，中专教育 796 人，澳门 MBA 班 223 人，北京航空航天高职合作班 300 人，北京联合大学高职合作班 341 人，中外合作班 31 人，学历教育共达 8953 人（其中全日制教育 4993 人）。学校已经达到万余人的教育规模，各类教育并存互动、协调发展，形成了强有力的教育力量，拓展了为首都经济发展服务的广度和深度，初步形成了"财贸人才基地"。

三、深化教学改革，提升教学质量

为了全面提升教学质量，学校主动运用评估机制，按照优秀标准启动"全面质量建设工程"，由评估领导小组统筹指挥，以教务处为龙头，各系（院）部为主战场，全体教职员工积极参与，按照财贸高职人才"重基础、强能力、高素质"的要求和评估优秀标准，对教学秩序运行系统、教学过程控制系统、教学质量评价系统进行分类建设。

重新修订 2004 级普通高职 20 个专业的教学计划，进一步突出了以就业为导向的教学计划指导思想。通过督导、听课、随机抽样调查等方式，保证各门课程教学计划的落实。在教学质量控制中，建立以学生评价为主，教务和系（院）部共同参加的教学质量评价系统，高职测评课程 461 门次，在教学质量评优的教师中有 28 人次受到表彰奖励。2004 年，教学部门建设完成 5 个优势专业、10 门精品课程、15 本精品教材和 20 个实习实训基地。

2004 年，学校教学改革成果呈现上升趋势。上半年，全校专职教师 179 人，教学改革立项项目 185 项，首次出现了专职教师人人有教改项目的好形势。其中陈鹤鸣老师教学改革成果荣获北京市一等奖；陈友红老师教学改革成果荣获北京市二等奖；学校有 5 本教材被确定为市级精品教材，两门课程被确定为精品课程。学校教师参加了多项市级高职教育研究课题，在"高职教育弹性学习制度实践与研究"和"两年制高职教育研究"课题中担任子课题组长。"高职教育质量保障体系研究与实践"课题是北京市委组织部优秀人才立项项目。通过迎评促建，学校教学管理、教学改革、教学质量等方面都有了明显的提高。

四、探索"高职财贸人才"素质培养

学校学生工作队伍把握高职学生特点，研究高职学生工作规律，探索以"爱心＋大学生形象＋社会观＋创新思维＋就业观"为主体的"五板块"财贸人才素质教育模式，以培养"财贸高职人才"为目标，以"两课"为主导，采取理论课堂、军训、主题教育、社团活动、社会实践、养成训练等多形式，初步形成内容互相衔接、贯穿人才培养全程的教育体系，全面培养和提高财贸人才素质。

按照五个板块的素质教育内容，学校组织开展了一系列教育活动。通过组织召开"五板块"主题班会，举办"自爱从自我认识开始""高职学生的定位""大学生涯规划""大学生素质养成""大学生应具备的文化素质""十六届四中全会报告解读""就业形势和政策"和"面试技巧"八场大型专题讲座，建立志愿者协会、创业社团、阳光自助协会等 26 个社团，有针对性地开展学生心理咨询，"财贸高职人才"的素质教育特色和教育内涵在扎扎实实的探索实践中得以积累，形成特色育人模式。为有效评估素质教育成果，初步建立了财贸人才素质评价模型。通过院、系（院）部、班级、学生多层次的组织，开始与家长共同培养财贸高职人才素质的联合行动，学校对 3200 多名学生进行了评价实验，并不断完善评价模型。

学校加强学生工作队伍建设，形成了"学生处——系（院）部——班级"和"团委——团总支——团支部"两个学生工作系统，两个系统互相联系、互相促进，有力提升了学生工作实效。2004 年，向社会公开招聘专职班主任 22 人充实到通州和涿州校区学生管理一线，实行"以生为本"的精细化管理，在学生培养过程中发挥重要作用。学校通过完善制度建设，不断规范学生工作：制定了"进一步加强和改进学生工作的意见"；建立了学生工作主任、团总支书记和班主任三级例会制度；建立班主任培训制度、学生工作研讨制度，制定了班主任考核办法、学生素质考核办法；修订了学生手册，使学生工作更加规范化、科学化。

为培养学生的创业意识和自主学习能力，2005 年 12 月 23 日，学校举办了首届"财贸大学生创业计划大赛"。比赛分四个会场进行，学生分别就公司定位与市场分析、营销策划、公司制度、财务计划四个专项内容进行演示讲解，经过评委的提问与评审，工商系代表队获得一等奖，立信学院、旅游学院代表队并列二等奖。比赛为培养同学们自主学习能力拓宽了广度和深度，引导学生"用专业的知识去做事，用科学的思维去思考"。

2006 年，学生处被北京市委宣传部、北京市思想政治工作研究会评为北京市思想政治工作先进单位，获得"拓荒牛"奖。

五、抓好科研，强化服务功能

2004 年，学校设立科研处，负责指导和组织全员科研工作，评价和推广科研成果。

2004 年商业研究所承接的主要课题有：（1）《北京市"十一五"时期社会经济发展前期研究——流通业发展研究》；（2）《北京市总体规划修编——新城区商业发展趋势研究》；（3）《北京房山区流通发展规划》和《北京延庆县商业发展规划》。此外商业研究所成功申报了 1 项北京市哲学社会科学课题，承担了市委组织部 2 项优秀人才基金研究项目，组织和参与组织了 4 次大型学术交流活动。研究所从不同方面发力，扩大学校的学术氛围，为学校赢得了良好的学术声誉。

2004 年 12 月 23 日，由北京财贸职业学院、中国商业经济学会商业政策研究会、中国商业史学会、北京商业经济学会联合主办的"中国批发业的发展对策研讨会"在通州校区召开。来自中国商业经济学会、中国人民大学、中国社会科学院财贸所、北京工商大学、首都经贸大学、北京物资学院和我校等单位的 20 余位我国流通经济界的著名学者和批发研究专家就中国批发业的现状、走势，发达国家批发业发展过程及其体系、模式，现代批发业与现代物流业的关系等开展了深入研讨，对全面开放后中国批发业的发展趋势加以研判，对批发企业如何在新的发展时期发现和抓住机遇，提出思路。学校数百名师生聆听了专家报告，近距离感受了高层次学术研讨的氛围。

商业研究所的设立有效促进了学校科研能力和科研管理水平的提升。经过几年的努力，商业研究所在商业经济应用理论研究领域，尤其是商业规划的研究已在北京市处于领先地位。

六、保持共产党员的先进性教育

2005—2006 年，学校围绕迎评创优的目标，以保持共产党员先进性教育活动为契机，号召全体党员干部师生发挥党员的先进性，在各项工作中做表率，积极探索"财贸高职人才"培养模式，加快"财贸人才基地建设"。

2005年7月1日，学校隆重召开"庆祝中国共产党成立八十四周年暨表彰大会"。大会上，张连登书记结合下半年学校即将开展党的先进性教育的安排，要求党员教师努力提升自身素质，深刻领会"三个代表"的内涵，永葆共产党人的政治本色，在教学、科研、管理、后勤等各项工作中努力发挥表率和凝聚作用。

8月25日，学校召开中层以上党员干部参加的保持共产党员先进性教育活动骨干培训会。党委书记张连登在会上做重要讲话，他指出：党员领导干部要提高认识、吃透精神，深刻领会开展保持共产党员先进性教育活动的重大意义，紧密结合我校实际，认真落实，着力解决突出问题，确保圆满完成任务。党委副书记白淑仙就党员先进性教育活动实施方案和学习动员阶段工作安排进行了阐述。

9月9日，学校保持共产党员先进性教育活动动员大会在通州校区电教馆隆重举行。大会由党委副书记、院长王茹芹同志主持。全校党员师生、党外知识分子、入党积极分子代表近400人参加了动员大会。党委书记张连登代表学校党委、学校保持共产党员先进性教育活动领导小组，就学校深入开展、切实搞好保持共产党员先进性教育活动做了动员报告和工作部署。中共北京市委保持共产党员先进性教育活动第十督导组组长陈世禄同志在讲话中对我校开展党员先进性教育活动的前期筹备工作给予了充分的肯定，并就如何开展好这次党员先进性教育活动提出了指导性意见。党的先进性教育动员大会召开后，各党总支、党支部相继行动，细化工作安排，全校各党组织全面进入学习动员阶段。9月15日至20日，学校组织170余名党员师生到北京市档案馆观看保持共产党员先进性教育展览。

9月29日，党委书记张连登同志向全院党员师生做了题为《践行"三个代表"，落实"六个坚持"，以实际行动保持共产党员先进性》的专题报告。报告结合学校实际，对党的先进性具体标准进行了深入的阐释和解析，并着重结合校党委提出的"六争当"要求进行了分析和解读。张书记要求，通过大讨论总结提炼出符合岗位特点和要求的先进性具体标准和实现途径，使先进性教育切实取得实效，真正成为群众满意的工程。

10月，党的先进性教育进入第二阶段。在校领导班子、教师、学生工作、党政管理、行政后勤以及老干部6个不同群体广泛讨论的基础上，10月11日，学校举行党员先进性具体要求和实践途径大讨论。各党总支、党支部选派的11名党员分别代表不同群体对先进性具体标准和要求进行了深入交流，他们结合各自工作特点从本职工作出发，从立足岗位做奉献的角度解读和诠释了党的先进性具体要求和标准。10月19日，学校召开保持共产党员先进性教育活动分析评议阶段工作部署暨培训会，党委副书记白淑仙对学习动员阶段的工作进行了总结。党委书记张连登对分析评议阶段的工作进行了全面部署安排。要求坚持把学习贯穿始终；坚持突出重点，把查找问题作为第二阶段的重要环节；坚持理论联系实际，边议边改，注重实效。林瑞海同志代表市委督导组，对我校第一阶段的圆满完成，取得阶段性成果给予了充分肯定。希望学校要严格按照中央、市委要求，通过第二阶段各项工作的全面落实，切实使先进性教育成为推进学校工作、让群众满意的工程。

12月29日，学校隆重召开先进性教育活动总结大会。党委书记张连登同志对我校保持共产党员先进性教育活动的主要做法和特点进行了总结，高度肯定了学校先进性教育取得的成果。党员从思想上受到了教育，全体教职工从实际中得到了益处，群众的满意率很高。涿州校区党总支、工商系党支部和党员代表陈铭、苑广旺同志分别做大会发言。他们谈了作为一名党员在先进性教育中的体会，谈了先进性教育给支部、给学校带来的深刻影响。市委督导组陈世禄对学校先进性教育活动所取得的成绩表示祝贺，希望学校巩固先进性教育的优良成果，进一步推动党的先进性建设取得更大成就。

2006年3月23日，学校作为北京市委教育工委确定的先进性教育"回头看"重点单位，接受了市委先进性教育第十督导组检查。党委书记张连登同志、党委副书记白淑仙就先进性教育"回头看"工作的总体情况和学校各级党组织落实整改措施的具体情况进行了汇报。督导组还通过召开党总支、支部书记座谈会和部分党员群众座谈会了解情况。督导组认为学校党委高度重视，积极落实整改方案，把做好"回头看"工作列入2006年党建工作头项任务，全校上下行动，各级党组织工作抓得实，有创新，落实整改取得了明显成效。督导组陈世禄在报告中要求学校要树立长期抓党的先进性建设的思想，加强长效机制建设，不断总结经验、树立典型，把巩固和扩大整改成果与党建工作达标结合起来，为争创优秀校打下坚实基础。

多年来，我校广大党员教职员工积极投身学校发展，立足本职，忘我奉献，涌现出一批师德高尚、治学严谨、为人师表、爱岗敬业的教师，他们是学校优秀教师的代表，是师德建设的楷模。在2004年、2005年，学校有多位老师获市级有关单位表彰。王成荣被北京市人民政府授予"北京市先进工作者"光荣称号，陈鹤鸣被中共北京市委教育工作委员会评为"北京高校优秀共产党员"，陈友红被中共北京市委教育工作委员会、北京市教育委员会评为2003—2004年度"北京高校优秀德育工作者"，李慧芬被中共北京市委教育工作委员会、北京市教育委员会评为"北京市优秀德育工作者"。

七、四校区和谐发展，办学软硬件水平提升

在学校党员先进性教育的引领和促动下，全校教职员工围绕"迎评争优"目标，团结一致，以强烈的责任心和奉献精神做好各项工作，学校建设规模和办学水平更上一个台阶。2006年学校拥有通州校区、涿州校区、东城校区和西城校区4个校区，总占地面积432.3亩，建筑面积13.76万平方米，固定资产总值2.08亿元；花草树木68种，绿化面积超过占地面积的40%，是一所花园式的院校。截至2006年6月底，学校在校高职生4816人，中专生826人。学校从校区的办学历史和资源优势出发，按"分类别、分年级"的划分标准，对4个校区进行主要功能分工：高职一年级和艺术学院学生在涿州校区；高职二、三年级和中专学生在通州校区；成人教育和国际合作教育在东城校区；财会专业走读生和财会职业培训在西城校区。在管理上，四校区实行统一领导、统一人事、统一教学、统一管理、统一财务和分校区后勤管理的"5+1"管理模式。这个模式适合学校的实际情况，既有统一指挥，又发挥了校区管理的积极性。四校区竞相发展，校园氛围生机勃勃，学校步入了科学和谐的发展道路。

自2004年以来，学校按照国家教育部颁布的高职院校办学条件优秀标准，有目标有步骤地推进办学条件改善计划。在市教委、市发改委和市财政局的大力支持下，两年共投入经费6101万。其中设备仪器783万元，图书资料263万元，实训实习教学环境4830万元，专业软件225万元，建成各类训练室45个。2006年5月26日，学校新建成的"商业实习一条街"正式投入使用，在此开设了综合性特色实践课程，其特点是卖场、课堂两结合。此外，根据北京市发展改革委员会京发改〔2006〕1461号文件批准的"北京财贸实训大楼工程项目"，总投资6868万元，拟建成1.7万平方米的财贸岗位实训环境。

学校按照"教学为重点、能科研、会咨询"的三要求抓师资队伍建设，下大

力气建设双师型教师队伍。鼓励教师下企业、进修，实行教学质量奖、科研奖和咨询服务奖等激励政策。尤其是学校和行业密切联系，为教师深入企业学习调研提供了机会，为理论联系实际搭建了平台，培养了一支教学质量好、科研热情高、咨询服务能力强的教师队伍。2006年，学校教职工512名，专任教师236名，其中教授、副教授84人，占教师总数的35.59%。一大批教师担任全国和北京市学术团队负责人。享受国务院特殊津贴的专家7人，北京市跨世纪优秀人才4人，全国优秀教师称号3人，北京市优秀教师称号11人，北京市名师称号1人。

八、探索实践"财贸高职人才特色"培养模式

学校面向财贸，创新探索财贸高职人才培养特色。在举办高职学历教育的过程中，边探索实践，边梳理总结，不断深化对财贸高职人才培养特色的认识。2003年，学校提出了"财贸人才"概念，围绕"财贸人才培养特色"积极探索和实践，发扬学校举办成人学历教育时期积累的办学优势，把成人教育优势资源嫁接到高职教育，把贴近企业的非学历教学经验引进学历教育，把岗位培训融入课堂教学。针对财贸行业的特点，以就业为导向，把"能财会商"确定为财贸人才职业技能特色，把"爱心、诚信、责任"确定为财贸人才素养特色。学校在2005年的工作总结中，明确地提出了财贸人才"二二三三四五五"的特色培养体系，具体内容包括"育人两系统"，即教学系统和学生系统；"育人两课堂"，即学校和企业；"育人三要求"，即重基础、强能力、高素质；"育人三方式"，即知识学习、能力训练、品格培育；"能力训练"四环节，即专业技能训练、财贸岗位模拟、一条街岗位体验、校外顶岗实习；品格培育"五板块"，即爱心、形象、责任、创新、就业；"证书五类型"，即毕业证书、英语等级证书、计算机证书、职业技能证书、财贸人才素养证书。

学校围绕"能财会商"的财贸高职人才技能培养目标，建立了"四位一体"实践教学体系。"能财会商"主要是要求学生树立以就业为导向的学习观念，通过专业学习，初步掌握"能理财、会商贸"的职业技能。职业技能教育采取无差异和有差异这两种培养方式。无差异技能教育主要是不同专业共同学习的技能内容，如案头工作技能、自主创业技能、电子商务技能、卖场主管技能、营业员技能、收银员技能等，无差异教育旨在实现财贸大学生的共同技能特征；有差异技能教育主要

是针对不同专业培养不同的职业技能，旨在实现专业的差异性核心技能特征。

"四位一体"实践教学体系中，"专业技能训练"主要是在各系部的专业实训完成，实行有差异教学；"财贸岗位模拟"是按照岗位需要，综合专业技能开发的课程，要求学生通过模拟环境了解专业知识和岗位工作之间的联系，培养用科学知识做工作的思维，努力把知识转化为能力，在"财贸岗位模拟中心"完成，实行无差异和有差异相结合教学；"一条街岗位体验"是市场化开放式的顶岗体验课程，实行无差异教学，旨在培育学生有财贸素养的共同特征特点，是卖场、课堂两结合，学习、工作同进行，主要有卖场主管岗位课程、售货员岗位课程、收银员岗位课程和卖场核算岗位课程；"校外顶岗实习"是在前三个环节实践教学基础上，进入企业上岗开展业务工作的直接应用，实行差异教学，边实习、边创新，进一步强化和锻炼大学生的工作能力，为企业注入新的活力，实现教育为社会服务的宗旨。"四位一体"实践教学体系，专业技能训练是基础，财贸岗位模拟、一条街岗位体验是保证，校外顶岗实习是目的。四个环节互相联系，互相作用，逐步深化和提升，形成财贸人才培养的特色实践教学体系。

学校面向财贸行业培养职业人才，根据财贸行业的文化精神、核心价值以及职业操守，确定财贸人才素养主要是以"有爱心、讲诚信、负责任"为主要特征。爱心教育要求学生"从被爱中走出，去关爱他人"，弘扬爱心传统，建立爱心文化。诚信是财贸人才的特质素养，是财会工作和商贸工作的灵魂，做好诚信教育，对学生个人、对财贸事业、对社会都有重要意义。责任教育是培养学生树立正确的人生观和价值观，培养学生做个负责任的人。学校按照高职三年学制设计实施"爱心、形象、责任、创新、就业"即"五板块"主题教育。每个板块紧紧围绕教育主题，以自我教育为主线，通过深化认识、自我行动、成果展示、自我评价四个教育环节逐步深化。教育过程中将主题教育与主题活动相结合，将目标激励贯穿始终，激发了学生的爱心、诚信和责任意识，树立学生的自信心，培养学生成就感和团队精神。为了强化财贸素养教育实效，学校创新建立了财贸素养证书制度。2005年，学校给积极响应市委团委的号召去农村就业的38名村官，颁发了首批财贸素养证书。

经过三年的探索实践，财贸特色高职人才培养初见成效，毕业学生受到就业单位的广泛好评，2005、2006年就业率分别达到98.46%、99.04%，均列北京10所独立设置公立高职院校第三名。招生形势良好，2004、2005、2006年的招生规模均排北京 10 所独立设置公立高职院校第一，"四位一体"实践教学体系和财贸素养的"五板块"主题教育，在评估中被推荐为学校特色项目和创新项目。

九、开启"京商"研究，提升服务首都的贡献力

学校自建校以来，一贯重视与行业和企业的关系，在"立足首都、面向财贸、服务企业"的办学思想指导下，建立了"市场搏浪共扬帆，紧密联系鱼水情"的校企关系，形成了学校发展促行业、行业发展促学校，共存互动的发展局面。20 世纪 90 年代初，原市商委明确要求把学校定位为"三个基地"，即支持首都商业发展的人才培养基地、科研交流基地、企业咨询基地。学校在"九五""十五""十一五"规划中都进行了明确的规定。"三个基地"的定位突出了产学研结合的特点，实践中也取得了优异的成绩。

在人才培养基地建设方面，学校学历教育培养财贸人才 4 万余人，各类在职教育培训累计 15 万人次。学校与 50 多家企业建立了稳定的合作关系，教师在企业兼职达 60 多人次，北京市大型商业企业的高中层领导班子 60% 以上接受过学校的学历教育或短期培训，可谓财贸人才满京城。现在学校培养出来的高层次经营管理人才正在各自的岗位上推动改革创新，推动首都财贸行业的发展。

在科研和咨询基地建设方面，学校在北京商业应用领域里科研水平站在了前沿，掌握了发言权，规划研究形成了品牌，成为北京商界公认的"排头兵"。学校总揽了原市商委、市商务局"九五""十五""十一五"规划研究，承担了中关村科技园区 CBD 区、北京经济技术开发区三大功能区的规划研究，承接了多个政府的专业规划和大中型企业的发展规划，为王府井百货集团、西友集团、全聚德烤鸭集团、燕莎集团、翠微集团等 10 多个大型企业集团的发展问题出谋划策，并多次主办或承办了高层次、大型学术会议，如 2001 年中日流通比较研讨会、2002 年国际流通现代化研讨会、2003 年北京中小企业流通服务年会、2004 年北京大型流通企业峰会和中国批发业发展研讨会等。学校颁布的北京市零售企业的竞争力排序已形成权威。学校主办了商业经济学会，100 多位商界的领导和大企业家都聚集在这个组织里，每年学校专家和企业家们一起共同研究北京商业发展中的新情况、新问题，并以学校创办的《北京商业》作为平台进行广泛交流。

2006 年 1 月 11 日，学校和北京商业经济学会联合发起并主办"传承京商文脉，

创新现代流通"为主题的"京商"研讨会，胡平、张世尧、万典武、贺名仑、谢志华、臧洪阁、庞毅、宋美云、葛贤惠、袁家方、雷堃、郭志军等著名商业专家和领导出席会议并发言。校学术委员会副主任、商业研究所所长王成荣教授主持会议并发言，院长王茹芹在会上做了讲话，提出了建立"京商"博物馆的构想。北京电视台、光明日报、北京日报、北京晚报、北京青年报等多家媒体报道。其中，《北京日报》2006年2月25日以"传承京商文脉创新现代流通北京启动'京商'研究"为题，对专家发言进行了深度报道。此次会议揭开了学校"京商"研究的序幕，在社会上产生了强烈反响。"京商"研究的开启成为促进学校服务社会贡献力提升的动力源，标志着学校发展已深刻地融入北京经济社会现代化发展的进程中。

十、通过高职高专院校人才培养工作水平评估，获评优秀

2006年下半年，学校评估争优工作进入到最后冲刺阶段。8月16日至17日，学校召开了2005—2006学年第二学期教学工作会。会议明确学校当前评估争优工作任务艰巨，广大教职员工一定要坚定信心、狠抓细节、精益求精、扎实工作、确保质量，抓住评估工作的契机，推动学校发展。

为发挥党组织在迎评促建工作中的作用，团结和带领全体党员、广大教职工为评估创优做贡献，9月6日学校党委召开了有各总支、党支部书记、委员及党委职能部门参加的党建工作会。会议明确各支部党的工作要树立"围绕中心抓党建，抓好党建促发展"的工作理念，紧紧围绕以评促建这一中心，抓好学习与实践，加强师德师风建设；做好以学生为主的入党积极分子培养和党员发展工作，推动勤学学风和文明校园建设；注重宣传重点，营造氛围，培育特色校园文化；为评估工作保驾护航，做好思想、协调、服务工作，以最高的标准和最大的努力发挥好党总支的政治核心作用、党支部的战斗堡垒作用和党员的先锋模范作用，为实现学校评估创优的发展目标提供坚强的组织基础和思想保证。

2006年10月9日下午，高职高专院校人才培养工作水平评估专家组正式进驻我校开展评估工作。学院评估准备工作已全面就绪，秩序井然，全体师生员工以良好的精神面貌迎接专家组的到来。专家组由10名经验丰富的专家组成，包括原北京联合大学职业技术师范学院院长吉多智、原北京科技大学职业技术学院院长马德青、中华女子学院山东分院副院长常立学、上海商学院副院长冯伟国、内蒙古财税

职业学院院长陈志平、原北京市教委高教处处长刘春生、西城经科大书记兼院长张建国、北京信息职业技术学院副院长卢小平、北京劳动保障职业学院院长闫世才、北京大学电子学系教授谢柏青。专家组将要在10月10日至13日，通过听取院长汇报、考察基础设施、查阅资料、听课、访谈等形式全面考察学校人才培养工作。

10月10日上午，学校人才培养工作水平评估汇报会在图书馆评估大厅举行，会议分别由市教委高教处副处长田洪滨和评估专家组组长吉多智主持。专家组全体成员、市教委委员孙善学、市教委高教处祁昕，以及学院领导、各单位负责人70余人参加了会议。王茹芹院长从学校背景、评估工作、人才培养工作、主要问题及整改措施等几个方面向专家组汇报了学校工作。自2005年4月评估考察组对学校人才培养工作进行有针对性的指导后，学校积极整改，取得了明显成效。集中精力办高职的认识在校内空前统一，人才培养各项工作步入规范化轨道，培养有特色的财贸高职人才工作形成体系，办学硬件水平有了突破性提升。人才培养过程中，学校始终坚持"立足首都、面向财贸、服务企业"的办学指导思想；建设一支教学质量好、科研成果多、咨询能力强的优秀师资队伍；面向财贸，创新探索财贸高职人才培养特色；多校区科学管理，资源整合优势突出，人才培养形成了特色。在汇报中，王院长还分析了目前学校存在的主要问题，并针对性地提出了整改措施。

评估专家组对学校的教育教学设施、校园环境及实习实训课等进行了考察。专家们先后考察了评估展室、图书馆、体育馆、大学生实习一条街、招生就业指导中心、实训中心以及分布在教学楼的10个专项技能实训室。在大学生实习一条街，同学们为专家现场演示了升旗、宣誓、导购及电子商务等实习环节。在考察考核同学们岗位操作能力的同时，专家就有关专业及实训过程中的有关问题进行了提问，同学们主动回答问题，现场演示，展示了财贸大学生良好的职业素养和专业技能。在招生就业指导中心，专家详细了解了学校就业指导工作和学生就业情况。专家还考察了会计税务、连锁经营、物流、企业管理、银行、证券、电子商务等10个专项技能实训室和财贸岗位模拟实训中心，考察了专业教师的教学情况。

10月10日下午，专家组来到学校物流专业实训基地之一"北京德利得物流有限公司"，考察了解校企合作实践教学情况。德利得公司以"德利得物流与人才需求"为题，向评估专家介绍了该公司的用人理念及管理机制，重点就校企共建实训基地，根据企业和现代物流对人才的需求与学校共同研究人才培养方案、确定培养目标和教学内容，以及学生在企业实习实训、携手培养财贸人才等情况进行了交流。公司对高职办学提出了建议，并表示将进一步加强与学校的合作，积极参与学校实践教学改革，实现学校与企业协同发展，共同进步。在德利得公司就业的物流管理专业06届毕业生闫飞谈了自己的工作感受，作为公司的一名新员工，学校对他品格素质的培育和职业技能的训练使他能很快地适应岗位工作，在工作中更加自信。

根据评估工作安排，10月10日晚，专家组随机抽取2005级160名学生进行了计算机应用能力测试，同时对立信会计学院会计专业的30名学生进行了专业技能测试。同学们在测试中态度认真，秩序良好，取得了优异成绩。计算机应用能力测试通过率为98.75%。其中，信息系、物流系、金融系、旅游系、基础部学生的通过率达到了100%。基础部文秘班的40名同学按照专家指定的"荣辱观漫谈——做知荣辱、有作为的财贸大学生"主题全部参加了测试，既考核了计算机能力，也考察了业务能力，平均成绩为83.15分，最高分95分。立信会计学院的30名学生参加了以会计凭证编制和装订为主要内容的专业技能测试，通过率为93.3%。

10月11日，吉多智、闫世才两位专家在周宏副院长的陪同下到涿州校区进行考察。两位专家分别到班级听课，考察了图书馆、艺术学院实训室、语音教室、计算机房、学生宿舍、运动场、拓展中心和大学生活动中心等场所。在考察艺术学院学生作品展室时，吉多智专家表示学校应该进一步加大投资，给学生提供更多条件，使学生在这里能够实现从策划、创意、设计直至亲手完成一个作品或一个项目的策划。

专家组还召集了有校区领导，艺术学院、工商系和金融系领导以及教务处人员参加的座谈会。院长助理、校区管委会主任陈兆雄同志就我校"五统一"体制下条块结合的管理模式在涿州校区的管理实践做了汇报。学生处、艺术学院负责人分别向专家汇报了"爱心教育"在新生入学后开展的情况和实训教学、双师型教师的培养等情况。

吉组长指出，这种多校合并，各校区不分你我、相互融合的环境营造，关键在于思想上的融合，学校领导班子抓住了这一关键，希望继续保持和发扬。同时希望学校在今后的发展中要在教学要求和水平上不断提高层次和标准；要将"五板块"教育的实施与专业学习统一起来，要重视、加强学生管理干部的配备，符合大学生的特点和要求。吉组长还建议学校可以对大一新生在一个校区实施无差别教育模式进行研究探索。

10月11日下午，评估专家组在不同层次、不同范围召开了6个座谈会，分别是院领导、学科带头人、管理干部、学生代表以及被重点剖析的立信会计学院会计专业和信息系计算机网络专业的部分学生，座谈内容重点是围绕学院发展建设和办学特色，了解师生的认识和理解。在管理干部座谈会上，党政管理部门负责人、通州校区领导和部分系部的负责人分别结合各自工作，围绕学校办学过程中针对多校区、多层次、多类型等特点实施的"5+1"管理模式，就教学运行、学生管理、后勤服务、安全保障、招生就业以及校园文化建设、宣传教育等工作的一体化管理及取得的成绩，向专家进行了汇报。专家对学校在四校合并后文化、思想、管理上的快速融合，并实施了有效的"5+1"管理模式表示认可。在回答马德青教授关于学校办学特色的认识时，与会者一致认为，"四位一体"的实践教学体系和"五板块"的育人体系作为车之两轮、鸟之双翼，是财贸人才培养最突出的特色。会上，马教授对物流专业"以就业为导向、以岗位为中心、以技能为基础"的理念给予了充分肯定，认为这种从企业就业岗位的源头抓起，与企业共同确定人才培养目标和教学内容，校企两课堂进行教学，毕业生再回到企业就业的办学模式，符合高职教育对人才培养的要求，实现了从就业开始到就业结束的良性循环。

10月12日下午，评估专家与学生一起就"财贸人才基本素质"进行专题研讨，各专业学生组成10个小组，结合专业理论和日常学习生活的亲身经历，理论联系实际地阐述了自己对财贸人才应具备素质的认识和理解。研讨会上，各位专家随时点评提问，围绕"有爱心、讲诚信、负责任、能财会商"财贸人才素质的命题进行全面深入的探讨。同学们积极思考，踊跃发言，现场气氛热烈。特别是立信会计学院张凯、物流系吴江峰等同学的精彩发言，表现出的良好职业道德和职业素养，得到了专家的肯定和好评。专家组组长吉多智在总结时指出，研讨会反映了同学们对财贸人才基本素质的认识，体现了同学们运用理论知识的分析能力，展现了同学们的组织能力、应变能力、表达能力，以及财贸大学生的优良品质和良好的精神风貌。吉组长说，培养学生的综合素质是学校教学工作的出发点和归宿，学校的一切工作都要紧紧围绕"传授知识、培养能力、提高素质"这一人才培养目标进行。吉组长希望学校要把提高学生综合素质贯穿到整个教学过程中，把"财贸人才的基本素质"这一命题作为一项长期研究的课题继续深入研讨下去，从理论与实际、共性与个性、正面与反面、学校与社会等不同层面进行充分论证、破题，使财贸学生真正领会和践行"爱心、诚信、责任"的要求。

10月13日，专家组自10月10日正式进校考察以来，通过听取院长自评报告，审阅资料，考察基础设施、实验和实习场地及校园环境，随机听课，个别访谈，召开座谈会，进行学生基本技能和专业技能测试，进行专业剖析，召开学生专题研讨会等大量工作，于13日上午向学校反馈了评估意见。专家组全体成员、市教委领导、学校领导、中层干部70余人参加了评估意见反馈会。

会上，吉多智组长代表专家组宣读了对学校的考察意见。吉组长从五个方面（即①办学指导思想明确、思路清晰、定位准确；②坚持走产学研结合的道路，形成校企互动发展的局面；③加强实训基地建设，创新职业能力培养模式；④重视学风建设，学生思想政治教育和素质教育效果明显；⑤实施"5＋1"管理模式，多校区和谐发展等）肯定了学校在人才培养工作上取得的成绩，同时也对学院提出了建议，希望学院继续加强研究，深入领会高职教育的理念；改善资金投入结构，加大教学投入力度，加强教学设施建设；继续发扬与行业、企业紧密联系形成的优良传统，构建合作培养人才机制。各位评估专家也分别结合考察重点，对学校办学指导思想、师资队伍建设、教学条件与应用、教学建设与改革、教学管理等方面提出了指导性意见。

王茹芹院长代表学校领导班子、全体师生员工感谢专家组的辛苦工作和对学校的指导帮助。王院长指出，评估给学校带来的是历史性的变化，我们一定会保持并发扬专家肯定的优势，并将专家的意见作为今后工作的落脚点和出发点，尽快制定出整改意见，逐条建设、逐条落实。市教委高教处副处长田洪滨代表市教委发言，肯定了学校以评促建所取得的成绩，希望学校正确对待专家组的评估结论，发扬成绩，对专家的意见更要认真分析和梳理，加以改进。评估意见反馈会结束，标志着专家组对我校的高职高专人才培养工作水平评估的阶段性结束。

2007年3月20日，学校收到《北京市教育委员会关于公布北京财贸职业学院人才培养工作水平评估结论的通知》京教函〔2007〕130号，学校的评估结论为优秀。全文如下：

北京财贸职业学院：

为了落实教育部《关于全面开展高职高专院校人才培养工作水平评估的通知》（教高厅〔2004〕16号）精神，推动首都高等职业教育健康发展，不断提高人才培养质量，根据《北京市教育委员会关于开展高职高专院校人才培养工作水平评估的通知》（京教高〔2004〕21号）安排，市教委于2006年组织专家组对你校的人才培养工作水平进行了考察评估。根据专家组的考察意见，经市教委高职高专院校人才培养工作水平评估领导小组审议，你校评估结论为优秀。你校要认真研究专家组的评估意见和建议，在继续坚持和发扬学校办学经验和特色的基础上，以这次评估为新起点，坚持"以评促建、以评促改、以评促管、评建结合、重在建设"的方针，促进学校的整体改革与发展，不断提高人才培养质量。

附件：北京财贸职业学院人才培养工作水平评估专家组反馈意见

二〇〇七年三月二十日

《反馈意见》全义如下：

根据教育部《关于全面开展高职高专院校人才培养工作水平评估的通知》（教高厅〔2004〕16号）和市教委《关于开展高职高专院校人才培养工作水平评估的通知》（京教高〔2004〕21号）精神，受市教委委托，评估专家组一行10人，自2006年10月10日至13日，对北京财贸职业学院进行了为期4天的人才培养工作水平评估。

北京财贸职业学院自举办高等职业教育以来，努力贯彻党和国家有关发展高等职业教育的方针政策，贯彻北京市对学院办学方向的规定和要求，开展教育思想学习和讨论，在转变教育思想、加强学校建设、深化教育教学改革、加强师资队伍和实训基地建设、提高教育教学质量等方面取得了显著成效。特别是迎评促建以来，学院贯彻"以评促建、以评促改、以评促管、评建结合、重在建设"的原则，充分调动广大师生员工的积极性，脚踏实地，埋头苦干，形成了和谐有序、团结向上、争创一流的氛围，办学条件得到很大改善，人才培养工作更加规范，教育教学质量稳步提高，学校面貌发生很大变化。

一、学院人才培养工作取得的主要成绩

（一）办学指导思想明确，发展思路清晰，定位准确。学院自举办高等职业教育以来，坚持"立足首都、面向财贸、服务企业"的办学指导思想，积极探索新型的人才培养模式，坚持以教学为中心，坚持教学、科研、服务三位一体的办学方向，加强教学管理，建立质量监控体系，努力将学校建成"应用型财贸人才培养、"京商"研究和财贸咨询服务三个基地"，取得了较好的成绩。

（二）坚持走产学研结合道路，校企初步形成了良好的互动发展局面。学院面向财贸、服务企业，"围绕行业办专业，办好专业为行业"，进行了专业调整；与行业、企业一起制定教学计划，改革教学内容；校企合作，引进和培养"双师型"教师队伍；参加行业和企业的发展规划研究与制订，开展行业企业员工培训和生产咨询，产学研合作成果显著。

（三）加强实训实习基地建设，初步形成了财贸人才职业能力培养的创新体系。学院积极探索"能财会商"职业能力培养的实践教学模式，按照专业岗位群技术技能的要求建设校内实训基地，构建了"专业技能训练、财贸岗位模拟、一条街岗位体验、校外顶岗实习"的"四位一体"实践教学框架，实训基地的实训环境、内容、考核方式等努力贴近企业实际，特色明显，提高了实践教学质量。

（四）重视学生工作和学风校风建设，思想政治和素质教育效果明显。学院根据财贸行业对人才的要求，提出"有爱心、讲诚信、负责任、能财会商"的培养目标，精心设计素质教育教学计划，实施"爱心、形象、责任、创新、就业""五板块"主题教育，形成了良好的学风校风，学生素质得到全面提高，毕业生受到用人单位的好评，学院社会声誉较高。

（五）积极探索多校区管理模式，成功实现了和谐发展。学院根据各校区主体功能的特点，对各个校区进行整合，学校上下团结一致，实行统一领导、统一教学、统一管理、统一人事、统一财务和分校区后勤管理的管理模式，因地制宜，资源共享，在较短时间内有效地实现校区之间的融合，为学校的可持续发展创造了良好环境。

二、几点希望和建议

（一）进一步加强高等职业教育研究，深入理解高等职业教育理念，进一步加强教育教学管理队伍和师资队伍建设，特别是骨干教师和学术带头人的引进和培

养，提高教师的教学和研究水平，提高教育教学管理队伍的素质和水平。

（二）进一步改善投入结构，加大教学投入力度，加强教学基本设施的建设，改善办学条件。进一步深化教育教学改革，构建完备的理论教学、实践教学和素质教育体系，提升量和水平。

（三）继续发扬与行业、企业紧密联系的优良传统，构建学院与企业合作培养人才的运行机制，在走产学研结合的道上，创造出更多的经验。

评估获得"优秀"称号极大地激发了全校师生员工的事业心和自豪感。迎评创优的过程，是学校对高职教育认识不断深化的过程，是教育教学质量得到很大提高的过程，是和谐校园发展的过程，是学校核心发展力的积累过程。在迎评创优的努力奋斗中，学校积累了丰富的精神文化，对下一步发展会产生深远的影响。

首先是大局精神。各系（院）部、各部门、各校区、各个员工都把学校的目标与个人的目标高度统一到评估大局之中，无条件地服从评估大局，"哪里需要哪里去，为评估工作出点力"成为全院师生员工的共识。这种高境界的大局精神保证了迎评创优各项工作在校内无障碍地开展。

其次是规范化意识。在"迎评创优"过程中，"规范"逐渐成为扎根在全体教职员工心底的工作标准，按照国家颁布的人才培养的优秀标准，教师们自觉规范教学过程、完善课程建设；管理部门自觉规范管理流程。人才培养工作的各个环节都进行了规范化建设，学院形成了统一的规范意识，将推动学院工作走向科学化。

再次是诚信品质。在迎评创优工作中学校始终坚持"以评促建、以评促改、以评促管评建结合、重在建设"的行动方针，明确地提出不作假、不为评估而评估，在迎评创优中诚信做事，向专家实事求是地提供评估材料。诚信评估形成的诚信品质，是提升学校办学品质的精神保障。

再其次是学校教职员工多年积累起来的奉献精神，在评估中进一步发扬光大。从年初到10月13日，评估办工作人员利用五一、十一、暑假及双休日，加班多达50多天，各系"院"部平均加班30多天，通州校区基建和服务加班已成为经常性。大家没有怨言、无私奉献，推动学校战胜一个又一个困难，迈过一个又一个台阶。这种体现在每个教职员工身上的奉献精神是学校今后能够得以跨越式发展的底气。

最后是超越精神。在迎评创优过程中，学校表现出来的争创一流、敢为人先、超越自我、超越他人的超越精神给专家们留下了深刻印象。学校凝聚集体智慧和力量，探索和实践的"四位一体"实践教学、"五板块"财贸人才教育、学生创业教育，"一条街课堂"，成为人无我有的财经类人才培养的亮点。超越精神使学院发展更具有创新力和竞争力。

学校将把评估实践中积累起来的"大局精神、规范意识、诚信品质、奉献精神、超越精神"作为宝贵的精神财富进行传承和弘扬，成为支持学校未来发展的优秀精神文化。

第三节　满怀信心开启"十一五"征程

一、制订实施"十一五"时期发展规划

2006年9月，学校制定出台"十一五"时期发展规划，明确了学校的事业定位，即"立足首都、面向财贸、服务企业、发展高职"的发展定位，以及"建设成为应用型财贸人才培养基地、'京商'研究基地和财贸咨询服务基地"的功能定位。确立了学校"十一五"时期的总目标是：财贸人才形成特色，"京商"研究形成品牌，咨询服务形成效益，建成北京市高职优秀校，争取全国高职示范校。

在"十五"规模发展的基础上，"十一五"工作的重点是提升质量、创建特色，着力发展以下七个重点：

（一）集中力量建设"三个基地"

学校坚持立足首都、面向财贸、服务企业，建设"三个基地"。即以应用型财贸人才培养基地建设为中心，"京商"研究基地和首都商界咨询服务基地为人才培养基地的功能扩展，为强化人才培养基地服务，为首都财贸行业发展服务。在人才培养基地建设上，以普通高职教育为主体，成人教育、党校教育、对外合作、中专教育发挥各自优势，共同发展。其规模标志是达到万人以上；质量标志是校风好、学风正，人才质量高、就业率同行领先、服务社会影响力大；特色标志是财贸高职人才的"能财会商、有爱心、讲诚信、负责任"的特色得到家长和社会的公认；发

展标志是开放式办学，扩大"3+1""2+2"的合作规模，探索到境外、国外办学的项目。学校成为财贸高职人才的集散地，成为财经类高职财贸人才培养教学改革的中心，成为高职教育教学管理现代化的示范。在"京商"研究基地建设上，将集中力量组织"京商"研究。以学校商业研究所为核心、商业经济学会为纽带，校内专家学者和京商企业家为主体，引进校外专家学者，共同组成研究团队。通过与晋商、徽商等商帮的比较研究，建立"京商"学术体系。依托《学报》和《北京商业》两刊阵地，交流和传播研究成果。"京商"研究的品牌标志是独特的学术体系和著作成果；"京商"研究的组织力度标志是企业参与的广度和深度；"京商"研究的影响度标志是把"京商"告诉全国、把"京商"告诉世界；"京商"研究成果的里程碑标志是创建"京商"博物馆。在首都商界咨询服务基地建设上，充分发挥和扩大商业规划、发展战略等项目对企业咨询服务的优势，进一步开发在理财、创新管理、营销策划、广告设计等方面的特色项目，面向首都商界进行多方位开发。咨询服务的质量标志是商业规划和战略咨询领域进一步扩展，形成"回头客"的咨询服务客户群；特色标志是独占市内商业规划和战略咨询的高规格或影响大的项目，研究质量居市内领先水平；发展标志是商业规划和战略咨询领域快速扩张，并开展在理财、创新管理、营销策划、广告设计等方面的咨询项目，咨询服务创收在总体创收中占据一定的地位。

（二）完善财贸高职人才育人特色

学校继续坚持"围绕行业办专业、办好专业促行业"的专业建设指导思想，对规模大、有特色、就业好的专业进行重点建设，加大对国家级、市级、校级重点专业的经费投入，扶持发展潜力大、就业前景好、特色不够鲜明的专业。对特色鲜明的精品课程和精品教材加大向社会推广的力度，精心建设以精品课程、精品教材为核心的精品专业体系。各个专业按照人才培养的品格、知识和能力来完善教育和教学的双育人方案。在人才培养特色上，紧紧围绕品格和能力大胆实践，完善和深化"二三四五五"的人才培养模式，在共性特色上突出"有爱心、讲被信、负责任"的品格和"会学习、会管理"的能力；在个性特色上突出"会理财"或者"会商务"的应用技能。

（三）大力发展职业培训

学校将充分把握机遇，发挥多年来积累的培训优势，大力发展职业培训。面向首都商界，继续发挥企业点菜、学校配餐的培训优势，支持企业变革和质量提升，开展多种形式的专项培训，如面向突飞猛进的连锁发展，开展连锁店长培训项目；面向提升财贸素质的市场，开展学校专业优势的特色培训；面向升学需求，积极开展文化补习培训；面向郊区农村管理人员和中小型企业，提供经营管理专题培训；面向下岗再就业和转岗的群体，开展创办企业和财贸岗位技能等培训。学校将积极申办优势专业的技能鉴定机构和项目，为大力发展职业培训提供支持。研究和推广有学校特色的连锁店长、职业经理、支部书记、后备干部、店堂设计、营销策划、理财、审计等品牌培训项目，扬长避短发展职业培训。通过多类型、多层次、多方式的职业培训，把学校和社会紧紧地联系在一起，进一步提高学校的社会影响力。

（四）重点建设实训基地

根据"质量强校、特色兴校"的事业方针，按照财贸人才专业技能和岗位技能培养的要求，学校加大对实训基地建设的投入，加强专业技能训练、财贸岗位模拟、"一条街"岗位体验、校外顶岗实习"四位一体"实践教学体系的建设。校内建设仿真企业环境170000平方米的财贸岗位实训大楼和"大学生实习一条街"。在校外实训基地建设上，充分发挥和学校联系密切的企业优势，校企结合做足特色，建立核心层、紧密层、松散层实训基地体系。校外实训基地要争取企业支持，立足当前、着眼未来，采取多形式、多类型加快建设，企业实训基地在同行中要显出亮点。

（五）下大力气抓好就业

学校各项工作以就业为导向，用"帮助学生就业"指导教育教学的全过程。统筹建设实训基地和就业基地。大胆探索和实验以就业为导向的人才培养方式，建立和本单位联系密切、相对稳定的就业基地。学校根据需求信息，调整教育教学计划，提高学生就业的竞争力。学校加强就业机构和就业力量建设，建立学生就业信息数据库，就业工作实现网络化、科学化，就业率达90%以上，在同行中位居前列。

（六）加快建设师资队伍

学校努力建设一支适应学校发展需要的整体素质高、结构合理的专兼职教师队伍。重点培养一批政治素质高、专业基础牢、教学效果好、科研能力强的专职骨干教师队伍，加快建设年轻教师队伍，加大力度建设兼职教师队伍，加强"双师"型教师的培养，形成一支专兼职结构合理的师资队伍。加快名师队伍建设，制定名师培养计划，完善专业带头人制度，为政治素质高、专业基础牢、教学效果好、实践应用能力强、科研能力较为突出的教师搭建平台、创造机会、提供条件，加快他们的成长步伐，努力建设一支有社会影响力的名师队伍。

（七）加速推进校园建设

学校以人文校园、数字校园、绿色校园为目标加速校园建设。人文校园以"勤学有为"为核心，以历史典型人物弘扬"勤学有为"文化，重塑学生勤学品格；人文校园以"京商"为特点，弘扬"京商"文化，以"京商"典型企业激励学生热爱"京商"的热情，人文校园环境的建筑形态、视觉色彩、设施设备和办公用品等要统一规范化；数字校园以教学现代化、办公自动化、信息电子化为目标，完善校园"一卡通"，重点建设数据库、校园网。绿色校园重点维护好绿化树木花草，逐年增加新品种，为师生创造高水平的学习、工作、生活环境。在校园基本建设上，对1.7万平方米财贸岗位模拟实训大楼等项目，通过做好立项工作、制订实施计划、规范好程序，保证基建任务的完成。

二、实现良好开局

2006年学校以"人才培养工作优秀校"为目标，按照教育部的优秀标准对学校人才培养工作进行全方位建设。全校目标一致，上下一心，部署合理，指挥有效，执行科学，在同时间的较量中创出了效率，在同困难的较量中形成了智慧，在战胜各种挑战中实现了超越。各项工作按计划、有步骤地向前推进，出色地完成了全年的总体任务，学校被评为"人才培养工作水平优秀学校"，实现了"十一五"期间良好开局。

学校按照全国及北京市职业教育工作会议的有关精神，继续走产学研结合的开放式办学之路，通过不断深化校企合作，共同育人，为社会和企业培养输送合格的应用型财贸人才。2006年4月25日，中国电子商务就业创业服务工程实践教学示范基地揭牌仪式在学校实训中心举行。这是中国电子商务就业创业服务工程项目建立的首家实践教学示范基地。该服务工程是由劳动和社会保障部中国就业促进会主办，旨在为中国电子商务人才的培养提供平台。同日，用友软件股份有限公司与学校联合举办的"共建信息化实训基地项目"正式启动，并举行了"用友会计信息化北京财贸职业学院实训基地"挂牌仪式。学校与用友软件股份有限公司开展深度合作多年，此次实训基地的建立，校企合作进一步深化与发展，拓宽了双方合作的发展空间。

4月27日，学校与素有"京城黄金第一家"之称的北京菜市口百货股份有限公司举行了"订单班"培养人才签约仪式，王茹芹院长与菜百董事长赵志良分别代表学校和企业在协议书上签字，共同为"北京菜百公司与北京财贸职业学院实训基地"铜牌揭牌。学校深化校企合作，将企业作为实践教学主体，聘请了包括总经理、副总经理在内的8位菜百工作人员作为兼职教师，学校向他们颁发了客座教授、教师证书。校企双方表示，将密切合作、相互融通，根据市场及企业要求，共同研究制定教学计划和方案，共同培养符合首都经济发展需要和与企业发展需求相适应的，懂经营、会管理，理论知识丰富，了解市场情况的应用型人才。2005年12月开始，商业研究所所长王成荣带领团队，历时数月为菜百公司研制发展战略，得到企业高度重视并付诸实施，促进了学校与菜百的深度合作。

2007年5月11日，北京财贸职业学院就业工作高峰论坛会在通州校区召开。北京新燕莎控股（集团）有限责任公司、超市发连锁股份有限公司、北京工商银行、北京人才服务中心等七家企业、机构的负责人来到学院共商学生就业问题，为建立产学研结合的校企合作关系建言献策。

三、校园文化建设

2006年，学校启动校歌创作工作，以传承和弘扬学校精神，加强校园文化内涵建设。5月12日，受学校邀请，国家著名词曲作家刘麟先生和王志信先生[1] 来学校考察，通过深入了解学校办学理念、办学成果，以及"有爱心、讲诚信、负责任，富于创新能力，能财会商"的人才培养目标和具体培养过程，亲身感受学校"财

---

[1]王志信：国家一级作曲家、指挥家，代表作《母亲河》《兰花》《木兰从军》《昭君出塞》《渔舟唱晚》。刘麟：国家一级编剧、词作家，代表作《刮春风》《走进春天》《大海一样的深情》及情景交响乐《木兰诗篇》。

贸"文化氛围，从感情上进一步贴近、感悟"财贸"，为讴歌"财贸人"自信心、自豪感，为谱写校歌做好准备。

2006 年 7 月，经过多次修改，校歌《财富中国》的曲谱和歌词初步成型。2006 年 9 月，在新学年开学之际，激昂磅礴的《财富中国》在校园里回荡。全校学唱校歌活动正式启动。为使广大师生进一步理解《财富中国》的深刻文化内涵，9 月 22 日，学校邀请校歌的曲作者王志信先生为全校师生做专题讲座。王老师详述了校歌的创作过程，以及他对财贸文化、财贸人的理想抱负、财贸人对经济发展做出的贡献、《财富中国》蕴含的文化内涵等的理解，饱含激情地为师生们上了一堂生动感人的校歌文化课。在王老师的指挥下，师生们随着音乐节拍唱起《财富中国》，以真情演绎了对《财富中国》的理解，唱出了每一个财贸学子作为财贸人的激情和自豪感。

学校充分发挥活动育人的作用，组织开展"五板块"主题活动，提升大学生文明素质。2006 年 5 月 8 日"文明使者校园行"活动正式启动，副院长杨禾、校区主任齐锋同志等领导为"文明使者"佩戴了绶带。学生会副主席王琪宣读了《树文明正气　展大学生形象》倡议书，倡议全体师生从我做起、从现在做起，倡文明之风，行文明之实，创建文明校园。校园文明使者们一起宣读了"文明使者誓词"，表示要承担起自己的责任，杜绝不文明举止，让文明之花开遍校园。"文明使者校园行"活动开展以来，"文明使者"的身影出现在教学楼、餐厅、校园的各个角落，他们以实际行动认真履行着自己的职责，带动更多的同学参与到文明校园的建设中来。

四、决定争创全国高职示范校

2005 年 10 月 28 日，国务院发布了《关于大力发展职业教育的决定》，强调"要把发展职业教育作为社会经济发展的重要基础和教育工作的战略重点，要大力发展中国特色的职业教育，加快培养高技能人才和高素质的劳动者"，明确提出"国家发改委和财政部重点建设 100 所示范性高等职业院校"。北京市教委对高职教育予以充分重视，进行了明确的部署，将重点建设与本市现代制造业、现代服务业发展需要相适应的 10 个示范专业、50 个重点专业，统筹安排各级各类职业教育、实习实训基地建设投入，建设一批高水平的实训基地。2006 年，教育部、财政部印发了《关于实施国家示范性高等职业院校建设计划加快高等职业教育改革与发展的意见》。国家层面对职业教育办学水平和质量高度重视，开启了我国高职教育从外延式扩张到内涵式发展的新阶段。

2006年11月3日，教育部、财政部联合发布了《国家示范性高等职业院校建设计划"》，计划在"十一五"期间在全国建成一百所示范性高职院校，并且明确提出了国家示范性高职院校"五领先"的条件：一是领导能力领先。学校领导班子办学理念，具有战略思维，科学决策能力和较强的资源整合能力。二是综合水平领先。学校办学定位准确，具备较好的师资、设备、经费等条件，教学质量好，就业率高，有较高的社会认可度。三是教育教学改革领先。与区域经济社会发展联系密切，形成产学研结合的长效机制，以就业为导向，人才培养模式改革成效显著。四是专业建设领先。专业建设理念领先，特色鲜明，在教师队伍建设、实训基地建设、推行双证书制度、课程和教材建设等方面取得明显进展。五是社会服务领先。积极承担面向区域产业发展的社会培训，主动为行业企业提供应用技术开发的科技服务，在区域高等职业教育发展中具有明显的带动作用。

国家示范性高等职业院校建设计划按年度分地区分批推进，稳步发展。2006年启动第一批30所，2007年启动第二批40所，2008年启动第三批30所。如此大规模的高等职业院校建设计划是我国教育发展史上的第一次，这是党和国家对职业教育的高度重视。如果说"211工程"是国家面向二十一世纪高等教育的发展工程，那么"示范性高等职业教育计划"就是国家新时期新阶段高等职业教育的改革工程和质量工程。

2007年1月25日，北京市教委召开了高等职业教育工作会，部署了市教委启动北京市级十所示范院校建设计划、实训基地建设计划、教师培训基地建设计划、企业人才引进计划、兼职教师资助计划、专业创新团队选拔计划、优秀青年骨干教师选拔计划、教师企业实践计划、教师国内外研究计划、教师获取职业资格证书计划。

与此同时，2008年奥运会临近，"绿色奥运、科技奥运、人文奥运"的理念深入人心，很多的工作需要首都高校去积极参与。在2007年1月22日的北京高校领导干部会议上，市委教育工委、市教委、北京市奥组委明确提出了高校要承担好志愿者工作任务的要求。学校以高度的政治责任感参与到相关的奥运会服务工作之中，学校师生承担了大量的志愿服务工作，牺牲节假日，坚守志愿服务岗位，为举办历史最高水平的北京奥运会做出自己的贡献。

面对机遇和挑战，学校党政领导班子表现出敢于超越、勇于实践的决心和魄力。学校将探索有中国特色的高等职业教育的发展道路、为首都经济发展培养高水平的人才，作为学校必须要承担的责任和使命。同时进一步明确思想：继续高举邓小平理论和"三个代表"重要思想的伟大旗帜，深入贯彻党的"十六大"四中、五中、六中全会的精神，在党委的领导下，坚持为首都财贸行业服务的宗旨，巩固和发展2006年迎评创优取得的成绩，组织实施学校"十一五"规划确定的全国示范性高职院校的建设目标，深入探索、不断创新，为首都现代化建设服务，为2008年申请全国示范性高职院校做好准备工作，为2008年奥运会做出贡献。

第四节　夯实建设基础蓄积争先力量

一、党建与思想政治工作评估

2006年，北京市委深入推进《北京普通高校党建和思想政治工作基本标准》的达标创优工作，2007年开展第五次北京市党建和思想政治工作先进学校评选。2006年3月6日，在学校党建工作会议上明确提出，要结合学校实际，进一步明确落实《党建基本标准》的工作责任，确定党建工作目标，以达标创优活动为抓手，建立健全工作机制，确保学校党的先进性建设各项任务落到实处。校党委书记张连登强调：根据北京市委教育工委的相关规定，此次党建和思想政治评估工作，各部门要明确责任人，严格一把手负责制；各部门要严格执行学校党委制定的评估方案，在时间上、内容上、任务上要实现三统一，确保我校评估工作的顺利进行；各部门要提高思想认识，高度重视评估工作对我校各项工作的正面意义，要边查、边整、边改、边建，通过对党建和思想政治工作的评估，以评促改、以评促建，建立党建长效机制，通过此次迎检工作促进我校党建工作。

2006年9月6日，为发挥党组织在迎评促建工作中的作用，团结和带领全体党员、广大教职工为评估创优做贡献，学校党委召开了有各总支、党支部书记委员及党委职能部门参加的党建工作会，会议由党委书记张连登主持。党委副书记白淑仙在布置新学期党支部建设和支部工作时指出：评估工作是全校工作的重中之重，各支部党的工作要树立"围绕中心抓党建，抓好党建促发展"的工作理念，抓好学习与实践，加强师德师风建设；做好以学生为主的入党积极分子培养和党员发展工作，推动勤学学风和文明校园建设；注重宣传重点，营造氛围，培育浓郁的校园文化；为评估工作保驾护航，做好思想、协调、服务工作，以最高的标准和最大的努力发挥好党总支的政治核心作用、党支部的战斗堡垒作用和党员的先锋模范作用，为实现学校的评估创优的发展目标提供坚强的组织和思想保证。

2006年11月，学校党委出台《关于开展党建和思想政治工作"达标创优"的实施意见》，全面启动迎评促建工作。校党委专门成立校党建"达标创优"工作领导小组。由党委书记张连登任组长，党委副书记白淑仙、纪委书记吕长鸣、副院长杨禾、曲永宁任副组长，校党政机关部门负责人担任成员的工作领导小组，统一领导全校党建和思想政治评估工作。党建"达标创优"办公室设置在组宣部的办公室，负责评估具体事务。

党建与思想政治评估工作全面启动以来，学校各党总支、学校机关各部处和教辅单位根据校党委统一部署，在2006年12月15日至2007年1月底，对评估相关材料进行了分类整理，并开展自查自评，建立台账。针对差距、缺项和不足，本着"要求什么，准备什么；缺少什么，建设什么"的原则，分门别类设立"建设项目台账"和"建设材料台账"。

4月28日，党委书记张连登主持召开了特色项目材料交流研讨会，学校党建评估领导小组成员、评估办公室、有关职能处室负责同志参加了研讨会。根据《关于开展党建与思想政治工评估工作"达标创优"实施意见》的相关要求，与会者深入交流了学校在党建和思想政治工作中的工作经验和创新做法，并且研讨和梳理了工作特色。2007年6月5日至6月15日，由党建"达标评优"领导小组组织，对各工作小组、职能部门、党总支、党支部材料和项目的建设落实情况进行检查验收。同时，组织特色工作交流和评审会，对照党建评优标准，针对材料中存在的问题和不足提出了完善意见。

2007年12月27日，校党委召开党建评估工作会议，党建评估领导小组成员、评建办同志、各党总支书记及相关指标部门负责人参加了会议。会议由党委书记张连登主持。他肯定了党建评估工作自去年启动以来取得的阶段成果，对学校党建和思想政治工作起到了较大的促进作用，成绩明显，效果显著。同时针对各系部、各部门存在的问题和产生问题的原因，他强调在下一步工作中，要从学校党委、各机关职能部门、党总支、党支部等各个层面采取相应措施，解决现存问题，切实将党建评估工作的各项要求落到实处。各单位首先要深刻认识党建与思想政治评估工作的重要意义；其次要建立严格的责任制，层层落实责任制；再次要认真学习文件，严格按照评估要求查漏补缺；最后要加强各单位间的相互协作。学校党委希望各单位能够周密部署，分阶段、按进度完成各项准备工作。同时，有关部门将继续对评估分解任务进行完善和细化，为各单位开展工作提供更加全面的帮助。各党总支、各党政部门也要发挥积极主动性，充分利用假期开展材料整理和准备工作，做到保质保量，确保在检查中达到各项评估标准。副院长杨禾对下一步评估工作逐项进行了部署。

2008 年 3 月 18 日，学校邀请了市委教育工委驻我校联络员陈世禄等专家进行党建和思想政治工作指导。专家们以高度认真负责的态度阅读了学校党建和思想政治工作综合报告、书记和院长汇报材料以及特色报告，查看了支撑材料并到工商系党支部、通州校区党总支进行了检查。专家在看过材料后对我校的工作给予了较高评价，总体感觉学校领导高度重视，成效很大，同时也恳切提出部分支撑材料还要调整，需要加以补充完善等建议。

2008 年 4 月 15 日至 16 日，学校正式迎来了北京市委教育工委对我校的党建和思想政治工作评估。由市委教育工委副书记刘建带队，北京高校党建和思想政治工作检查专家组一行 12 人进驻学校通州校区，对我校三年来党建和思想政治工作进行全面检查验收。15 日上午 8 时 30 分，党建和思想政治工作汇报会在通州校区图书馆召开，专家组全体成员、学校领导、主要职能部门负责人参加了会议。学校党委书记张连登以《围绕中心 推动发展 服务大局 促进和谐》为题向专家组进行汇报，介绍了学校的基本情况，并从坚持党委集体坚强有力的领导、不断提高办学治校的能力、坚持党建和思想政治工作创新、注重工作实效、处理好改革发展稳定关系等几方面总结了近三年党建和思想政治工作开展的主要成果。王茹芹院长做了题为《以服务为宗旨 以就业为导向 探索财贸高职人才培养模式》的补充汇报，全面介绍了学校财贸高职人才的培养特色。

在为期两天的评估检查工作中，检查组分为整体工作组、党建工作组、思想政治工作组三个工作组，分别听取汇报，审阅材料，座谈、访谈、看基层、看现场、看特色。通过对学校党建和思想政治工作的深入了解和认真检查，学校党建和思想政治工作得到了专家的肯定，获得了合格。在本次迎接党建和思想政治工作评估的过程中，学校抓住了评估的有利契机，以评促建、以评促改，全校上下紧紧围绕党建和思想政治工作的科学化、规范化和制度化建设进行积极的理论研究和探索实践，有力提升了学校党建和思想政治工作水平。

二、以职业教育为中心调整发展布局

2007年，北京市成人学历教育的需求呈明显的下降趋势，直接影响了学校成人教育和党校教育的办学规模，但是学校紧紧抓住了国家大力发展高职教育的大好时机，把积极扩大高职办学规模，发展国际合作作为重点任务来抓，以加强高职教育实力和培育未来的增长力为指导思想，通过聘任制对现有的人力资源进行新的布局和调整。从高职办学系（院）部剥离出成人教育，对有关专业和课程进行调整，并在系（院）部的基础上建立科研咨询中心；把中专教育划归基础部，把成人教育和党校教育整合成立成人教育学院；新建了职业培训部和高职教育研究所，形成了面向未来发展的新格局。事实证明，新的布局产生了新的发展动力，高职教育的实力进一步加强，中专教育规模稳中有升，成人教育和党校教育得到保障，为未来实现国际合作、职业培训和咨询服务的增长准备了条件。

2007年，学校学历教育在校生规模为：高职5798人，成人教育1279人，党校教育827人，中专教育830人。学校对外合作项目实现持续增长，主要有：与美国席勒国际大学、爱尔兰都柏林商学院、亚洲澳门国际公开大学、法国电影学院等建立的多个国际合作项目。我校探索的"3＋1"国际合作模式获得较好的社会声誉，2007年招生150人，比2006年增加了30人，增幅25％，逐步形成了学校新的发展方向。

2007年，学校根据实际发展需要和各校区的资源优势，落实2006年市教委评估专家组的意见，对各校区承载的办学功能进行了新的布局。把高职一年级1690人布局在涿州校区，二、三年级3388人布局在通州校区，部分中专教育从通州校区转移到东城校区，国际教育学院转移到通州校区，走读高职生369人布局在东城校区，204人在西城校区。各校区功能都有了明显加强，资源利用率有了较大的提高。

学校在人才培养硬件建设布局中进一步加大实践教学环境建设力度。在2006年争创北京市人才培养工作水平优秀校的实践中，学校的"四位一体"实践教学环境受到了专家们的一致好评，并形成了学校人才培养的特色优势。2007年，学校在此基础上重点投资了专业技能实训和岗位模拟实训的教学环境建设，建设了企业管理综合训练中心、流通现代化训练中心、现代物流训练中心、会计审计训练中心、金融训练中心、电子商务体验中心等项目。之后又新建了第二模拟训练中心，面积800多平方米，主要包括旅游服务训练中心、广告艺术设计训练中心等实训场所。学校的财会金融实训基地和商业技能实训基地均被评为"北京市示范性高等职业教育实训基地"。其中，财会金融实训基地还被教育部、财政部批准为"2007年中央财政支持的职业教育实训基地"，实训条件已居全国领先水平。

学校根据首都经济发展需求调整专业设置布局。《北京市国民经济和社会发展第十一个五年规划纲要》中明确提出，到2010年要基本形成与首都资源特点和功能相适应的经济结构，第三产业增加值比重达到72%左右。学校建设以"财""贸"为主导的专业结构基本适应首都经济发展需要。2007年，学校在"围绕行业办专业，办好专业促行业"的专业建设思想指导下，进一步对专业进行调整，使专业发展更加适应行业需要，形成了服务财贸行业的七大骨干专业群，即金融与证券、会计、连锁经营管理、工商企业管理、物流管理、人物形象设计、酒店管理。七大专业群不仅是学校在适应行业发展的形势中形成的主体专业，也是学校体现其在校生规模、就业率、产学研合作、实训条件、师资队伍等专业实力的强势专业。其中，连锁经营专业是国家级教改试点专业，金融与证券、会计、物流管理、连锁经营、市场营销、税务、工商管理专业在2007年被评选为北京市示范性专业。

三、首次开展自主招生

2007年，学校被北京市教委确定为高职教育自主招生试点院校，学校也以此为契机积极推进招生工作，培养紧缺专业人才。随着首都经济的发展，连锁经营店、美容美发店和餐饮店在北京迅猛发展，成为百姓生活重要的组成部分，但是由于行业规范等原因，社会认同度较低，相关从业人员缺口很大。学校根据首都经济发展的客观要求，针对城市学生不愿意报考这些专业的客观情况，运用市教委批准的自主招生机制对连锁经营专业、形象设计专业、酒店管理专业实行自主招生政策。

2007 年，学校首次开展自主招生。3 月 10 日至 11 日在通州校区进行了自主招生现场报名及考生资格审核及资料的确认工作。近千名考生报考了学校连锁经营管理、酒店管理、人物形象设计 3 个专业，报名现场十分火爆。北京市教委副主任线联平、北京市教育考试院书记兼院长王健、市教委发展规划处处长彭斌柏、市教育考试院高招办公室主任周轩等领导，10 日上午来到学校通州报名现场巡视了报名情况。

3 月 17 日至 18 日，报考学校高职教育自主招生专业的考生进行了笔试和面试。全校各部门通力合作，积极投入到组考工作中。各项工作有条不紊，考试现场秩序井然，得到了市教育考试院巡考领导的充分肯定。经过笔试、面试选拔录取的 150 名自主招生考生于 4 月 15 日在通州校区报到。工商管理系、旅游系和艺术学院分别设立报到登记处，对考生进行入学登记和档案材料的收集工作。

由于学校自主招生指导思想明确，工商管理系、旅游系、艺术学院创新探索实践，组织生源、报名、考试、录取等各项工作都受到了市教委和市考试院的普遍好评。其中"一站式"报名服务、标准化考场以及艺术学院的"眼中的活"职业素质考核，受到了北京电视台、北京晚报、京华时报和北京考试报等多家媒体的报道。自主招生积累了较好经验，展示了学校服务社会的办学思想和对国家级高考的组织管理水平。现场报名考生 862 人，按计划招生 150 人，连锁经营、形象设计、酒店管理专业各 50 人。在专业建设中，三个办学系（院）精心策划育人模式，创新编写了《学前指导手册》，受到了学生的欢迎。三个专业独立成班，深入探索校企合作培养人才的途径和方式，以就业岗位工作任务为内容推行教学改革，并进行人才培养的比较研究。自主招生班运行情况良好，学生的学习态度和自我管理能力都得到了老师的好评。

2007 年 11 月 6 日，学校自主招生与人才培养研讨会在通州校区图书馆举行，院长王茹芹、副院长杨禾、王季音，以及招生就业办、教务处、学生处和自主招生院系负责人参加了会议。市教育工委副书记、市教委副主任线联平出席了会议并指导工作。会上，相关部门负责人分别围绕自主招生工作的招生环节、学生基本情况以及不同专业的人才培养模式的探索进行了充分的交流和讨论。学生代表宋欣然汇报了自己作为自主招生录取的学生来校后的学习和生活体会。线联平主任对学校自主招生取得的成绩以及在自主招生学生群体人才培养方式上的创新探索表示了肯定，要求学校思路清晰、特色鲜明、操作规范、服务周到，进一步做好今后的自主招生工作。线主任还鼓励学校以自主招生与人才培养为课题进行深入研究，并现场提出了几个研究问题：第一，学校办学如何体现高职教育高素质高能力的要求；第二，学校如何加强引导、增强高职教育吸引力，避免学生在选择就学层次和类别上的盲目性；第三，学院如何对自主招生录取的学生进行有针对性的培养；第四，自主招生如何做到"适度性""规范化"。线主任还表示，市教委将继续稳定高职院校自主招生规模，进一步探索和深入研究自主招生的内在规律。

四、提升财经类师资水平

学校一贯重视师资队伍培养，并且重点培养专业教师的基础理论功底和实践教学能力，出台了师资学历提高、学术交流和下企业顶岗调研等多项政策。2007年教师节，学校又出台了"优秀育人奖"和"财贸能力培养创新奖"两项教师奖励，并把学生教育纳入"优秀育人奖项"，这是学校重视教书育人、管理育人在激励机制建设方面的强化。2007年全年，有23位年轻教师利用假期深入企业顶岗调研，学校各专业已经初步形成了双师型教师队伍，并建成"商业经营管理教学创新团队""财经类实践教学一条街课程专业创新团队""连锁经营管理专业创新团队"等市级教师创新团队。

2007年，北京市教委计划推出加工制造类和信息技术类两个市级职业院校教师培训基地项目。学校看准了市级教师培训基地对示范校申报的作用和对学校未来发展的意义，主动向市教委提出了增加建设职业院校财经类专业教师培训基地的建议并得到了市教委的采纳。学校成立了教务处、实训中心和有关系部联合的申报团队，完成了高水平申报材料，北京市教委于2007年12月决定在我校建立北京市职业院校财经类专业教师培训基地。这个决定充分肯定了我校师资队伍在全市财经类师资队伍中的领先地位，为申报全国示范院校打下了坚实的基础。

2007—2008年，学校建设的北京市职业教育财经类教师基地对全市职业院校310名专业教师开展了培训，主要分为会计、金融、商业管理三个大类。2008年，组织财会专业17人（其中校外11人、校内6人）赴德国学习进修。培训基地的工作受到了校内外教师的欢迎，在北京市财经类院校中产生了较大的影响。

五、校企"产学研"深度合作

为了加强对高职教育的研究，推进专业建设，2007 年学校成立了高职教育研究所，各系（院）部相继建设了科研咨询中心，为推进产学研结合提供了组织保障。高职研究所承担专业建设和教学改革的理论研究，指导和推进专业改革和教学改革，负责学校专业建设和教改项目的立项、交流和鉴定等任务。高职研究所通过科研先行方式进一步发挥我校科研优势，既保证了专业建设和教学改革的先进性和创新性，又发展了校企关系。学校与金融、财政、财税、商业、旅游等行业企业结成了广泛的紧密型合作关系。2007 年，学校与企业合作建设教师调研基地 58 个，学生实习基地 75 个，学生就业基地 12 个，企业家在学校兼职任课有 41 人，企业家专业指导委员会委员 91 人，共有 59 家企业与学校通过协议形式建立了紧密型的合作关系，校企协同深化产学研合作有了进一步的发展。

六、完善财贸素养教育体系

学校长期探索实践"五板块"财贸素养教育，并且边实践、边研究、边总结，已经形成了较好的经验，并成为学校作为人才培养工作评估优秀校的标志性成果。2007 年，学校对准示范校申办和建设目标开始积极建设，并且确定了"强优创特"建设方针，不断深化对财贸素养教育的理论探索和实践创新。2007 年，学校利用期中检查，针对"五板块"的教学内容、教学形式和教学效果对学生进行了问卷调查；在寒假中又组织针对千名毕业生开展关于素养教育内容、教育方式和效果的反馈调查，并以此为依据，对财贸素养教育进行了深入研究和系统建设。2007 年形成了《北京财贸职业学院财贸素养教育报告》，编写了《爱心手册》《诚信手册》和《责任手册》，发放到每一个学生手中，成为帮助学生进行财贸素养自我养成的指导书。期间，高职研究所承担《爱心读本》《诚信读本》《责任读本》的编写任务。经过三年的教育引导和悉心培养，学生"爱心、诚信、责任"意识养成有了明显的提高，教育成果显著。"高职院校大学生思想品德教育模式研究"课题获得了 2002—2007 年北京高校优秀德育研究成果二等奖，"高职思想品德修养课教学改革"课程获得了北京高校研究会教改立项课题研究成果一等奖。

第五节　申报和建设国家示范校

一、艰难的申报之路

2008 年是教育部和财政部建设百所国家示范性高职院校申报工作的最后一年。2006、2007 两年全国共批复 70 所国家示范性高职院校建设单位，北京市有两所高职院校入围。2008 年全国将再评选出 30 所院校，北京市确定了保一争二的目标。市教委在 2008 年的争建国家示范性高职院校工作中，安排了三所高职院校入围准备材料、三胜二选拔、两所参加教育部答辩的三步骤工作。因为我校转型高职教育时间较短，因此无论是准备材料工作，还是三胜二选拔工作都没有把我校列为重点。但是学校领导从战略高度认识到建设国家示范校对学校未来发展的深远意义，把申报国家示范校列入全年工作的重中之重。6 月 14 日，学校在市教委三胜二的决战中，以高水平的实力胜出，取得了代表北京市参加教育部答辩的资格。学校组成了院系两级申报工作领导小组，由教务处、实训中心、高职教育研究所组成了指导组，以专业系（院）部为核心，商业研究所和宣传部共同组成了材料组，参加撰写材料工作的有 70 多人，其中博士团队 10 人。在申报进入关键时期，在王茹芹院长直接带领下，王成荣副院长负责组织，示范校申报团队采取"封闭式"工作方式，不分昼夜持续作战一个多月，共形成示范校申报与建设材料百万余字。6 月 25 日，在教育部网上申报通道即将关闭的最后一分钟，上传了我校的申报材料。

在教育部和财政部的答辩资格审查中，因为"原则上不考虑财经类院校"的政策限制，对学校到教育部答辩问题产生异议，并明确提出了工商管理专业也不符合高职示范专业的问题。面对是进还是退的抉择，学校领导当机立断，亮出了我校50 年办学历程中"人才兴商、科研兴商、咨询服务兴商"的商贸特色。紧紧抓住首都经济中以商业为主体的服务业创造国民生产总值和就业贡献均居 70% 以上的特殊性，确立了我校建设商贸特色示范校在服务首都经济中不可替代的地位。经过热烈讨论和积极沟通，学校决定在原先申报的五个示范性专业中，撤销了金融、会计和工商管理 3 个专业，只保留了连锁经营与管理、物流管理、导游 3 个专业，新建国际商务和广告设计与制作 2 个专业。系主任们面对几个月艰辛劳动的成果，以及学校的强势专业突然被撤换落下了眼泪，但是他们很快地又振作精神，对"上"和"下"的专业采取了"一对一"寻同攻异的组织材料方法，对"上"和"下"的专业同类建设内容进行修改完善，调动全校优势资源，对不同类的专业建设内容联合攻关，保质量、抢时间，仅用两周时间干出了常规做法半年多的工作，按期完成了教育部规定的全部材料，学校又争得了到教育部答辩的机会。7 月 10 日，在国家行政学院，王茹芹院长代表学校的"商贸特色"示范校建设答辩内容赢得了教育部专家们的普遍好评，专家对我校做出了"有实力、有特色、有作为"的高度评价。

7 月 18 日，按照《教育部、财政部关于实施国家示范性高等职业院校建设计划加快高等职业教育改革与发展的意见》，以及《教育部办公厅 财政部办公厅关于做好 2018 年度国家示范性高等职业院校建设计划项目申报工作的通知》要求，在学校领导班子的正确领导下，在全校上下的共同努力下，学校通过了教育部、财政部联合组织的专家评审，成为"国家示范性高等职业院校建设计划 2018 年度立项建设院校"，学校以强势实力迈进了全国百所示范性高职院校建设行列，实现了全校师生员工的共同愿望。

示范校的申报过程，凝结着高职教育的领导和专家对学校的信任和期望，见证了学校全体教职员工对党的高职教育事业无限热爱和执着追求。通过示范校申报工作，我们更加深刻地领会到高职教育发展必须紧密服务区域经济和社会发展的重要内涵，感受到在竞争中争为领先者的艰辛与价值，并积累了一次在不利环境中，面对困难去寻找积极因素，对 0.01% 的可能用 100% 的努力赢得成功的经验，又一次取得了把困难当作进步的台阶，在战胜困难中找办法、长智慧、带队伍的新收获。学校教职员工通过示范校建设形成的坚韧不拔、百折不挠、勇于争先、百战不殆的精神财富，已经转化为强大的发展动力，不停地推动学校向新台阶迈进，成为学校保持在同行中领先地位的精神财富。

二、建立就业为导向的育人体系

学校以示范校建设为契机，发挥教学管理和学生管理两系统的功能，统一目标，分工探索，创新合作，初步建立了以就业为导向，发挥两系统教育功能的育人模式。根据教育部批复的连锁经营管理、物流管理、导游三个全国示范性专业，金融、会计、国际商务、商业广告设计与制作四个市级示范专业，确定了学校人才培养重点是面向首都服务业的商业、物流业、旅游业、金融业、广告业等行业的定位；同时，把培养目标锁定为基层领班人和高技能专业人才，就业岗位为专业对应的职业岗位群。在创建"有爱心、讲诚信、负责任、能财会商"财贸人才特色培养模式中，还规划了"财贸素养、岗位业务、管理技能"工学结合的三系列课程建设方案，确定了财贸素养、职业技能和毕业证书三证书制度，为就业导向的育人模式从思路走向实践奠定了基础。学校教务处、学生处、团委在育人模式上分口把关，分合结合。教学管理系统负责毕业证书和职业技能证书的育人质量，学生工作系统负责财贸素养证书的育人质量。自2008年起，学校育人工作两系统进入到深度探索和创新实践阶段。

教学管理按照就业导向细化管理。一是调整课时量布局。初步确立了高职学生每学期应达到的课时量以及理论课程与实践课程的比例结构，并对外聘企业人员应承担的课时量进行了规定。二是在教学运行管理上，加强四校区教学资源的系统管理，建立课程资源库、教学条件资源库、教师资源库、教材信息库，构建适应工学结合人才培养模式要求的教学运行机制。三是在教学质量管理上，进一步完善教师教学质量评价体系，按照工学结合的要求对相关指标进行修订，教学质量奖向工学结合教学改革倾斜，并提出了"示范教师、示范学生、示范课堂"的质量要求。四是在考试管理上，全部课程都采取了不同形式的过程性评价，65%以上的课程采取了完成项目、调查报告、设计作品、口试、模拟操作等形式的考核方式。五是在实践教学管理上，加强对顶岗实习的规范管理和过程管理，建立起以实践教学过程监控为重点的实践教学质量监控体系。

学校教学改革又取得新成果。在北京市四年一次的教育教学成果奖（高等教育）评选中，教务处、学生处《商业服务业高职人才商贸素养教育创新与实践》荣获一等奖；实训中心《商业一条街实践课程创新》、工商管理系《菜百黄金销售订单班商学结合教学改革》荣获二等奖。在北京市级精品课程评审中，金融系《商业银行综合柜员岗位实训》被评为市级精品课程。在北京市级精品教材评审中，信息物流系《国际物流与货运代理》《SQL server 数据库程序设计》《电子商务网站建设案例教程》，金融系《商业银行综合柜员岗位实训》，立信会计学院《潘序伦与立信文化知行教程》《会计信息化实验教程》，工商管理系《营业岗位实训》，旅游系《导游岗位实训》均被评为市级精品教材。在北京市级教改立项评审中，工商管理系《连锁店长岗位职业能力模型研究》《市场营销专业教学资源库》被评为市级教改立项。

2008 年 12 月，教育部举办了"百所名高职、百家名企业"合作发展论坛暨国家示范性高等职业院校建设二周年专业改革成果展示会，学校"会计财务管理"实训项目在 200 多个申报项目中脱颖而出，被教育部批准为 24 个正式服务项目之一，成为全国 4 所财经类高职示范校中唯一入选代表，并获得了"最佳团队合作奖"。

学生工作系统按照就业导向的育人要求，对财贸素养教育模式进行了深入探索，确定了品格素养、职业素养、健康心理"三育人"目标（以政治品质为前提、职业素养为特色、健康心理为保障），三者互为基础、互相促进的完整系统的财贸素养育人体系。在抗震救灾、奥运会志愿服务、申报示范校中，校学生处、团委把素养教育引向深入。在"5.12"汶川大地震抗震救灾中，学校几千名学生在通州、涿州两个校区搭建"悼念墙"，组织"爱的奉献——抗震救灾晚会"，开展"彩虹1+1 我们共同成长"爱心援助活动，20 个班级与地震灾区 20 名中学生结成爱心援助对子；在奥运会和残奥会志愿服务活动中，学生报名志愿者 5252 人，占在校学生总数的 91%，被选拔录用的赛会志愿者、城市志愿者和社会志愿者 700 余人，完成志愿服务共计数万小时，20 名学生志愿者获得市级先进个人称号。在申报国家示范校过程中，学生自我约束、自我教育、自我建设、爱学勤学、尊师守纪的好学风得到了升华。

2008 年，学校深化教育改革初现成效。学生 2 支代表队首次获得全国大学生数学建模大赛二等奖；学生创业计划大赛首次获得北京市"挑战杯"首都大学生创业计划大赛一等奖；3 个学生社团首次获得北京市级优秀社团奖励。2008 年全院毕业学生 1858 名，87% 取得了职业技能证书，67% 取得了计算机等级证书，83% 取得了 AB 级英语等级证书，99% 取得了毕业证书。1020 名学生获得了财贸素养证书。财贸素养证书已得到部分银行和商业企业的认可，获得财贸素养证书的学生享有了就业优先权。

面对金融危机对就业产生的影响，2009 年 1 月 9 日，学校举办首届"校企对接财贸高职人才"论坛，北京菜市口百货股份有限公司、沃尔玛百货有限公司、中国邮政储蓄银行、故宫博物院等 26 家知名企业代表出席论坛，有 800 多名学生参会，高质量的大会发言、技能展示、财贸歌舞等多形式展示了我校就业导向的育人思想与特色。北京电视合、北京晚报等多家媒体进行了广泛报道，鼓舞了学生的士气，树立了学校的良好社会形象，展示了学生良好的职业素养。为了做好财贸人才素养培养工作，学生处、团委与北京市商业联合会、北京翠微大厦、燕莎友谊商城合作，首次将全国劳模、企业明星请进校园，与学生面对面讲授职业道德和职业技能。

以就业为导向，发挥两系统育人合力的人才培养模式，使学校在高职教育实践中创新探索，初步形成了特色。

三、树立京商科研品牌

京商研究是学校首倡的特色科研品牌，在社会上形成了较强的社会影响力，也为学校发展树立了良好的学术形象。学院高度重视市教委批准的"京商研究"科技创新平台建设，全校共有近 80 名教师和科研人员参加了课题研究。

2007 年 6 月 19 日，以"论谈京商文化、传承京商文脉、保护文化遗产、展示人文奥运"为主题的第二届京商学术研讨会在学校召开，京商网站正式开通。会议荟萃了北京商业经济学会 70 多家会员单位、北京老字号协会 120 家会员单位，汇集了国内著名专家学者、商帮代表，国家商务部、中国商业经济学会、中国商业史学会、市教委、市商务局市文化局等政府部门领导，以及学校师生代表参加。"京商"研究为学校发展建立了独特的学术形象，形成学校发展的创新动力，同时也增强了服务社会的实力。

2008 年，学校依托"京商研究"和"流通现代化研究"两个科技创新平台，发挥商业研究所、北京商业经济学会的作用，树立研究品牌，初步建立学校高职教育的研究体系。2008 年，京商研究学术专著《京商论》由中国经济出版社公开出版。同年，学校完成了京商近代研究"北京老字号发展研究""北京商业服务业非物质文化遗产传承人培养工作调研报告""北京流通现代化研究报告""北京和谐商业的实现模式研究"等课题和北京市哲学社会科学"十一五"规划中的"北京商业结构调整研究""品牌价值评价研究"两个项目，组织北京商业改革三十年座谈会，参与组织了 2008 年度"北京十大商业品牌"的评选工作，提高了学校为行业服务的层次和影响力。

2009 年，学校围绕国家示范校建设，充分发挥服务社会的资源优势，以京商研究为标志、以咨询服务为特色、以培训为重点，拓宽了服务社会领域。学校加大科研力度，继续深入推进京商研究和流通现代化研究并取得了实质性进展。在《京商论》专著基础上，在京商发展环境和政策、商业街、京商老字号、京商人物、京商指数等方面的研究不断深化，整理了京商文化研究资料45册，并且注重将研究成果转化为教学成果，京商走进了课堂。成立了北京老字号研究基地与中华传统技艺高技能人才培养基地，完成了对六必居、王麻子、谦祥益3家老字号历史文化的研究，参与了首批20名北京市"中华传统技艺大师"的评选工作。

围绕首都世界城市建设目标，学校提出北京流通现代化的思路和构想，出版专著《北京流通现代化》，该专著入选"影响中国流通发展与改革优秀著作"；学校连续五年参与组织"北京十大商业品牌评选"活动，在北京商界产生广泛影响；参与撰写《北京商业发展白皮书》；起草、审定流通领域两项国家标准、一项市级标准；参与北京"国际商贸中心城市"建设研讨会，并建言献策。

2009年，学校专业理论研究和高职教育研究均取得了丰硕成果，是公开发表论文数量最多、质量较高一年。全校完成各类科研成果350项，提交年度科研论文266篇、专著9部，完成校级以上各类课题75项，公开发表论文120篇，其中31篇在国家级核心刊物上发表，占发表论文总数的25.80%。

四、凸显财贸特色的校园文化

校园文化建设是学校列入示范校建设的重要任务之一。在示范校建设期间，学校全力推进财贸特色的校园文化建设，以"财融世界、贸连天下"为精神内核，把区域文化、产业文化、专业文化、职业文化融入到校园文化建设中。以对"财""贸"的独到见解为出发点，不断深挖财贸文化内涵，将其运用到学校标识设计，以及校园雕塑、校歌校舞、专题展览等艺术表达形式中。

学校标识主体采用的是F和C两个字母的艺术变形组合而成的图案，即：将"财经"对应的英文单词Finance的首字母F设计成一面迎风飘扬的旗帜，将"商贸"对应的英文单词Commerce的首字母C设计成地球运行轨迹，构成学校标识的主体，寓意"世界财贸领域的一面旗帜"，鲜明地传达出财经和商贸是世界经济共同的现象和话题，学校是以世界的眼光和开放的思维办学育人，贡献于社会。

校舞《财贸中国》于2008年开始着手创作，2009年基本成型，2010年由学生和教师组成的财贸艺术团正式演出。其上篇《财贸溯源》表现商业的历史地位，追溯古代商业对世界贸易、经济发展做出的贡献；中篇《京商文脉》通过商人的算盘、同仁堂的秤、瑞蚨祥的尺子、全聚德的火，反映出延续850年的京商历史所蕴含的爱心、诚信和责任的行业文化价值；下篇《现代商贸人》展示现代财贸人传承京商的历史文脉、创新现代财贸辉煌、创造财富天下共享的理念，以及时代赋予学校的历史使命。财贸歌舞已成为财贸素养教育体系中的选修课程。

2008年12月，通州校区校园南侧的"商苑"喷泉广场建设完成。其主体部分是环形围廊，对称式镶嵌着十六块中华商贸文化典故系列石雕，由"丝绸之路""茶马古道""郑和下西洋""运河漕运"四大主题石雕构成。广场石板地面分东西两部分，分别镌刻古代丝绸之路的通商路线图、郑和下西洋航海路线图。广场位于学生学习区和生活区之间，是学生日常感受财贸行业文化熏陶、举办校园文化活动的重要场所。

2009年6月，学校新校门建设完成。校门设计凸显出学校"财经商贸类"职业院校性质。新校门主体为白色，采用无顶对称式设计，最高装饰柱高18米，以中国春秋战国时期青铜铸币"刀币"和"布币"形态作为基本造型元素。正门两侧延伸部分各镶嵌一幅长10米的青铜浮雕壁画，展现了货币从贝壳为币到金属货币、纸币以及现代流通货币符号的发展演变过程。新校门以现代建筑风格承载传统商业文化内涵，整体造型庄重大气，白色的校门主体和青铜色浮雕壁画相互映衬，于方正中透出灵动，于无声中传达了古今中外财贸行业一脉相承的行业文明与现代智慧。

同年，学校还设计制作了"算盘——北京、中国、世界"系列雕塑，以中国算盘为主要造型元素，用算珠摆出世界地图、中国地图、北京地图，三个算盘雕塑分布于校园的北侧（校园运河苑）、南侧（教学楼南）和西侧（文苑），寓意财贸人以严谨的数字见证经济的繁荣发展，以及财贸人为首都、为中国、为世界经济发展做出应有贡献的宏大志愿。

学校传承和发扬财贸文化精神，营造财贸文化育人氛围，以财贸文化滋养出一批批有理想、有志向、热爱财贸事业的职业人才。2011年1月14日的《人民日报》报道了北京财贸职业学院举办的'财贸文化'主题晚会。

五、学习实践科学发展观，在示范校建设中做示范

学校在2009年3月至7月开展了学习实践科学发展观活动。在市委第17指导检查组的指导下，学校以"坚持科学发展，建设全国高职示范校"为实践载体，严

格按照学习调研、分析检查、整改落实三个阶段的要求扎实开展活动。在学习实践科学发展观活动中，引领和带动全院师生"在示范校建设中做示范，推进示范校建设。

活动期间，中央巡回检查组来校进行指导。高俊良副组长指出：财贸职业学院的学习实践活动有特点、有思想、有内容，紧密联系学校实际，不搞形式主义，见到了成效。市委指导检查组组长许祥源在学校总结大会上充分肯定了学校学习实践活动成果。市教委主任刘利民指出：学习实践活动促进了北京财贸职业学院的示范校建设，把发展观作为办学观在学校已成为共识；学校领导班子团结、开拓、务实、向上，是一个"想干事、能成事"的领导集体。在市教工委组织的学习实践科学发展观活动满意度测评中，我校教职工的满意和基本满意率达到99.23%。学校还在北京市高校学习实践活动阶段工作总结会上进行了交流。

学校以国家示范专业建设为龙头，以提高课堂教学质量为重点，全力推进实践教学改革。按照"优势做强"原则，3个国家级示范专业和4个市级示范专业，紧跟首都行业发展需要，深化校企合作、工学结合，在人才培养模式、课程体系和实训基地建设等方面都取得了阶段性成果。围绕财贸人才培养定位，以文化知识和专业理论的"应知"为基础，以岗位业务能力的"应会"为核心，以财贸素养教育为特色，以"毕业证书、职业资格证书、财贸素养证书"三证书为标准，设计了财贸人才培养方案，完成了7个重点专业课程体系重构任务；组建了王府井百货集团、正大卜峰莲花集团等10余个跨专业组合企业冠名订单班。

学校将大赛作为深化教学改革切入点，以赛促教，以赛促学。组织教师开展课堂教学企业调研案例制作大赛和教师教学设计大赛，50多个项目在校内获奖，20多个项目在全国实践教学大赛中获奖；创建了"财贸技能竞赛场"，校企合作开发"财贸技能竞赛软件"，编制了"票据技能竞赛题库"和"收银技能竞赛题库"，推行"书面考试＋技能大赛"的考试方式，促进了工学结合课程改革，提升了教师的教学能力和学生的实践动手能力。每年组织学生参加大学生数学建模、人文知识、网络商务创新应用、物流设计、发型化妆、旅游服务技能、大学生调查技能等10多项省部级和国家级大赛，参与学生达3000多人次，累计获得10多个奖项，获奖层次和数量均居市级同类院校的前列。教务处被市教委批准为北京市"教学管理创新团队"。

学校全面落实就业"一把手工程"，把学生就业作为检验学校人才培养质量和关系社会稳定的大事来抓，积极探索招生、教学、就业三者统筹协调、良性互动机制，形成了全校重视就业、全员促进就业、全程抓好就业的工作格局。2009年，学校高职毕业生1916人，其中1904人实现了就业，就业率99.37%。百分之百的毕业生都在服务业就业，86%的毕业生工作在财贸岗位。学校被市教委授予"2009年北京地区高校毕业生就业工作先进集体"。

2009年，受全球金融危机影响，在企业压缩培训支出的不利形势下，学校全力抓培训，以职业培训部为主力军，各系（院）部和四个校区积极努力，开设专题网站、创新培训产品、开发重点项目，取得了明显成效。为一商集团、超市发、红都集团、图书大厦、糖业公司等举办的干部培训项目、会计职称辅导项目继续稳步发展；银行与证券及理财规划师、知识产权管理师等职业资格培训项目已见成效；新开发的自考项目规模达316人。全年完成培训收入426.98万，创历史最好水平。

2009年，学校启动了数字校园示范校申报工作，研究制定了"硬件够用、技术先进、应用领先"的数字校园建设工作方针，围绕"财贸"办学特色，以为教师、学生、企业服务为宗旨，初步建成了通州、涿州、东四三个子网组成的校园网，建立了8个二级系部网站和8个二级专题网站，拥有51套教学软件，开设了20门网络课程，实现了学校信息化建设的飞速突破，北京高校数字校园示范校申报工作取得了圆满成功。

在新中国成立60周年之际，学校参加群众游行的408名师生，把财贸人"爱心、诚信、责任"的优秀素养倾注在"和谐家园"方阵队列排练中，表达出对祖国的热爱。在通州区合练、"四分指"合练、天安门彩排中，以4次零误差的优异成绩赢得赞誉，学校被首都国庆60周年群众游行指挥部授予"首都国庆60周年群众游行优秀组织单位"称号，并受到通州区委、区政府多次表彰、嘉奖。

六、迟来的51周年校庆

2008年是北京财贸职业学院建校50周年。由于2008年发生了"5·12"汶川大地震，全国人民众志成城，奋力抗震救灾。学校师生也通过多种形式支援灾区建设。基于此，学校将校庆延后一年。

2009年，北京财贸职业学院51周年校活动启动。根据学校工作部署，51周年校庆是学校推动示范校建设的一个良好契机，也是学校开启全面建设国家高职示范校，面向社会的一次重要展示机会。通过校庆，促进工学结合更加深入，校企结合更加密切；同时增强师生员工的凝聚力，扩大学校的影响力，集中展现学校的发展力。校庆筹备工作在校党委和院长的直接领导下进行，学校明确由王成荣副院长主抓、李宇红院长助理协助，成立校庆筹备工作小组并负责实施。王成荣副院长主持召开了三次校庆筹备工作研究会，明确了采用工学结合课程项目方式办校庆的重要意义和工作理念，提出了坚持创新、坚持质量、坚持节俭、办出精品、办出特色，以及教学成果与工作成果同时考核的要求。

学校创新工作举措，启动工学结合课程项目办校庆，把校庆活动办成了学生实习的课堂。校庆筹备工作小组在缜密地分析设计和反复征求相关职能部门意见的基础上，经由院长办公会批准，确定了校庆会议文稿、大会接待与会务管理、校庆宣传与推广、校庆专题网站设计与维护、校史文集、京商研讨与成果展示、高职论坛与成果展示、校友活动、财贸歌舞共 9 门"校庆工学结合课程"。2 月 27 日，王成荣副院长主持召开了系（院）部主任和相关部门人员参加的"校庆工学结合课程"项目对接发布会。院长助理李宇红全面解读了"校庆工学结合课程"的工作内容、成果形式和时间安排。8 个教学系（院）部和高职研究所、商业研究所、团委承接了此次"校庆工学结合课程"教学任务，负责组建优秀教学团队，采用项目导向、任务驱动的教学模式实施"校庆工学结合课程"。以工学结合的模式办校庆成为 51 周年校庆的一大亮点。

校庆期间，北京王府井百货（集团）股份有限公司、中国全聚德（集团）股份有限公司、北京市西单商场股份有限公司和北京菜市口百货股份有限公司联合设立 4 家企业冠名的奖学金，学校与 40 家知名企业签订了战略合作协议，新聘了 48 名客座教授，创新举办了校企同台"财贸技能大赛"，深化了校企战略合作；"北京老字号研究基地""北京市商业服务业中华传统技艺高技能人才培养基地"在学校挂牌。

学校 51 周年校庆得到了原国家领导、教育部领导、市委市政府各级领导的高度重视。时任国务院副总理李岚清为学院题词"培养高素质财贸人才，为振兴中华奋斗"；北京市政协主席阳安江题词"培养财贸英才，服务首都经济"。6 月 18 日当天，北京市政协主席阳安江，市委常委、市委教育工委书记赵凤桐，教育部高教司司长张尧学，财政局局长杨晓超，商务局副局长王卫平等领导出席了庆祝大会，首都商贸、财政、税务、金融、旅游等各界领导和企业家 200 多人到校庆贺。

王茹芹院长在致辞中就学校在办学方向、规模、功能定位、培养理念、教学改革等方面所取得的成就进行了回顾。学校半个世纪的发展历史，经过几代财贸人的不懈奋斗和探索，在艰苦创业中自强不息，在励精图治中发展壮大，铸就了辉煌的办学成果。面向未来，学校以科学发展观为指导，以服务"人文北京""科技北京""绿色北京"为使命，以建设国家高职示范校为中心，在发展建设中再创辉煌。

在倡导职业素养、职业规范、职业能力和校企协同、教学相长的宗旨下，学校在校庆日下午与北京市连锁经营协会共同主办了首届财贸职业技能大赛，众多嘉宾、校友和师生饶有兴趣地观看了校企同台竞技的票据技能大赛和收银技能大赛，大赛产生了个人能手奖、优胜奖和参与奖以及集体奖项。

广大师生热情参与了校庆大会、校庆宣传、京商论坛、校友活动、捐赠活动、联谊活动等，各界嘉宾、校友和师生 1200 名参加了校庆庆典。组织了高职文集、纪念文集、纪念画册、电视新闻等，对学校进行了多方位的宣传报道。校庆活动提升了学校的影响力、感召力和凝聚力，形成了学校持续发展的战略资源，创建了有利于学校未来的发展环境。

51 周年校庆是学校发展历程中的一次重要盛会。学校创新组织校庆活动，全方位展示了学校办学成就和特色，调动了全体师生的积极性，密切了与企业的关系，升华了财贸校园文化内涵，优化了教书育人环境，推动了示范校建设，扩大了社会影响力，提升了持续发展力，实现了预期目的。学校将以科学发展观为指导，继续走产学结合之路，为首都服务业培养出更多更好的财贸人才，谱写高职教育的新篇章。

七、达到示范校验收优秀标准

示范校建设期间"争创示范学校、争当示范员工、争做示范学生"成为全校上下一致的共识。2010 年，学校全面落实"十一五"规划，全力推进国家示范校建设，以"研究先行，统一目标，先进标准，亮出特色"为工作指导思想，将示范校建设和日常教学工作深度融合，全力推进教育改革与创新，出色地完成了示范校建设主体工作。2010 年高职招生 2114 名，招生规模和质量稳居全市同类院校首位。全校高职在校生规模达到 6109 人，实现了历史新突破。其中，统招录取四川、贵州等八省 498 人，国家示范专业京外招生人数超过计划的 30%，达到了国家示范校建设验收的优秀标准。

2010年，"商业银行综合柜员业务实训"被评为国家精品课程，"地陪导游业务"被评为教指委重点建设课程，"商业VI设计"和"储配送中心布局"两门课程被评为北京市精品课程，"金融与证券专业教学团队"被评为北京市优秀教学团队。

2010年12月4日，由北京财贸职业学院、北京市高教学会高职研究会联合举办的"北京市财经类高职教育改革与创新研讨会"在通州校区财贸大讲堂成功召开。北京市高职研究会会长、全市16所高职院校领导和财经专业教师等250余人参加了本次会议。研讨会以交流、合作、发展为主题，贯彻落实全国高职改革与发展工作会议精神和《国家中长期教育改革和发展规划纲要（2010—2020年）》，总结交流北京市财经高职教育近年来的改革经验和做法，从理论和实践的角度，研讨首都财经高职教育教学改革面临的新形势、新任务，探讨财经高职人才培养规律，探索工学结合培养人才的新方法、新举措，探索为具有中国特色的财经类高职教育发展模式做出积极贡献。

2011年1月8日，"财贸实训基地"落成暨开课典礼隆重举行。以行业、企业岗位元素建设的财贸实训基地大楼在建设规划中强调服务校内教学和首都服务业发展两大功能，划分为财贸大楼、大讲堂、大赛场、会议馆和财贸素养教育基地5个区域。重点专业群在财贸大楼里按照专业区、上班厅思路建设。每一层楼建设1个专业区（1080平方米），共建设了商贸区、旅游区、物流区、金融区、财会区、广告区、通用区7个重点专业群区。每个专业群区内设6个上班工作厅，7个专业共建设42个厅。依托财贸实训基地大楼开发了"上班式"课程，使之成为财经商贸类职业教育教学改革与创新的中心。学校以岗位业务和典型工作任务为主线，按照每个专业群区所设的上班工作厅研发"上班式"课程，每门课的核心内容都是引进首都服务业大集团、大品牌企业的最先进理念、业务技术和管理系统。课程开发统一实行校企合作方式，合作研发教学方案、教材、技能大赛项目、教学资源库。上班式课程引起了社会的广泛关注，全国38所高职院校前来观摩交流。

在示范校建设中，学校以提高财贸高职人才培养质量为宗旨，积极探索现实人才培养所面临的新情况、新问题，科学把握财贸高职人才的内涵，以财贸职业能力培养与财贸素养教育为核心，确立了"育人两系统、毕业三证书、课程四类型、职业能力培养四形式、素养教育五板块"的"二三四四五"财贸人才培养体系。

学校坚持以京商研究为旗帜深入开展科研工作，汇集数十名学者、上百家北京老字号企业和现代京商企业，在市教委、市商务委、市文化局、市档案局等政府部门的鼎力支持下共同推进京商研究工程，构建京商学术体系，提炼京商文化精髓。创造性地将京商研究成果融入财贸素养教育体系，建立了财贸素养教育基地。通过京商电子沙盘展示北京商业布局在金、元、明、清、民国时期和现代中国的发展变化；通过财贸歌舞厅反映京商文化内涵的传承和发展；通过老字号一条街让学生体验和实践北京知名老字号传统技艺和经营之道。

教学系统深入开展财贸人才培养体系各模块的内涵研究，系统构建了文化基础课、职业基础课、职业能力课和财贸素养课四类型课程体系，设计完成了财贸素养教育课程化教学体系和教育实施模式，建立了优质核心课程标准和以职业资格证书为重点的选修课制度，细化了各培养模块的教学内容和考核标准，使人才培养课程设置与课程设计实现了科学化、标准化和特色化。7个示范专业以行业企业调研为突破口，在新的人才培养体系框架下，科学重构人才培养方案、精心绘制财贸人才培养蓝图，实现了人才培养标准化。

示范校建设任务书承诺的22门优质核心课程标准已经制定完成；按照示范校验收优秀目标，83门课程按照优质课程标准建设已基本完成；一系列配套教学资源在教学中得到应用。财贸人才培养体系的确立，从根本上解决了学校"培养什么样的人才""怎样培养人才"和"人才培养规格"的问题，标志着学校财贸高职人才培养的探索实践正在走向成熟。

八、三年示范校建设成果

学校自2008年8月开展国家示范性高等职业院校建设项目以来，在近3年的建设过程中，认真落实教育部、财政部有关国家示范性高等职业院校建设的文件精神，贯彻科学发展、瞄准特色发展，在北京市教委、北京市财政局的大力支持下，在第一批、第二批国家示范性高等职业院校的带动下，始终以增强对北京的商业、物流、旅游、金融等服务行业发展的支持力为宗旨，以建设财贸特色的示范校为目标，以专业建设为龙头，以提高学生在校接受到的教育教学和服务的质与量为根本，紧紧围绕教育部批复的连锁经营管理、物流管理、导游3个国家重点建设专业，金融与证券、会计、国际商务、广告设计与制作4个北京市重点建设专业，以及财贸素养教育基地、社会服务能力"五中心"3 个建设专题，共 10 个大项 167 项具体任务展开建设。经过近 3 年的努力，学校圆满完成了国家示范性高等职业院校的各项建设任务。

学校坚持边建设、边转化、边应用的建设方针推进，在示范校建设期间取得了十大成果：一是用"财"和"贸"的元素，创建并丰富了以财贸雕塑、财贸歌舞、财贸展览为主要文化传承载体的财贸校园文化。二是紧紧围绕北京服务业的商业、物流、旅游、金融、广告等龙头支柱产业，建设了 3 个国家级、4 个市级重点专业。三是树立财贸人才特色，创新财贸素养、财贸能力教育教学双体系，培养"有爱心、讲诚信、负责任"的"能财会商"人才。四是坚持"服务教学"和"服务社会"两个面向，用行业、企业岗位元素建设 17000 平方米"上班式"财贸实训大楼；与 375 家企业建立了稳定的校外实训基地。五是以"知财贸、爱财贸"为宗旨，倡导体验式教育，精心建设了 107 个学生财贸社团组织。六是坚持"懂行业、会教学"双向原则，校企合作建设"双师结构"教学团队。七是以企业在校设立冠名奖学金为标志，校企合作举办就业订单班，研发项目、研发新技术和研究战略，校企合作走向战略型时代。八是 3 年共为企业培训了 29700 名经营管理人才，学校直接有效地为企业生产方式升级转型提供支持。九是承担了北京市"十二五"商业发展规划，东城区、西城区等 6 项区级"十二五"商业发展规划；为全聚德集团、翠微集团、菜百集团等 15 家大中型企业制定发展战略，学校掌握了北京商业发展规划研究的话语权。十是以 2010 年学校当选中国商业史学会会长单位为标志，学校成为中国商业研究的中心。学校既是北京商业联合会、北京商业文化研究会、北京连锁经营协会、北京老字号协会等七个社会团体组织领导单位，又是京商研究的发起单位和第一部《京商论》的编写单位。

示范校建设的十大成果强化了学校的办学功能，提高了办学质量，形成了办学特色。2010 年，学校在京招生规模和录取分数线均居全市高职院校首位，面向外省市和西部地区招生达 35%；全校就业率达 99.65%，而三个国家示范专业就业率均为 100%，专业对口率均超过 95%。

九、通过国家示范高职院校建设项目市级验收

2010 年 5 月 18 日，市委决定由原联合大学党委副书记韩宪洲担任学校党委书

记。2011年1月25日，市委、市政府任命王成荣同志担任北京财贸职业学院院长；王茹芹同志不再担任北京财贸职业学院党委副书记、院长职务。新一届领导班子继续全力推进示范校的建设和验收工作。

2011年3月24日，受北京市教委、北京市财政局的委托，以北京市委教育工委副书记、北京市人民政府教育督导室主任线联平为组长，以北京市财政局副局长吴素芳、北京市教育委员会委员孙善学、长沙民政职业技术学院党委书记罗志教授为副组长，宁波职业技术学院院长苏志刚教授、浙江金融职业学院院长周建松教授、湖南铁道职业技术学院院长姚和芳教授等专家组成的专家组，对我院国家示范性高等职业院校建设项目进行了市级验收审核。验收工作会由线联平主任主持，学校领导班子、各系（院）部主任以及相关职能部门的负责同志参加了项目验收工作会。

学校党委书记韩宪洲首先致辞，代表校领导班子和学校师生员工对专家组的到来表示热烈的欢迎，表示学校将以示范校验收为契机，认真总结、固化示范校建设成果，不断深化财经类高职教育的改革与探索，实现学校发展再上新台阶。院长王成荣在会上做国家示范性高等职业院校建设项目总结汇报，报告涵盖项目建设完成情况、项目建设成效、示范点、项目预算与执行情况等四方面内容，展示了学校校企战略合作、上班式课程、订单班、财贸素养证书制度、京商研究旗帜、服务社会形成品牌六大示范点。学校工商管理系龙腾博士、旅游系王琦主任分别汇报了国家级重点建设专业连锁经营管理专业和导游专业的建设工作。在质询答疑环节，领导学校三年示范校建设探索和实践的原院长王茹芹教授详细解答了专家的提问，使专家对我校示范校建设情况有了更深入的了解。

经过查阅资料、听取汇报、质询答疑、现场考察，专家组讨论等工作流程，线联平主任代表验收专家组对我校国家示范性高职院校建设情况提出如下反馈意见：

1. 学校严格执行建设方案和任务书，全面如期完成示范建设各项预期目标，教学质量和办学水平明显得到提升，示范效益明显。

2. 学校以战略研究和项目研发为重点，推动校企高端合作，开拓性地进行了京商研究，科学研究和社会服务成效明显。积极开展多种形式的岗位培训，为区域和行业发展提供了人力支撑和保障。

3. 学校确立了"能财会商"人才培养理念，构建了人才培养"四板块三结构"的课程体系，探索了财贸素养教育，推出了财贸素养证书，取得了多项创新性成果。

4. 学校创新性地探索并实践了"上班式课程"教学改革,让学生在"上班式课程、研究式工作"的教学新模式中,认知岗位,学习岗位知识和技能,提高了人才培养的质量。

5. 学校用财贸素质建设了懂财贸、会教学、能咨询的专业教学团队和知财贸、懂心理、会教学的素养教育团队,借助企业资源建立了稳定的兼职教师队伍,形成了一支财贸素质好、双师结构合理的教育教学队伍。

6. 地方财政专项资金足额到位,中央财政专项经费资金使用规范合理,保障了项目的顺利实施。

专家组认为学校严格执行项目方案,如期完成立项项目建设任务,质量高、特色明显、示范点突出、辐射面广,提交的项目总结报告全面、真实、规范,一致同意学校国家示范校建设项目通过市级验收。

线联平主任在祝贺学校顺利通过国家示范校建设项目市级验收后,对学校提出了三点意见:(1)希望学校继续坚持服务首都产业结构调整的方向,承担起为商贸、旅游、物流行业提供一线高素质人才的任务,并出色地完成任务。(2)希望学校继续注重学生素质的培养,在理论上进行深化和实践。(3)希望学校立足长远建设,深入探索高职教育发展规律,全面提高办学水平,充分发挥示范性高职院校的示范作用。

孙善学委员代表北京市教委向验收组各位专家对北京市高职教育的关心、指导表示感谢,对学校广大干部、教师在三年示范校建设工作中付出的心血和努力表示感谢,对学校在示范校建设中形成的多项成果表示祝贺。

王成荣院长代表学校对示范校验收专家组提出的宝贵意见和建议表达了诚挚的谢意,并表示将根据意见认真分析、认真整改。他说学校示范校建设通过验收,是学校发展的一个加油站、一个新的起点。北京市"十二五"发展规划以及北京建设世界城市的目标与我校的发展有很高的契合度,学校的发展面临着机遇和挑战,学校将扎实工作,深入研究高职教育规律,继续加强教学改革创新,使示范校建设成果得以巩固和延伸,进一步提高办学品质,彰显办学特色,将财经类高职教育的探索继续推向前进。

第六章

坚守初心：走内涵式发展道路

第一节　制订实施"十二五"事业发展规划

一、科学分析学校发展面临的机遇和挑战

2011 年，学校进入"十二五"开局之年。在完成示范校建设验收后，学校将如何进一步发展？怎样定位"十二五"时期的发展坐标？是学校领导班子首先需要解答的问题。2011 年 5 月，学校 "十二五" 事业发展规划编制工作正式启动，全校上下集思广益，科学制定"十二五"规划。《北京市国民经济和社会发展第十二个五年规划纲要》明确指出，"十二五"时期，北京将按照"优化一产、做强二产、做大三产"的思路，进一步优化经济结构，实现服务业创造 GDP 占全市生产总值比重达 78% 以上目标；集中力量塑造"北京服务"品牌，打造具有国际影响力的金融中心城市、国际商贸中心城市、世界一流旅游城市。北京建设高端现代服务业产业体系，亟须高端技术技能型人才，良好的经济环境和迫切的人才需求为学校发展提供了广阔空间。

《北京市中长期教育改革和发展规划纲要（2010—2020 年）》《北京市"十二五"时期教育改革和发展规划》《北京市职业教育创新发展计划（2011—2015 年）》等一系列文件，把大力发展职业教育作为北京社会经济发展的重要基础和教育工作的战略重点，将职业教育工作纳入政府目标管理和绩效考核内容。"十二五"期间职业教育政府财政投入不少于 70 亿元，并继续立项支持 4 所国家示范性高职院校建设，良好的政策环境为学校发展提供了强大支持和保障。

同时学校也遇到来自外部和内部的一些挑战。首先是产业升级带来的人才培养压力。"十二五"时期，北京将运用现代科技手段、现代经营理念、现代管理方式以及新型业态改造传统服务业，打造高端现代服务业体系，实现中国特色世界城市建设目标。首都服务业的升级转型，对人才素质和技能以及学历层次提出了更新更高的要求。其次是生源减少带来招生压力。高考生源急剧减少是"十二五"时期我国高职院校发展面临的严峻挑战。未来 5 年北京的招生形势将非常严峻。2010年北京高考报名约为 8 万人，2011 年下降至 7 万余人。据有关机构预测，2018 年将减至约 5 万人。生源减少带来的招生压力，加剧了北京高职院校的竞争，没有特色或经营不善的学校将会陷入办学困境。最后是学校发展过程中的矛盾。高职教育改革的深入、高职院校校企合作办学方式的深化、首都经济发展对学校社会服务能力要求的提高，对教师队伍的整体素质和实践技能提出了挑战，对学校的办学体制与机制也提出了挑战。

二、制订实施学校"十二五"事业发展规划

面对新起点、新机遇、新挑战，学校党政领导班子把制订"十二五"规划作为统一全校教职工思想的有利契机。2011 年 5 月 27 日，学校"十二五"事业发展规划编制启动会在通州校区召开。其后，学校一方面组织领导干部、教师到国内外院校学习考察，同时加强与兄弟院校交流，接待 20 多所院校来访，开阔视野、启发思维；另一方面通过召开座谈会、交流会、研讨会，动员各单位全员参与，集中智慧，形成共识。

在规划工作中，领导班子认真总结 "十一五"时期取得的成就，查找不足，认真分析"十二五"时期良好的经济社会发展环境和高职教育发展政策环境，正视产业升级带来的人才培养压力、生源减少带来的招生压力和学校改革发展过程中的矛盾和难题，科学谋划学校的发展道路。经过十三次修改，规划在学校第七次教代会讨论通过。确立了"立足北京、面向财贸、发展高等职业教育和职业培训"的办学定位，"质量立校、特色兴校、人才强校"的办学理念，走内涵式发展道路的战略思路；描绘了"建成国内一流、具有一定国际影响力的现代财贸高职名校"的远景目标；制定了"蓝海战略、一体化战略、品牌战略"三大核心战略，以及实现"率先构建全过程职业教育与培养体系、率先实现校企一体化办学模式、率先打造财贸

类高职教育品牌"的具体目标。

学校"十二五"时期教育事业改革和发展规划，指明了学校可持续发展的道路和方向，明确了专业建设、人才队伍建设、学校文化建设、校园建设、信息化建设、学生工作及产学研发展等专项工作和各系（院）部及图书馆的建设思路和发展目标，成为指导学校各项工作开展的纲领性文件，推动学校事业在新的起点上健康发展。

三、稳中求进，提升办学质量

学校党委确立了"坚持开门办学，深化内涵式发展，突出财贸特色，加强文化建设的总体工作思路"。走内涵式发展道路，就是要以科学发展、和谐发展、可持续发展来引领学校今后的发展。其中科学发展，就是要按照高等教育规律、按照职业教育规律、按照人的成长规律来办事。和谐发展即是学校物质层面的发展和精神层面的发展相统一；个人的发展和学校的发展相统一；以及系（院）部的发展与学校的发展相统一。可持续发展，就是要依法治校，强调制度化、规范化、公开化、形成学校发展的良好机制，内化为学校文化，升华为学校精神。

学校全面推进落实"十二五"发展规划，紧紧围绕"财""贸"行业发展，以质量为基础、以就业为导向，针对首都产业结构发展现状及趋势，适应商业、金融、物流、旅游等服务业的人才发展需求，提出"围绕行业办专业、办好专业促行业"的专业建设思路，不断深化专业建设，不断调整专业结构，初步形成以金融、工商企业管理、会计等财经类专业为主体，导游、物流、广告设计与制作等相关专业共同协调发展的专业体系。2012年学校成功申报旅游管理、物联网应用两个新专业和中外合作会计、金融专业；高标准建设投资与理财、会展策划与管理、市场营销（珠宝鉴定与营销方向）三个专业和教育部、财政部重点支持的电脑艺术设计和金融与证券两个专业；积极开展专业建设改革，推进分级制改革试点工作，物流管理和市场营销两个专业的中高职衔接试点开始实施，四年制高职本科专业试点工作开始启动。

"围绕国家产业振兴计划和地方经济社会发展需要，主要依托省级以上示范院校和知名企业，共建校企合作示范基地，探索'双主体'培养高技能人才新机制"，是我国高等职业教育在"十二五"时期改革和创新发展的工作重点。学校主动适应首都大力发展现代服务业的经济发展需求，在多年校企紧密合作的基础上与企业共建商学院。2012 年 1 月 12 日学校与恒天财富投资管理公司共同成立的"北财—恒天商学院"正式揭牌。院长王成荣、恒天财富公司董事长梁越出席揭牌仪式。同年 3 月 30 日，"北财—尚游汇商学院"揭牌仪式在学校财贸大讲堂隆重举行，院长王成荣、中国环境国际旅行社总裁钟晖，以及北京春秋国旅、北京国旅等 10 余家旅行社总经理参加活动。成立商学院是学校推进"十二五"规划实施、深化校企合作的重要举措。商学院将在学生订单培养与培训、学生实习就业、研发和咨询服务、师资培训与共享、员工继续教育等方面实现一体化发展。

四、牵头组建北京商贸职业教育集团

近年来，职业教育集团作为职业院校、行业企业等组织为实现资源共享、优势互补、合作发展而组织的教育团体，成为我国加快职业教育办学机制改革、促进优质资源开放共享的重要模式。

学校党政领导班子清晰认识到推进职业教育集团化办学，有利于整合多方力量，推动现代职业教育体系建设；有利于建立健全政府主导、行业指导、企业参与的职业教育办学机制；有利于深化职业教育校企合作，系统培养技能型、高端技能型、应用型人才，提高人才培养质量。2012 年学校将组建北京商贸职业教育集团，作为推进实施学校"十二五"时期一体化战略，强化首都商贸行业对职业教育的发展指导，提升商贸职业教育服务北京世界城市发展战略的贡献力的重要举措，并请示北京市教委、北京市商务委，多方协调相关企事业单位，积极开展筹备工作。

2012 年 10 月 30 日，在市教委、市商务委指导下，北京商贸职教集团筹备工作企业专家研讨会在学校通州校区召开。市教委领导郑登文委员、市商务委人事处处长李恒青、市教委职成处张兰等领导出席会议，来自 27 家北京知名商贸企业、行业协会的领导、专家，以及学校领导、系（院）部主任共 56 人参加会议。院长王成荣首先对学校受市教委委托，牵头组建商贸职教集团工作的背景、职教集团理事会章程和组建方案等筹备工作做了详细说明。来自商贸企业、行业协会的专家就商贸职教集团的组建工作进行了热烈的研讨和交流，提出了很好的意见和建议。市教委郑登文委员高度评价了召开企业专家研讨会的意义。他指出，成立职教集团是职业教育办学体制和办学模式改革的重要实践，是落实《国家中长期教育改革和发展规划纲要》的一项重要任务。北京市教委、北京市商务委等相关政府部门将全力支持由北京财贸职业学院牵头组建商贸职教集团，希望通过职教集团的成立，实现资源共享、优势互补、产学结合、标准对接、人员融合。10月31日，学校再次组织召开了北京商贸职教集团筹备工作院校专家研讨会。会议邀请来自中职院校、高职院校、本科院校以及出版社的专家共40人参会，进一步推进各项筹备工作。

12月22日，北京商贸职业教育集团成立大会暨第一届理事会隆重召开。教育部职成司司长葛道凯、北京市委副秘书长傅华、市委教育工委副书记、市教委主任姜沛民、市委教育工委常务副书记刘建、市商务委员会主任卢彦、通州区人民政府副区长崔志成、市财政局副局长吴素芳、市教委副主任付志峰、市商务委员会副主任申金生，以及北京市相关职能部门领导、职教集团理事成员、学校教学单位负责人和嘉宾、学校师生700余人参加大会。大会由党委书记韩宪洲主持，北京商贸职教集团理事长、院长王成荣致辞。会上，市教委委员郑登文宣读职教集团成立批复文件，市委教育工委常务副书记刘建宣读集团理事长、副理事长、秘书长名单。市教委、市商务委、通州区政府领导共同为北京商贸职教集团成立揭牌。王成荣院长在致辞中阐述了职教集团的成立意义、职责任务和发展前景。北京菜市口百货有限公司董事长赵志良、北京商业学校校长侯光作为成员单位代表分别发表讲话。会上进行了共享物流实训基地、王府井商业研究中心、通州区旅游高技能人才培养基地、菜百商学院成立四项战略合作签约仪式，北京菜市口百货有限公司提供100万元作为菜百商学院奖学金。通州区政府副区长崔志成、教育部职成司司长葛道凯在讲话中就北京商贸职教集团的成立对于促进区域经济发展、提高人才培养质量方面的作用予以肯定，并提出希望。市教委主任姜沛民对职教集团的运行和发展提出要做实做精的要求。在现场领导、嘉宾和学校师生的共同见证下，北京商贸职教集团正式成立。

由学校牵头成立的北京商贸职教集团，共有57家成员单位，是依靠情感纽带、事业纽带、共享利益纽带联系起来的产学研共同体。在北京市教育委员会、北京市商务委员会、通州区人民政府的领导和支持下，将通过集团成员之间同舟共济、互动共享的运行机制，实现商贸职业教育信息、人力资源、教育设施和实习实训基地等资源的共享与互补，并将成为北京商贸职业教育资源的共享平台和合作育人、协同创新的基地。

五、成立北京财贸职业学院校友会

校友是学校的骄傲，是学校的宝贵财富，更是学校发展的动力源泉！学校在"十二五"规划明确提出了成立"北京财贸职业学院校友会"的建设目标，希望通过成立校友会，聚集校友资源，搭建校友互动平台，加强校友与学校、校友与校友之间的联系和合作，促进学校和校友的共同发展。2011年5月，学校成立了校友会筹备委员会。在广大校友的热情参与下，筹委会通过深入走访校友，开展座谈会，多方征集关于校友会建设的意见和建议，开展各种筹备工作。

通过多方调研，学校校友会确立了以建设校友分会为基础，建设学校校友总会的组织架构。主要依托五种类型的校友分会促进校友总会建设：（1）各系的校友分会，包括八个系（院）部；（2）企业校友分会，如招商银行校友会、菜百校友会、烟草校友会、全聚德校友会等；（3）不同办学类型的校友会，如MBA澳门班校友会、青干班校友会等各种类型教育分会；（4）行业校友分会，如商业、艺术、旅游、流通等行业校友分会；（5）学校办学历程中融入学校发展的原院校校友分会，如中国石油物探职工大学校友分会、立信会计学院校友分会、北京财政学校校友分会等。

2013年2月27日，北京市社会团体管理办公室社团组织登记处副处长王大川、主管张济晓应邀来到学校考察校友会筹备情况。院长王成荣向考察组介绍了学校总体情况，副院长姜韵宜介绍了校友会筹备工作及下一步工作规划。社团办领导考察了校友会筹备办公场地，查看了学校校友网、校友会筹建工作简报、校友会组织发展进程表及校友风采墙，对学校校友会工作的筹备情况给予了充分肯定。

2013年3月30日，学校召开校友会（筹）第一次会员代表大会，圆满完成学校校友会（筹）第一次会员代表大会的各项议程，为校友会的正式成立做好了准备工作。会上，北京市教育委员会人事处郭宏伟宣读了《北京市教育委员会关于同意筹备成立北京财贸职业学院校友会的批复》，工作人员宣读了《北京市民政局行政许可决定书》。校友会筹备委员会总负责人姜韵宜向大会做校友会筹备工作报告。

会议通过《北京财贸职业学院校友会章程（草案）》《北京财贸职业学院校友会（筹）第一届理事会和监事会选举办法（草案）》和《会费管理办法（草案）》。依次选举产生了学校校友会（筹）第一届理事、常务理事、会长、副会长、秘书长、监事长。院长王成荣当选第一届校友会会长，王春利等20人当选为副会长，姜韵宜当选为秘书长，吕长鸣当选为监事长，丁建国等160位校友当选为理事，王文学等66位校友当选为常务理事。在王成荣院长的提议下，全体参会人员起立，以热烈的掌声向出任校友会名誉会长的学校老书记张国群、郑国本、张连登，老院长劳而逸、王茹芹、白宝华、张恒思和学校党委书记韩宪洲表示崇高的敬意！

浓浓的"财贸情结"让几代财贸师生走到一起，大会校友会（筹）会长王成荣发表讲话。他首先感谢校友们一直以来对学校建设、校友会建设的热情关注。对校友会的工作，他提出五点建议：（1）希望校友当好联络员和宣传员，广泛宣传学校，联络校友，沟通感情，交流信息，分享经验，扩大校友会的规模和影响；（2）希望校友积极参加活动，献计献策；（3）希望新老校友之间要多交流，以老带新，促使他们快速成长；（4）希望校友们发挥各自优势，相互支持，共同发展；（5）希望校友关心学校发展，支持学校建设，传播学校文化。

2013年6月22日，学校在校本部^① 举行庆祝建校55周年暨校友会成立大会。会上，院长王成荣发表热情洋溢的讲话。北京市烟草专卖局、北京二商集团、北京用友新道科技有限公司、北京海龙集团向学校捐赠科研奖励基金、奖教金和奖学金，立信新道会计研究中心揭牌，各校友分会分别捐赠校园景观石等物品。校友会业务主管单位、市各相关委办局、全国及北京市教育、商业等行业协会、全国及北京市十余所兄弟院校、北京市著名商业企业20余家到会或来信来电祝贺。下午，各校友分会分别举行了丰富多彩的校友联谊活动，校工会组织了笔会活动。

六、形成学校文化理念体系

学校在"十二五"事业发展规划中将推进学校文化建设作为工作重点，着力打造学校文化导向引领平台、文化环境培育平台、文化载体支撑平台和文化影响传播平台，培育学校文化精神，营造学校文化环境，把学校建设成财贸人共同的精神家园。据此，2013年学校出台《北京财贸职业学院落实"十二五"规划学校文化建设实施方案》，进一步明确了建设目标和具体任务，细化建设项目，完善配套设施，以全面推进学校文化建设工作。

---

①由于学校日常主要事务性工作的开展大多在通州校区进行，功能上有别于其他校区，因此2013年之后，被规定称谓"校本部"。

2013 年，由党委宣传部牵头，组织全校师生围绕"学校使命、学校愿景、办学定位、办学方针、办学理念、学校精神、校训"等主题开展大讨论，并整理甄选出内涵深远、具有代表性的提案，形成书面材料。院长王成荣组织校内现任和离退休领导、专家研讨论证，最后提炼出符合学校办学实际、凸显行业精神特质的系列文化理念成果，通过问卷调研、座谈等方式广泛征集师生意见，形成学校文化理念体系，由党委会议研究确定学校文化理念体系。

2014 年《北京财贸职业学院文化理念体系》经过反复研讨、订正，在当年第七次院长办公会上讨论通过。这是学校在创建"国内一流、具有一定国际影响力的财贸高职名校"道路上，在总结办学经验、凝练办学特色、传承财贸文化、培育财贸人才过程中，集中师生智慧，最终形成的学校文化理念，作为校园文化的精神引领，为全校师生贯彻践行、发扬光大。

（一）学校精神：求实 严谨 团结 奋进

1987 年北京市财贸管理干部学院与党委做出了加强校风建设的决定，经全校教职员工反复酝酿，形成了"求实、严谨、团结、奋进"八字校风。1988 年学校 40 周年校庆前夕，学校请邓颖超同志题写这八字校风，并镌刻于校本部行政楼、东四校区教学楼一楼大厅墙壁上。八字校风经过财贸人多年的坚守和践行已耳熟能详、深入人心，现今作为学校精神继续传承和发扬。

（二）学校使命：财贸人才摇篮

自 1958 年建校以来，学校始终坚持"立足首都、面向财贸、服务企业"的办学定位，为财贸行业和企业培养高素质应用型人才，如今已桃李满京城，其中一大批成长为商界的领军人物，被商界誉为"经理摇篮"和企业家的"黄埔军校"。学校坚持以建设"财贸人才摇篮"为发展使命，意在传承学校的文化传统，不断创新财贸教育，办好财贸人才培养基地，让财贸人才在这里健康成长，让财贸人的职业生涯从这里扎实起步，让财贸企业家的事业梦想在这里展翅高飞，通过培养更多的应用型财贸人才，为北京的现代化建设做出贡献。

（三）办学理念：职业化、全程化、国际化

职业化：作为面向首都服务业的高等职业院校，职业化是学校教育的基本属性。

学校始终坚持以"围绕行业办专业,办好专业促行业"为办学宗旨,紧密结合首都现代服务业对不同层次职业人才的发展需求,设置专业、开发课程、编写教材、从事教育教学活动,培养高素养、高技能、可持续发展的职业人才。今后学校将继续坚持职业化办学理念,深入探索职前、职后全过程的职业教育,在专业结构、师资队伍、人才培养模式、课程体系、校企合作、文化建设等方面突出人才培养的职业化特征。

全程化:现代职业教育已由"阶段性"教育转向"终身性"教育。学校坚持全程化办学理念,就是将职业教育的"终身性"作为教育目标,把高职教育事业定位为"全职业生涯教育",将教育教学与职业人职业生涯的全过程结合起来,针对职前、职后不同阶段,科学规划、创新发展办学体制和机制,人才培养模式和教学模式,不仅要在高职教育的战略"红海"中做中流砥柱,也要在职业培训的广阔"蓝海"中创新领航。

国际化:职业教育是开放的、面向世界的教育。职业教育国际化是学校未来发展的战略重点。北京国际化城市建设迫切需要学校加快提升教育国际化水平,为"北京服务"培养更多具有国际化视野、符合国际化标准、能进行国际交流的高技能人才。强调在职业人才培养理念、教育标准、教学模式、方法和手段等方面与世界先进职业教育进行比照与对接,通过中外合作办学、国际标准引进、师资队伍国际化和人才培养国际化等方式和途径不断提高国际化程度,提升学校的影响力。

总之,"职业化"是学校办学的基本属性,决定办学定位;"全程化"是办学所面对的市场;"国际化"是提升办学水平的途径。三者相互联系,构成了完整的办学理念体系。

(四)核心价值:共同创造、共同成长、共同分享

共同创造:学校成长的每一步都是全校师生和行业企业共同努力的结果。学校的财富和价值源于师生的共同奋斗、共同创造,源于与财贸行业企业的深度合作、资源共享、协同创新;学校美好的未来,需要师生更艰苦的努力、校企更深入的合作。合作方能聚力,同创才能共赢。

共同成长:学校是师生共同成长的家园,师生是学校成长壮大的动力源。教师与学生在教育教学过程中教学相长,共同进步;学校导师制模式对青年教师进行

"老带新"传帮带活动,帮助青年教师快速成长,促进老教师持续发展。师生的成长为学校的成长发展注入新鲜的活力和不竭的动力。学校和企业彼此依存,彼此支持,通过深化校企合作办学、合作育人、合作发展的产教融合机制创新,实现学校与行业、企业互补互通,共同发展、共同成长。

共同分享:共同分享是高职教育可持续发展的重要路径。在学校内部,全体师生共同分享智慧、资源与成果,共同分享创造与成长过程的每一份艰辛和喜悦;在学校外部,学校与社会,与行业企业共同分享教育教学资源、共同分享教育教学经验,共同分享教育教学成果和人才培养成果。共享耕耘、共享收获;共享今天、共享明天。

共同创造、共同成长、共同分享三者是逻辑递进的关系,在共同创造中实现共同成长,实现物质成果与精神成果的共同分享,这一核心价值体现了学校同心协力、共创共赢的优良传统。

(五)校训:厚载商道,精益财贸

"厚载",语出《易》:"坤厚载物,德合无疆",意为"地厚而载万物"。这里指承载醇厚的历史和传统文化,并保持一脉相承。

"商道",经商理财之道。"道"指真理、规律、道德和智慧,"商道"即指经商理财的真理、规律、道德和智慧。

"厚载商道":即尊重客观经济规律,探索经商理财真理,承载与修炼商业道德,传承与积累商业智慧,使我国醇厚的商业文明与学校几代人创造的财贸文化一脉相承并发扬光大。

"精"意为纯净、精华,"益"意为增长、加多。"精益"连用,指精益求精。《诗》曰"如切如磋,如琢如磨。"朱熹注:"言治骨角者,既切之而复磋之;治玉石者,既琢之而复磨之,治之已精,而益求其精也。"切磋琢磨,玉汝于成。意为修身治学做事追求精致、卓越和完美,也有相互研讨、勉励之意。精益求精既是一种认真的精神,也是一种执着、专注和合作的职业态度。

"财贸",涵盖三个层面:一指学校简称;二指财贸人、财贸事业、财贸文化、财贸品牌;三指财贸类专业的知识与技能。

"精益财贸":学生精修专业知识与技能,教师精研教学与科学,教职员工精于管理与服务。财贸人靠执着和勤奋,以团结协作、尽善尽美、追求卓越的精神,不断创新、砥砺提高,日积月累、日新月异,共同创造财贸高职名校品牌。

"厚载商道,精益财贸"的校训既立意高远,把经商理财的道德、客观规律与学校的历史文化融为一体,又特色鲜明,把追求精致、创造卓越与财贸高职特色紧密结合,大气厚重、蕴藉精当,具有良好的传承性和专属性。

2013年,校本部图书馆完成改扩建,馆舍面积8978.90平方米。同年3月完成图书馆新馆搬迁工作。新建图书馆环境优雅、文化氛围浓郁,成为承载财贸文化的图书资料中心、科研信息中心以及学术交流和文化活动中心。时值学校建校五十五周年,学校宣传部牵头梳理学校发展历史与文脉,建设完成了北京财贸职业学院校史展[①](1958—2013),成为展现办学成就、传承文化精神、联络校友情感的有力平台。

第二节　强化党建工作引领内涵建设

一、第一次党员代表大会胜利召开

随着学校党员队伍的发展壮大、学校党建和思想政治工作的深入开展,学校党委在推进学校各项事业发展中不断提升党建工作水平。根据2013年学校正式党员人数542名的客观实际,按照党章和《北京市基层党组织换届选举工作暂行规定》的有关规定,党员人数在500名以上的基层党委进行换届选举应召开党代表大会(学校上一次党员大会于2007年12月召开)。经学校党委2012年第28次会议决定,拟定于2013年7月召开中国共产党北京财贸职业学院第一次代表大会。2013年4月初,学校党委正式向中共北京市委提交《关于召开中国共产党北京财贸职业学院第一次代表大会的请示》。4月15日,中共北京市委组织部正式函复我校《关

---

① 2018年学校更新扩建 "北京财贸职业学院校史展(1958—2018)"。新校史展梳理总结学校60年办学成就,重点展示学校"十二五"时期和"十三五"时期取得的办学成果,图片和实物得到进一步充实;展区在原有的基础上向外延伸,以开放式设计呈现"学校荣光"和"展望未来"两部分;创新运用多媒体互动展示手段,方便师生自主查询学校各个办学时期发生的大事件。

于同意中共北京财贸职业学院党委会进行第一次党员代表大会筹备工作的批复》，原则同意学校在 2013 年 7 月召开第一次党员代表大会，原则同意学校提出的代表名额和比例机构，原则同意学校提交的两委委员名额和差额人，原则同意学校提出的选举办法。

学校党委严格按照党章和《中国共产党普通高等学校基层组织工作条例》认真筹备。5 月 9 日，学校召开了第一次党代会工作部署会，明确第一次党代会是关乎学校未来发展的大事，是党内生活的大事，也是加强党内民主、提高学校党建和思想政治工作科学化水平的有利契机。学校各级党组织和党员干部要高度重视，严格按照组织程序组织落实，保证党组织覆盖面和党员参与率，保证党代会各项工作的顺利进行。5 月 17 日起，学校 14 个党总支分别召开党员大会，选举本总支出席学校第一次党代会的代表。5 月 20 日，学校第一次党代会代表选举工作圆满结束。选举产生的 110 名本校第一次党代会代表既具有先进性，又有广泛的代表性。他们中有北京市高校教学名师、优秀共产党员、师德先进个人、育人标兵及校级各类先进代表，也有中层领导干部、教师和专业技术人员、工人、离退休人员、学生党员，同时还考虑到适当比例的少数民族、妇女和青年党员。他们将发挥各自的特长，代表全校 540 余名党员行使党员权利，参与学校党内事务的管理与决策。

2013 年 7 月 8 日 1 点 30 分，学校召开中国共产党北京财贸职业学院第一次代表大会预备会议，107 名正式代表参加了会议。党委书记韩宪洲主持会议并介绍大会筹备情况，代表资格审查小组组长杨禾同志做了关于代表资格审查情况的报告。大会一致通过了中国共产党北京财贸职业学院第一次代表大会代表资格审查情况报告、大会主席团成员、秘书长名单、大会议程和提案工作委员会成员名单。会上还宣布了各代表团长名单。预备会议结束后，大会主席团召开了第一次会议，会上通过了大会日程和大会执行主席分组名单，同时确定了第一次党代会列席人员名单。

7 月 8 日，中国共产党北京财贸职业学院第一次代表大会在校本部电教馆隆重开幕。市委教育工委常务副书记刘建到会祝贺。来自全校 108 名党代表出席开幕式，学校老领导应邀参加了本次大会，党外人士列席大会。副书记杨禾主持开幕式，院长王成荣致开幕词。市委教育工委常务副书记刘建代表北京市委教育工委、市教委对大会的召开表示热烈的祝贺，并对我校自 2007 年党员大会召开以来取得的成绩给予了充分肯定。她希望各位代表认真履行神圣职责，并代表市委教育工委和市教委对即将产生的新一届党委提出了四点希望。刘建副书记表示市委教育工委、市教委将一如既往地支持北京财贸职业学院的建设和发展，努力为学校事业发展创造良好的环境和条件，并预祝中国共产党北京财贸职业学院第一次代表大会圆满成功！

党委书记韩宪洲代表上届党委做了题为《坚定不移走内涵式发展之路，为建设财贸高职名校而奋斗》的报告。报告共分三个部分：一是对过去五年工作的回顾；二是当前的形势和任务；三是全面提高党建和思想政治工作科学化水平。在报告的最后，韩宪洲书记说：回顾过去，成绩令人鼓舞；展望未来，使命催人奋进。我们将站在历史发展的新起点，坚定不移走内涵式发展之路，为实现学校新目标和新跨越而团结拼搏。让我们更加紧密地团结起来，在市委市政府，市委教育工委和市教委的领导下，在党的十八大精神的指引下，以更加广阔的视野、更加开放的姿态、更加昂扬的斗志、更加执着的精神、更加坚实的步伐，为把我校建设成为"国内一流、具有一定国际影响力的财贸高职名校"而努力奋斗！开幕式结束后，各代表团分组审议讨论了中共北京财贸职业学院委员会五年来的工作报告和中共北京财贸职业学院纪律检查委员会的工作报告。

7月9日下午，召开中国共产党北京财贸职业学院第一次代表大会选举大会和闭幕式，党委副书记梁家峰同志主持。大会表决通过了大会选举办法和中国共产党北京财贸职业学院第一届委员会委员、纪律检查委员会委员候选人名单，以及监票人、总监票人名单。在总监票人主持下，大会选举产生了中国共产党北京财贸职业学院第一届委员会和中国共产党北京财贸职业学院第一届纪律检查委员会。大会表决通过了《中国共产党北京财贸职业学院第一次代表大会关于党委工作报告的决议》和《中国共产党北京财贸职业学院第一次代表大会关于纪律检查委员会工作报告的决议》。

学校党委以召开党代会为契机，就未来五年学校发展思路、目标等广泛征求师生意见和建议，进一步确立了"立足北京、面向财贸、发展高等职业教育和职业培训"的办学定位，"坚持开放办学，深化内涵式发展，加强文化引领，突出财贸特色"的工作思路，以及建设"国内一流、具有一定国际影响力的财贸高职名校"的奋斗目标，为学校可持续发展指明了方向、明确了路径。

学校从第一次党代会开始实施代表任期制。党委制定了《中共北京财贸职业学院代表大会代表任期制实施办法（试行）》《中共北京财贸职业学院代表大会代表提案制实施办法（试行）》等制度。大会期间，代表提案共立案3件。同时，认真落实党代表行使民主权利的渠道，邀请党代表列席党委会，发挥党代表的民主监督作用。提案工作委员会将根据《中共北京财贸职业学院代表大会代表提案制实施办法（试行）》的要求，认真做好党代表提案的协调落实工作。

第一次党代会的顺利召开，进一步统一了全校党员教职工思想，明确了目标，坚定了方向，振奋了精神，成为加强党内民主，提高学院党建和思想政治工作科学化水平的新平台，对推动学校科学发展具有重要意义。

第一次党代会召开以后，按照市委、市委教育工委的安排，学校于2013年9月深入开展了党的群众路线教育活动；2015年5月，开展了"三严三实"专题教育活动；2016年3月，积极配合市委第三巡视组对我校的专项巡视；2016年4月，开展了"两学一做"专题教育活动。通过上述活动，认真学习中央精神，学习习近平总书记重要讲话精神，提高认识，深刻查摆问题，认真整改问题，特别是严肃认真地整改了专项巡视给学校提出的每一个问题。通过以上专题教育和专项巡视，学校全面从严治党和反腐败工作不断深化，干部不断强化"四个意识"，坚决做到"两个服从"，政治站位和政治责任感不断提高，"一岗双责"落实到位，全校政治生态风清气正，办学事业蒸蒸日上。

"十二五"期间，学校不断提高政治站位，坚决贯彻党的路线、方针、政策，确保中央政令畅通无阻，执行市委市政府、市委教育工委市教委的政策、指示、要求不折不扣。学校坚持社会主义办学方向，努力践行社会主义核心价值观，立德树人，为首都现代服务业的发展提供了有力的人才支撑。学校认真贯彻党委领导下的校长负责制和民主集中制，坚持科学决策和民主决策。坚持"抓好党建就是最大政绩"的要求，党建和思想政治工作取得了显著成绩，学校"平安校园"建设取得了明显成效，2014年被评为北京高校"平安校园"示范学校。学校各项事业健康发展，为首都安全稳定做出了贡献。

二、科研兴校，科研促教

学校走内涵式发展道路，离不开高水平的科研支撑。学校党政领导班子建章立制，创新实践产学研发展模式与合作机制，通过校、院两个层级的产学研发展模式创新和自主创新，搭建与企业互动共荣的产学研发展平台。鼓励二级学院建立以市场为导向，校企互惠共赢、共同发展的产学研战略合作机构。出台了科研奖励制度，鼓励教师积极开展科研工作，将科研与教育教学实践密切结合，与企业经营管理实践密切结合，打造科研特色品牌。

学校实行科研兴校、科研兴教战略，贯彻"三为"科研方针，2012年12月和2018年12月进行了第六届和第七届学术委员会换届，加强了二级科研学术委员会建设，有力发挥了各级学术委员会作用。每年召开学校学术交流大会，褒奖优秀科研成果，促进了学校学术水平的提升。商业研究所和高职院研究所积极发挥在商业研究和高职研究中的引领作用。2012年至2018年共奖励各类成果2564项，奖励金额超过400万元，有效激发了教师的科研积极性。

（一）成立北京国际商贸中心研究基地

2013年12月2日，"北京市哲学社会科学北京国际商贸中心研究基地"成立大会在我校举行，标志着北京高职院校首家省部级社科基地落户学校。北京市哲学社会科学规划办公室主任王祥武、北京市商务委员会副主任申金升、北京市教委科研处处长赵青、北京市发改委经贸处处长来现余出席成立大会。党委书记韩宪洲主持成立大会。会上，赵青处长宣读《关于建立北京国际商贸中心研究基地》决定。在各区县政府有关部门的领导、知名专家学者、北京商界前辈、当今著名企业家和学院教师代表的见证下，王祥武主任、申金升副主任、赵青处长与研究基地负责人、首席专家、院长王成荣共同为北京国际商贸中心研究基地揭牌。会上，市哲学社会科学规划办、市教委、市商务委领导为研究基地学术委员会顾问、学术委员颁发了聘书。院长王成荣表示，北京国际商贸中心研究基地的建立，为我校提升服务北京发展能力搭建了一个更高的平台。研究基地将以服务北京世界城市建设为使命，积极发挥研究基地积聚力量、整合资源、协同创新的功能，为北京国际商贸中心建设提供理论支持，为繁荣北京社会科学研究做出积极的贡献！

王祥武主任对北京市哲学社会科学北京国际商贸中心研究基地的成立表示热烈祝贺。他肯定了我校长期立足北京商贸领域进行研究取得的各项成绩，希望研究基地成为研究阐释北京国际商贸中心建设的生力军，成为高水平的专业智库，打造出更多的优秀成果、学术精品。他说，北京市哲学社会科学规划办公室将给予研究基地大力支持并努力做好服务工作。

（二）加入中国职业教育产学研联盟

经国务院批准，以教育部、人力资源和社会保障部、全国总工会、共青团中央等为支持单位，成立中国职业教育产学研联盟以推进中国职业教育的快速发展，加快中国现代职业教育体系的建设。2013年12月29日，中国职业教育产学研联盟暨首届中国职业教育产学研合作高峰论坛在北京举行。院长王成荣作为唯一一位高职院校院长在会上发言。他强调了高职院校深化产学研合作"有利于提高教师的创新能力和实践水平，有利于提高技能型人才培养的质量，有利于提高为社会服务的能力和贡献度"。他从"完善体制机制，推动产学研合作；搭建校企合作平台，有效推动产学研紧密结合；改革现有人才培养模式，主动服务地方经济发展"三个方面介绍了我校产学研实践的具体做法，并就高职教育产学研合作中存在的问题提出了工作建议：强化政府主导作用，构建高职教育产学研合作保障机制；健全组织协调机制；完善政策法规体系；建立稳定经费投入保障体系"。

（三）发起成立北京京商流通战略研究院

2014年7月5日，由学校发起，并与中商商业经济研究中心、北京博厦行房地产信息咨询有限公司共同举办的北京京商流通战略研究院正式成立。作为民办非营利组织，研究院集聚了数十位北京流通经济领域的权威专家和企业家，以助力北京世界城市建设和国际商贸中心建设为目标，坚持"市场导向、微观导向、问题导向"，以"开放办院、市场机制、品牌战略"为思路，成为校企合作的桥梁、教师提高科研能力的平台、服务北京流通发展的"智库"。研究院的主办三方既有在北京流通经济研究领域享有权威影响的品牌院校，也有在全国商业改革与发展研究中贡献卓著的国家级专业流通研究机构，还有具有外资背景，在流通实践领域颇有成就的知名企业，从其组成成员来看体现了京商流通战略研究院鲜明的研究视角：理论与实践相结合，既崇尚前瞻的视野，又坚持实事求是的科学精神，致力于为流通产业解决实际问题，提供高水平智力支持。在北京京商流通战略研究院成立的同时，还举办了"通州北京城市副中心及中心商务新区发展建设"主题研讨会。学校校本部位于通州区，主动参与通州经济建设，深入研究通州流通经济领域的重要课题，并将其作为北京京商流通战略研究院的重要研究选题。北京财贸职业学院院长、北京京商流通战略研究院专家委员会主任王成荣教授做了主题演讲。会议是在京津冀一体化大背景下北京商界首次集中研讨京津冀重要战略节点通州的流通战略发展问题。北京京商流通战略研究院专家对通州北京 CBD 新区流通产业的前瞻性研究也得到通州区政府领导、区商务委主管领导的高度赞赏。

在此基础上，"北京商业智库"建设取得了一系列研究、咨询服务成果。2011年以来，完成政府研究项目和商业规划项目48项，为51家北京知名企业制定发展战略，参与5项国家标准和部颁标准的制定，2016年加盟中国流通业顶级智库——中国流通G30，2017年参加了《北京城市总体规划（2016—2030）》的专家论证，多次应邀参加北京政府工作报告的征求意见，赢得了在北京商界较大话语权。2017年，北京国际商贸中心研究基地顺利通过第一期验收。

（四）荣获两项职业教育国家级教学成果二等奖

2014年7月，教育部公示《2014年职业教育国家级教学成果奖拟获奖项目名单》，由院长王成荣教授主持申报的《基于城市需求的金融职业人才培养改革实践》和李宇红教授主持申报的《高职财经商贸类专业上班式课程体系研究与实践》荣获二等奖，这是近年来学校推动教学内涵建设、深化教育教学改革取得的重大标志性成果，实现了学校在国家级教学成果奖上零的突破。开展国家级教学成果奖励工作是国家借鉴历史，面向未来，大力实施科教兴国、人才强国战略的重要举措。学校高度重视此项工作，建立了校级、市级、国家级三级教学成果奖的申报工作体系。教务处认真组织，严格把关，加强对申报成果的过程管理和服务工作，各系（院）部积极申报，精心准备申报材料，确保申报成果质量。本次获奖的两项成果是学校近年来开展高等职业教育教学改革，尤其是建设国家高职示范校的重要经验和教学成果的凝练与升华，具有明显的创新性、实用性和示范性，体现了学校整体教学改革水平和人才培养质量。

（五）首都职业教育协同研究中心落户学校

2015年1月8号，"首都职业教育协同研究中心成立大会"在我校召开。市教委、通州区委、首都高校、研究机构、媒体、专家、学者以及校内领导、教学科研人员代表共计50余人参加会议。会上宣布了"首都职业教育协同研究中心"的运行组织机构，并为专家委员会专家和校外特聘研究员颁发了聘书。首都职业教育协同研究中心的成立，开启了学校带头开展首都职业教育协同研究的新机遇，在"开放、协同、合作、创新"理念的指导下，重点在现代职业教育体系与办学体制机制、集团化办学与产教深度融合、人才培养模式与现代学徒制、教师职业发展与"双师型"教师培养、区域经济与社会服务、区域协同与国际合作、学习型城市与社区发展等领域开展研究和探索，为我校的人才培养、校企合作、社会服务等方面提供理论支持和实践依据。

（六）学校软科学研究成果两登《软科学要报》

2015 年 5 月 8 日，金融系张淑梅副教授独立研究成果《区域发展新战略和京津冀协同发展的重点》以及合作研究成果《落实创新驱动战略要在科技服务基础设施上精准发力》连续入选并刊载在国家《软科学要报》2015 年第 4 期、第 5 期上。《软科学要报》刊发的软科学成果代表了当今中国软科学研究成果的高水平，标志着我校软科学研究成果得到了国家层面的认可和肯定。《区域发展新战略和京津冀协同发展的重点》和《落实创新驱动战略要在科技服务基础设施上精准发力》均为我校联合北京交通大学于 2014 年申报的科技部国家软科学研究计划项目《科技服务业发展研究》（项目编号为 2014GXSIB001）的阶段性研究成果。两项研究成果对京津冀协同发展的战略重点、打通科技与经济社会之间通道的关键点提出了对策建议，对于指导区域经济产业创新和产业升级具有参考价值。

（七）举办第十届京商论坛暨第二届北京国际商贸中心研究基地学术论坛

2015 年 11 月 20 日，由北京财贸职业学院、北京市哲学社会科学北京国际商贸中心研究基地、北京市教委京商文化和首都流通现代化研究科技创新平台、北京商业经济学会联合主办的第十届京商论坛暨第二届北京国际商贸中心研究基地学术论坛在北京山西大厦隆重召开。150 余位北京商业企业界、学界、相关政府部门嘉宾、学校领导班子和部分教师代表出席会议。院长王成荣致开幕词，党委书记高东致闭幕词。

论坛以"京津冀协同发展背景下首都商业的优化升级"为主题，探讨在京津冀协同发展背景下，以建成国际一流的和谐宜居之都为战略目标，面对首都功能疏解、消费新常态和新的零售革命等机遇和挑战，首都商业产业结构如何进一步转型升级，如何抓住机遇、迎接挑战，走出一条创新驱动、内涵发展的道路。中国商业联合会会长张志刚、北京市哲学社会科学规划办公室主任王祥武、国家商务部流通发展司副司长王选庆、北京市商务委员会副主任申金升、北京商业经济学会常务副会长王茹芹、中国社会科学院社会科学评价中心主任荆林波、中国烹饪协会会长姜俊贤、中国市场学会批发市场发展委员会常务副主任兼秘书长金陆成、中国一带一路战略研究院教授梁昊光、富基融通董事长颜艳春和我校商业研究所所长赖阳等嘉宾分别发表主题演讲、参与高峰对话，从京商对中国商业经济建设的作用，京津冀协同发展流通业如何先行，"十三五"时期首都商业面临的转型和发展，京商在一带一路战略中的作用，商业转型与共享经济，首都商业格局的优化与提升等角度发表各自的见解。与会者普遍反映本次论坛主题明确、观点鲜明、思想前瞻、见解深刻，信息量大，是关于当前新形势下首都商业优化升级的一次高水平的交流，有助于首都商界进一步认清形势，拓宽思路，创新发展。

（八）推进党建和思想政治工作研究

学校党委高度重视党建和思想政治教育研究工作，2012 年启动党建和思想政治工作研究专项"苗圃工程"，并成立北京财贸职业学院党建和思想政治工作研究会，制定《党建和思想政治工作研究会章程（试行）》，推进学校党建和思想政治工作的研究。每年结合高职院校党建和思想政治工作实际定期发布课题指南，组织开展校内课题研究，召开全校范围的研讨会，评选优秀论文和研究成果。同时，通过多种形式加强与兄弟院校党建和思想政治工作研究信息、成果和经验的交流，推荐优秀论文、成果参加校外党建和思想政治工作研究成果的交流、评审。并强调在科研成果转化上下工夫，在指导实践中检验成果，有力促进了学校党建科研水平提升。在 2013—2015 年全国高职高专党委书记论坛上，学校推荐论文 40 余篇，论文质量、获奖数量在参加征文活动的 80 多所院校中位居前列。依据研究会组织参加校外党建和思想政治工作研究课题的申报，指导学校基层党组织开展党建和思想政治工作研究，促进学院党建和思想政治工作研究成果的转化。

2015 年 5 月由党委书记韩宪洲主编的《高职德育创新探索》一书正式出版，并被收入由教育部思想政治工作司主编的"高校德育成果文库"。自中共中央国务院〔2004〕16 号文件《中共中央国务院关于进一步加强和改进大学生思想政治教育的意见》颁发以来，我校以"立德树人"为根本，不断加强和改进高职德育工作，取得了一系列理论和实践成果。该书系统梳理 2010 年以来学校开展的德育工作实践，深刻总结了德育工作成果和经验。"高校德育成果文库"系列丛书由教育部思想政治工作司组织编印，由中国文史出版社出版发行。

三、形成财贸品牌效应

"十二五"时期，学校着力推进"财贸高职名校"的品牌建设，实施学校品牌战略，培育专业品牌、教师品牌、科研和社会服务品牌，提升学校的特色品牌价值和社会影响力，取得了一系列成果：

（一）"财贸素养教育"获得教育部第七届高校校园文化建设优秀成果一等奖

2013 年，教育部思政司公布了"第七届高校校园文化建设优秀成果"获奖名单，学校《财贸素养教育十年筑基校园文化育人模式创新——北京财贸职业学院"五三四一"财贸素养教育体系》获一等奖。财贸素养是我校在探索财经类高职人才培养规律的过程中提出的全新概念。经过十年的探索、实践和完善，形成了以"爱心、诚信、责任、严谨、创新"为教育主题，以"理性认识→自我行动→总结展示"为教育过程，以"班级建设、宿舍建设、学生社团、节日活动"为教育载体，以"财贸素养证书"制度为激励机制的教育体系，并形成了一系列教育成果。

（二）王成荣院长被评选为第八届中国零售业年度人物

2013 年 5 月 30 日在第八届中国零售商大会暨展会上，王成荣院长以坚守商业研究 30 余年，在城市商业规划、品牌价值评价、零售品牌管理和企业文化研究方面的突出贡献，荣获 2012—2013（第八届）"中国零售业年度人物"称号。中国零售业年度人物评选活动由中国商业联合会、中国商报、中国商网主办，每年评选出 9 位零售企业领军者，1 位商业研究卓有成效的学者。我国商业研究领域内知名专家中国人民大学教授黄国雄，中国社会科学院财贸所研究院宋则，国务院发展研究中心市场经济研究所所长兼研究员任兴洲，上海商学院教授兼上海连锁经营研究所所长顾国建，中商商业经济研究中心主任、研究员刘海飞，中国社会科学院财经战略研究院副所长荆林波等学者，分别荣获前几届中国零售业年度人物。

（三）获评"平安校园示范校"

根据中共北京市委教育工委、北京市教委、首都社会治安综合治理委员会办公室、北京市公安局发布的《关于深入推进高校"平安校园"创建工作的意见》，学校自 2012 年 4 月启动"平安校园"创建工作，在校党委的领导下，学校建设完善"平安校园"六大体系，强化师生安全意识，有效提升校园综合防控水平。2014 年 2 月 28 日，首都综治委校园及周边综治专项组办公室在北京会议中心组织召开了"2014 年首都综治委校园及周边治安综合治理专项组全体会议暨首都高校安全稳定工作会议"。会议宣布了《中共北京市委教育工作委员会关于北京理工大学等 13 所高校通过"平安校园"检查验收以及北京大学等 16 所高校为"平安校园"示范校的决定》，并举行了授牌仪式。学院通过"平安校园"检查验收并获得"平安校园示范校"称号，党委副书记杨禾代表学校接受奖牌。

（四）荣获"北京市属高校数字校园示范校"称号

学校自 2009 年底启动数字化校园项目建设，经过 3 年多的努力，圆满完成了数字校园示范校 47 个项目的全部建设任务，在基础设施、教学资源、信息系统和保障机制方面取得一系列成果。来自北京师范大学、清华大学、北京大学、中国人民大学、北京航空航天大学和中国地质大学的项目验收专家认为，学校"教学资源丰富，应用系统涵盖较为全面，信息共享采用的安全策略可靠、特色明显。学校高度重视信息化建设，完成的项目在学校的教学、科研、管理服务中发挥了积极作用。'服务业教育教学资源建设项目'成效显著、示范性强"。2014 年 5 月 13 日，根据《北京市教育委员会关于公布市属高校数字校园示范校建设项目验收结果的通知（京教函〔2014〕190 号）》，学校顺利通过市属高校数字校园示范校建设项目验收，并获得"北京市属高校数字校园示范校"称号。

（五）获评全国职业院校就业竞争力示范校

2014 年 11 月 24 日，全国职业院校宣传部长联席会议年会上，学校被评为"2014全国职业院校就业竞争力示范校"。"2014 全国职业院校就业竞争力示范校"推选活动由中国青年报社、全国高职高专校长联席会议、全国职业院校宣传部长联席会议联合主办，中青在线、中国高职高专教育网提供网络支持，参选对象为全国高职高专院校。本次活动中，从 83 家申报单位中遴选出的 30 家高职院校获此称号。

"多年来，学校以抓好育人质量为核心，实现学生的高质量稳定就业，毕业生受到企业广泛欢迎。中央电视台、人民日报、中国青年报等多家媒体报道了学校的就业工作。"

（六）获评教育部"礼敬中华优秀传统文化" 特色展示项目

2015年1月26日，教育部公布"礼敬中华优秀传统文化"系列活动评选结果，我校报送的《立足高职学生特点，以"明礼"为中心开展传统文化教育》入选特色展示项目。本次活动以"文化根·民族魂·中国梦"为主题，经各高校自主申报、专家组评选，共评选出全国高校"礼敬中华优秀传统文化"示范项目10项，全国高校"礼敬中华优秀传统文化"特色展示项目50项。学校作为全国高职示范校，自2011年起，立足学生特点推进传统文化教育。以"明礼"为中心，以开学典礼行拜师礼、毕业典礼行谢师礼相呼应，教育学生尊师重道；坚持第一、第二课堂相呼应，教育学生诚信为本；以汉代成人礼为平台，教育学生知敬畏、能担当；以传统节日为平台，教育学生爱人、爱家、爱国；以"民俗文化月"为平台，培养学生的民族自豪感。通过开发教育平台，创新内容形式，提升了思想政治教育工作的有效性和针对性。

（七）技能竞赛取得重大突破

我校院系两级狠抓技能大赛的组织与训练工作，2015年在市级大赛中获得11个一等奖、11个二等奖，并承办了中餐主题宴会设计、会计技能、市场营销3个赛项；在国家级或全国性技能竞赛中，获得4个一等奖、3个二等奖、1个三等奖。其中在政府主办的国家职业技能大赛中，取得2个一等奖、2个二等奖、1个三等奖的骄人成绩。旅游系乌云塔娜同学的竞赛风采影像资料入选全国职业院校技能大赛博物馆，尚涛和李博学同学的"英式调酒"应邀参加2015年全国职业院校学生技术技能创新成果交流赛，并获表演一等奖。

四、全国毕业生就业典型经验高校

"十二五"以来，学校就业工作面临着许多不利形势，在全社会就业矛盾突出、高校毕业生就业压力持续增大的情况下，学校实施就业"一把手工程"，把工作重心放在拓展渠道、提升就业质量上，毕业生就业率持续保持在99%以上。毕业生在企业留得下，企业也认为"很好用"。

教育部"全国毕业生就业典型经验高校"遴选表彰活动于2009年9月开始启动，分年度在全国范围内的各级普通高等学校中遴选了50所就业工作具有典型示范性的高质量、高就业率的高校，并授予"全国毕业生就业典型经验高校"荣誉称号，该荣誉被业界人士称作"全国高校就业50强"。教育部发布50所全国毕业生就业典型经验高校，旨在落实党中央、国务院关于加强高校毕业生就业工作的重要指示，推广经验，促进高校提升毕业生就业水平，推动以就业和社会需求为导向的人才培养模式改革，开创高校毕业生就业工作新局面。

基于我校就业工作领导重视、组织健全、就业率和就业质量稳定等实际情况，2014年下半年，学校领导果断决定申报"全国高校就业50强"。2015年1月，学校完成材料准备和申报工作。3至4月，专家对高校申报材料进行初选评分，专业调查机构进行的毕业生对本校就业及人才培养工作满意度，以及用人单位对该校就业及毕业生质量的满意度进行综合评价。这次专业调查机构对我校就业工作进行社会满意度调查，选取了45个样本，我校得分7.67，在49个高职参评校中居15位。排在前面的因子是"敬业精神和职业道德"，得分8.72；其次是"团结协作"，得分8.61；最低是"知识更新和创新精神"，得分6.61。毕业生满意度调查选取了322个样本，总得分7.275，在49个高职参评校中列第21位，排在前面的因子是"教学"，得分7.71，最低是"就业服务"，得分7.03。

5月26日，以对外经济贸易大学党委书记王玲为组长的教育部2015年度"高校毕业生就业总结宣传工作"第一调研组的专家莅临我校开展调研工作。专家组在我校重点了解了就业工作开展情况，核实了就业工作数据，对我校在抓就业方面的经验和特色给予了很高的评价。凭借着扎实的就业工作基础、鲜明的就业工作特色，学校"过五关斩六将"，顺利通过了各个检查评价验收环节。2015年6月24日，最终入选"全国毕业生就业典型经验高校"。

进入"全国高校就业50强"，是对我校办学质量和育人成效的充分肯定。学校在育人和就业创业指导工作中，认真贯彻落实教育部和市教委有关精神和要求，秉承"人人是胜者"的教育理念，不断深化校企合作，创新人才培养模式，突出财贸素养教育和技能训练，提振学生"自强、自立、自信"精神，帮助学生成长、成才、成功，培养了一批现代服务业的精英和大批基层领班人，连续七年就业率保持在 99% 以上。2014 年，我校有 4 支创业团队入选"北京地区高校大学生创业优秀团队"并获专项资助。几年来，学校为适应首都高精尖产业发展需要，努力探索进一步提高人才培养质量和就业质量，培养和孵化更多的创业人才、创业项目。

第三节　以先进的教育理念全面提高育人质量

2011 年，学校迎来"十二五"开局之年。《国家高等职业教育发展规划》对高等职业教育提出了新要求，学校主动适应首都经济发展方式转变和产业优化升级的要求，坚持以先进的教育理念为引领、以服务首都区域经济发展为宗旨、以就业为导向、以提高人才培养质量为核心、以示范校建设为立足点，创新体制机制，大力推进专业建设，狠抓招生规模，全面提升育人质量。

一、狠抓招生，稳定办学规模

2011 年以后，针对北京生源连年下降、外埠招生也因地方采取保护主义措施而受限等不利因素，学校实行"一把手工程"，认真分析招生形势，加强招生政策和招生策略的研究，加大宣传和生源开发力度，超前谋划招生各环节工作，精心布局各类型招生，在生源困难的情况下，确保了比较稳定的招生规模，创造了在北京市各高职院校中招生最好的成绩。

2011 年，北京市教委分配我校 1950 名指标，实际录取高职学生 2001 人，报到 1896 人。中专招生比上年有所增加，成人和党校招生也克服困难，取得了较好的成绩。

2012 年高职生录取 2115 人，报到 1929 人，分别比上一年增长 5.7% 和 1.74%。北京考生报到率 97%；京外招生报到率 81.1%，比上年增加近三个百分点。外省录取 587 人，占比突破 30%。录取三本线以上学生 385 人，占总数 20%，招生数量和质量均稳步提升。中专录取 111 人，成人招生录取 181 人，党校超额完成招生任务。

2013 年高职生录取 2053 人，报到 1911 人，报到率 93.08%，比上年增加两个百分点。其中，录取三本线以上学生 360 人。首次进行五年制高职教育招生，录取

168 人，报到 149 人。成人高等教育和党校研究生招生 106 人。高自考主考专业累计招生规模 1800 人。

2014 年，高职和五年制招生录取 1912 人，报到注册 1753 人；在校生 5821 人。

2015 年，高职面向 14 个省市自治区招生，录取各类生源合计 1904 人，其中首次招收贯通培养学生 389 人；报到 1811 人。生源质量有所提高，高职录取三本线以上考生占高考录取考生的 46.82%。

2016 年，北京市招生政策调整，除保留我校河北省少量招生计划外，关闭了所有外埠招生大门。学校发动教学单位积极参与招生，做好宣传工作。经过艰苦努力，贯通培养试验项目录取 533 人，高职自主招生 775 人，五年一贯制转段和单招录取 283 人，河北省录取 120 人，北京统招录取 96 人，合计录取 1807 人。在生源的严寒期，确保了在校生基本规模。

2017 年，学校成立了招生委员会，实施了"招生—培养—就业"一体化运行机制，采取多种措施调动全员参与招生工作的积极性。实行"双主体"责任制，加大经费支持力度，深入生源校开展招生宣传，全年招生 1607 人，其中高职招生 846 人，贯通培养试验项目招生 480 人，中高职衔接转段学生 281 人。招生工作实现新突破。学校深入研判招生市场，用好用足招生政策，多措并举加强宣传，形成"双主体"联动、相互协作、人人关心招生的工作机制，在全校上下共同努力下，圆满完成年度招生任务。全日制录取 2009 人，超计划录取 209 人，其中高职招生录取 1515 人，贯通项目录取 494 人；实际报到 1959 人，报到率 97.5%。成人高等教育招生和开放教育招生人数均创新高。

二、提出"人人是胜者"的教育理念

面对高职生源下降、生源质量总体不高且参差不齐的情况，为了提高教学针对性和教学质量，在教学中提高学生自信心，调动学生学习积极性，帮助每一个学生成长成才，2012 年王成荣院长首次提出了"人人是胜者"的教育理念。同年 5 月 4 日，他在学校出国培训交流大会上讲话中，谈到教师应该如何看待教学与管理、应更新教学与管理理念时，提出了这个理念。以下节选自讲话记录：

怎样看待我们的学生？我提出一个理念供大家讨论："人人是胜者"。为什么提出这个理念？因为人人是胜者才可能人人皆成才，这两者并行在一起。如何看待90后学生？有人认为90后学生爱攀比、怕吃苦、自私、不爱学习，等等；但是，如果按照人人是胜者、人人皆可成才的理念看待我们的学生，不妨换一个角度，试着把每一个人都看成有优点、有可挖掘的潜力、有成才的可能的人。学校的任务是帮助学生成功、成长、成才，这样教师才能享受到为师之乐。实际我们有些学生自己把自己看成失败者，而且不在少数，因为他进入高职院校时心里就在想：我本该进入二本或者三本的……他们的第一志愿多数想的是去读本科院校，他们的理想在于知名高校，进入高职院校就认为自己是失败者。无论是从现实看还是从心理学角度分析，我认为每个学生都有优点。前苏联教育学家苏霍姆林斯基说，"每一个学生都是独一无二的世界"，再引申一句，每个学生身上我们都会发现有闪光点，因为世界是五彩缤纷的，每个学生这个独特的世界都有其闪光的地方。人有智商、情商、财商、健商，总有一个商是较发达的。我们的老师、辅导员、管理者，应是学生优点的发现者，是学生成长成才的帮助者，是学生问题的解决者，而不应仅仅是训导者、管教者的角色。我们都知道皮格马利翁效应，一个象牙雕塑能变成一个美女，说明情感、心理暗示对受教育者是多么重要。赞美、情感、信任和期待具有一种能量，能改变人的行为。心理学研究也证实，如果一个人自己或周围环境把他视作胜利者，他就会像胜利者那样去行动，就总是成功伴着成功；如果一个人或周围环境把他定位为失败者，他就会像失败者那样去行动。彼得原理、错误基本归因理论都能告诉我们相似的道理。我们需要的是树立学生的信心，我们需要的是发现他们的优点，并把其优点加以放大。作为一名好教师，需要学会发现，学会欣赏，学会激励，学会因材施教。

2013年，王成荣院长在《中国教育报》上发表署名文章"只要有梦想，人人是胜者"，系统阐述了"人人是胜者"的教育理念，以及学校在深入贯彻这一教育理念时所进行的教育改革实践。文章节选如下：

坚持"人人是胜者"的教育理念，就要对高职教学进行深入改革。改革的重点就是因材施教，重视学生专长和创新能力的培养，实现由以教师为主体向以学生为主体的教学变革。在教学改革中，教师是课堂的设计者和引领者，应善于发现每个学生的特长，用更多的时间，以项目教学等形式，让学生参与设计与策划、参与制作与实施，激发学生的兴趣和主动性，发挥每一个学生的潜在优势，实现"研学结合"，培养学生的科学素养、艺术素养、合作精神和创造能力。北京财贸职业学院"上班式"课程的提出与实践，就是财经类专业教学模式由"工学结合"向"研学结合"转变的一种有益探索。学院基础部教师王妍带领学生通过数学建模开展"研学"，学生的成果获得全国数学建模大赛一等奖，论文发表在《工程数学学报》上，金融系学生王博因此获得第七届中国青少年科技创新奖。这说明学生有很大的研究和创新潜力，只要因材施教，加强个性培养，给学生创造更多的机会，就会取得更好的教学效果。

高职学生在校学习收获的不仅是专业知识技能，同时也有职业素质的养成。不同于传统大学教育，高职教育的人才培养目标就是面对行业企业需求，培养"下得去、留得住、用得上"，实践能力强、具有良好职业道德的高技能人才，因此高职院校要不遗余力地为学生动手实践创造良好条件，让学生发挥专长，促使人人成为胜者。在北京财贸职业学院实训基地，能看到银行专业的学生们身着工服在柜台前办理银行日常业务，连锁经营管理专业的学生们在超市货架旁为最佳陈列方案进行热烈讨论，酒店专业的学生为调制出一款新式酒品而细细斟酌品味。这种典型的工作场景，就是"上班式"学习的一幕。我们培养学生实际上是培养一种"社会角色"，培养学生具有不同个性和创新能力、职业延展能力、社会适应能力。

高职教育的视野不应只是偏隅于职前教育即学历教育上，而应以大职教的视野，把职业教育办成面向人人、面向社会的教育。尤其是在当前社会变革和经济转型时期，随着技术进步、信息化加速、产业升级和职业的快速变化，大量的在职劳动力或需要提升技能、或因转岗升职需要学习新的技能，为有发展需求的人提供有力的教育支持，高职教育责无旁贷。北京财贸职业学院在制订"十二五"规划过程中，特别把企业中"红海"和"蓝海"的战略概念引进高职教育，强调不仅要重视在高职教育"红海"市场——学历教育中站稳脚跟，也要在高职教育"蓝海"市场——在职教育、各类培训中有所作为。只有把高职教育视为"全职业生涯"教育，并据此对高职院校办学体制、机制和教学模式、方法等各个方面进行改革，才能更好地适应社会经济发展的需要，才能满足人人渴望发展、追逐梦想、成为胜者的需求。

2014年开始，学校从"人人是胜者"的教育理念出发，根据高职人才培养实际，探索高职人才培养规律，创新财贸特色人才培养模式，从流水线式人才培养模式向适应学生个体差异的"扬长教育"模式转型。学校尊重每个学生的个性差异，发掘每个学生的潜在优势，构建普惠和差异化兼顾的"三阶式"高职创新创业教育体系，助力高职学生实现人人成才、尽展其才的梦想。时至 2017 年扬长教育初显成效，学校探索设置个性化的人才培养方案，全年开设专业选修课 26 门、公共选修课 160 门，初步建立了发挥学生优长与个性、激发学生潜能与动力的教学模式。2016 年，王成荣校长的专著《人人是胜者》由高等教育出版社出版，在全国高职院校中产生了较大影响。

三、以前瞻意识和创新思维，推进专业升级和教学改革

为了确保高职示范校专业的领先性，学校于 2013 年和 2016 年先后提出并实施了"专业核心竞争力提升计划"和"专业升级三年行动计划"，调整优化了专业结构，专业更新率达到三分之一，加快了专业和实训室升级改造的步伐。

2013 年学校启动"专业核心竞争力提升计划"，建立了涵盖人才培养、专业师资、专业课程、技能竞赛和社会服务等内容的评价指标体系；并全面开展了专业剖析和评价工作，为实行专业分类管理、创建优势品牌和特色品牌提供了基础信息。2014 年，在对全校专业进行深度剖析与评价的基础上，调整优化专业结构和归属，停招 3 个专业，合并 6 个专业，更名 4 个专业，将英语、计算机基础课转入基础教学部，使专业结构更加贴近首都现代服务业发展定位和人才需求。同时，扩大了"3+2"中高职衔接办学试验，现有 4 个试验专业，对接 5 所中职学校，初步形成了特色鲜明、动态调整的中高职衔接课程体系和专业合作关系。

2016 年，按照"十三五"规划制定的专业建设目标，着力推进与首都现代服务业发展相匹配、适应高端技术技能人才培养需求的专业群建设进程，学校全面启动了"专业升级三年行动计划"。为配合专业升级改造需要，统筹教学经费投入 2300 余万元，建成了空乘服务实训基地，启动了智慧银行和财务共享中心实训基地的建设；调整优化了二级学院设置和专业布局，新建建筑工程管理学院，将旅游系和广告艺术学院合并后成立旅游与艺术学院；根据市场需求和专业储备需要，申报并获批了建设工程管理、工程造价、影视多媒体技术和学前教育等新专业；开发了注册会计师、注册金融分析师等 13 个贯通培养专业方向。财经、商贸、旅游与艺术、建管四大专业群体系初步形成。

2017 年，启动了以"智慧银行""财务共享中心""智慧零售"为标志的新一轮高标准实训室建设；支持 4 个首次招生专业和 1 个特色专业建设，申报 2 个新

专业；调整优化专业结构，基本形成了财经、商贸、旅艺、建管四大专业群。

2018年学校又实施专业升级改造"攻坚计划"，深入开展"职业教育与产业发展契合度"专业调研，按照"产业契合度、技术跟随度、城教融合度、校企协同度、国际对接度"等指标强化特色高水平专业建设，由文化和信息技术赋能的现代服务业专业结构进一步优化。互联网金融、建筑室内设计2个专业和财务大数据应用、人力资源、物联网系统设计与软件开发、国际物流4个专业方向首次招生，专业设置与首都产业发展和城市副中心建设需求更加契合。以专业升级为契机，BIM、虚拟现实、财务模拟等一批现代化、智能化实训室建成并投入使用，专业建设的信息化、智能化水平进一步提升。试点开放专业实训室，加强"大师工作室"建设，攻坚提升实训室利用率，实训室使用率同比增长45%，开课节次同比增长75.9%。

在"人人是胜者"的教育理念的引领下，学校大力推行"扬长教育"模式，在深化"上班式"课程改革的同时，提出并开展了"研学结合"教学改革和E化课程建设。2012年和2014年分批立项"研学结合"课程及项目20项，对课程目标、课程内容、教学方法、教学评价等进行了系统改革。将专业理论学习与研究性任务相结合，依托活动、项目等载体，使用案例分析、探寻调查、问题情境、头脑风暴、角色扮演、沙盘演练等探究性学习方法，创设激发学生主动思考的情境，使学生无论课上课下都能动起来。这项改革还带动了我校的创新创业教育，改革取得明显的成效。我校《财经类高职"研学改革"教学改革实验研究》获得2013年北京市高等学校教育教学改革立项，2018年获得结项。

2014年首批13门E化课程建设项目按照"培训、改革、实践"三位一体的模式已经启动。2015年继续推进信息技术与教学深度融合，利用中央财政资金专项支持了35门E化课程建设。2016年46门E化课程通过验收；依托E化课程的积累，我校教师在北京和全国职业院校信息化教学大赛中均取得了好成绩。

2016年，针对互联网对教育的冲击，为赢得未来职业教育的领先地位，学校提出了建立"三个课堂"的计划，即建立学校智慧课堂、企业课堂和"财贸在线"网上课堂这"三个课堂"互联共享的课堂建设体系，并于同年启动了"三个课堂"建设，"财贸在线"试开通，部分E化课程资源已上线。加强了数字化教学资源的开发与应用，完成了100门网络课程资源建设和案例资源库建设，开通了16门通识类网络课程，全年有4286人次选修学习。通过三年项目建设，被市教委授予了"北京市属高校数字校园示范校"称号。

在教学改革上逐年有突破、逐年有成果。2011年学校物流管理专业成为北京市首批分级制改革试验项目，为此学校成立了试点改革领导小组，建立了相应的运行机制。信息物流系组织得力师资，以研究先行，制定了北京现代物流专业职业教育分级标准，在新的制度框架下重新设计了人才培养过程，修订了教学计划，探索开发了相应的课程。市场营销专业也参与了北京联合大学、北京商务科技学校的四级、三级试点方案，从2011级开始试点并取得了较好的成效。为了推动教研活动有序开展，学校修订完善了教研活动管理规定，出台了教研室活动指导意见，对教研活动次数、质量等提出了明确要求，并对教研室主任进行了培训。各系（院）部以提升教育教学质量为目标，开展了丰富多彩的教科研活动，形成了一批有份量的教研教改成果。在精品教材建设中，1本教材被教育部评为国家级精品教材，8本教材被评为北京市精品教材。实训教学与管理以"上班式"课程建设和校企共建校内外实训基地为突破口，深化实训教学与管理工作，完善了顶岗实习导师制度和校外教师制度，完成了36门"上班式"课程的验收。与超市发共建的校内生产性实训基地已投入使用，累计建设了40多个深度合作的校企战略联盟，累计开发"订单"产品16个。在全国大学生数学建模大赛中获得（2个）一等奖，在全国大学生电子商务大赛中获得一等奖，在北京市大学生人文知识竞赛中获得一等奖。

2012年，学校实行核心课程教授负责制，60%的专业核心课程实现了教授负责制，96%的课程完成了标准修订，62%的专业核心课程建立了教学资源库。为加强实训教学管理，学校成立了实训中心。充分利用和挖掘校内外实训资源，加强实训教学环境和环节管理，完善了校内实训室模拟训练、产业园生产性实训和校外企业顶岗实习三级实践教学体系。

2013年，学校3个中高职衔接改革试点专业进入实施阶段；2个专业开始"五年一贯制"高职教育的试点；完成了2个中央财政支持专业建设验收工作；通过北京市"专业建设"专项计划推动4个新专业的建设；连锁经营管理高自考中高职衔接试点专业建设成绩突出，获得2013年北京市高等教育自学考试工作质量一等奖；连锁经营管理专业被列为北京市四年制职业教育本科改革试点计划；两批30个教学改革项目获得校级教改立项支持，其中7个获得市级教改立项支持，1项与清华大学联合立项。这一年学校成功申报了教育部职业教育民族文化传承与创新专业教学资源库"中华老字号文化"建设项目，教育部支持经费175万元，由北京市教委给予配套支持。2门课程入选国家级精品资源共享课程。9本教材被评为市级精品教材，46本教材获得教育部"十二五"职业教育国家规划教材选题立项，立项数量居全国领先地位。在实践教学上，引进了8家企业共建校内生产性实训基地，2家已投入运营；建成了2个工科实训室；进一步完善了顶岗实习教学管理。在我国珠算申遗成功之际，立信会计学院成功举办首届珠算技术大赛。全年学生参加全国和北京市各类技能竞赛27项，荣获市级一、二等奖共15项，全国二等奖5项、三等奖9项。

2014年，学校深化教育教学改革，不断推出国内一流水平的教育成果。"研学结合"课程、项目和专业改革试点持续推进；《基于城市需求的金融职业人才培养改革实践》和《高职财经商贸类专业上班式课程体系研究与实践》荣获国家级教学成果二等奖；"会计岗位综合实训"与"商业银行综合柜员岗位实训"2门课程建成国家级精品资源共享课程；学校负责建设的金融、会计2个国家级专业教学资源库——银行产品和会计综合实训子项目通过验收；学校主持的《民族文化传承与创新——中华老字号文化》国家级教学资源库建设取得阶段性成果。校企合作开办9家集经营、实习、实训、实践、培训等功能于一体的实体企业。建立了"四级技能竞赛体系"；确定了26项校级竞赛项目；承办了3项北京市高职院校技能竞赛和第六届北京市高职人文知识竞赛。获全国赛二等奖5项、三等奖1项；市级赛一等奖6项，二等奖2项。选派学生赴境外参加国际比赛，崭露头角。

2015年，在教育部第二届全国行指委中，学校有4人入选5个全国行指委，担任副主任委员或委员。学校有条不紊地推进"3+2"中高职衔接办学项目，已有7个专业参加北京市中高职衔接办学实验，合作中职学校达到10所。推动商贸职教集团内院校专业联盟建设，开展产教对接活动，制定中高职衔接专业标准。积极探索人才培养模式创新，在"互联网背景下的专业升级和课程重构"理念指导下，完成了新一轮人才培养方案的修订。进一步加强了"研学结合"项目和"上班式课程"的教改工作，增强了课堂教学的互动性和学习体验性。学校推动企业冠名商学院"双主体"运行机制建设，成立了"北财—探路者商学院"，推进"现代学徒制"人才培养改革试点。加强对外交流与合作，32名学生出国留学，21名学生参加暑期赴美社会实践和澳大利亚游学，27名学生赴台交流学习。一次性通过了教育部首次高职高专中外合作办学试点评估。

学校合理规划建设校内实训资源，完成 2 个系（院）的 4 个实训室改造与建设。在财贸产业园规划出创业区域，强化了学生自主创业功能。院系两级狠抓技能大赛工作，2015 年在市级大赛中获得 11 个一等奖、11 个二等奖，并承办了中餐主题宴会设计、会计技能、市场营销 3 个赛项；在国家级竞赛中，获得 4 个一等奖、3 个二等奖、1 个三等奖。其中在政府主办的国家职业技能大赛中，取得 2 个一等奖、2 个二等奖、1 个三等奖的骄人成绩。其中，乌云塔娜同学的竞赛风采影像资料入选全国职业院校技能大赛博物馆，尚涛和李博学同学的"英式调酒"应邀参加 2015 年全国职业院校学生技术技能创新成果交流赛并获表演一等奖。完成了教育部立项的"中华老字号文化"教学资源库和"会计电算化精品课程资源"建设任务，并顺利通过教育部验收。其中，中华老字号文化教学资源库资源总数达到 6500 多项，校内外有 7000 多人上网学习。

2016 年，以提升人才培养质量为目标，扎实推进教学改革。调整职业基础课和职业能力课，扩大专业选修课比例，实现了系（院）内部跨专业选修。组织了首届"财贸好课堂"评选活动，推选出一批好课堂、好教师。高质量承办了 4 项市级技能大赛和 1 项学科竞赛。全年获得各类技能大赛、数学建模、人文知识大赛等奖项 87 项，其中国家级大赛一等奖 7 项、二等奖 5 项、三等奖 7 项，市级大赛一等奖 21 项、二等奖 20 项、三等奖 12 项。旅游系在"全国职业院校技能大赛"和"全国旅游院校职业技能大赛"上各取得 2 项一等奖，大大提升了旅游类专业在全国的影响力。

2017 年，学校在人才培养质量上，紧抓"三有课堂"建设。成立了"教学督导与评价中心"，完善了教学质量监控体系；重新划分与调配教学资源，建立了实训管理队伍，促进了资源的开放共享；完善了"四级技能竞赛体系"与奖励机制，受益学生达 2000 余人次。市级技能大赛获奖 101 项次，国家级和全国性大赛获奖 20 项次。

2018 年，以校级教改立项为载体，持续推进课程改革与建设，顺利验收 16 门人文素养类和 6 门职业类平台课，继续支持包含 14 门课程思政项目、17 门职业核心能力课、6 门人文素养课、6 门职业平台课、7 门实训室开放课和 5 门技能竞赛转化课在内的 55 门课程建设立项。扎实推进"三有"课堂建设，财贸好课堂成为学校课堂教学新品牌。依托中央财政专项经费，积极推进胡格教育模式改革试验，启动澳大利亚 TAFE 教学模式培训项目。深化实践教学改革，不断探索校企合作育人的新模式。荣获国家级教学成果奖二等奖 1 项，市级教学成果奖特等奖 1 项、一等奖 2 项、二等奖 4 项。全年承办市级技能竞赛 8 项，并承办 2018 年首届两岸大学生投资理财规划大赛。获得各级各类奖项 110 项次，其中国家级大赛一等奖 10 项、二等奖 8 项、三等奖 16 项，并荣获北京市职业技能竞赛优秀组织奖。

四、推行青春成长护照，完善财贸素养教育体系

2011 年开始，学校不断深化财贸素养内涵和体系建设，推进课程化教育和日常行为养成相结合，加强感恩敬畏教育，规范了开学典礼、毕业典礼及拜师礼、谢师礼等规范礼仪，提出"青春成长护照"和"义工制度"，完善了学生奖学金体系，设立了校长奖学金、新生奖学金等，助力学生成长成才。

2011 年，学校以探索深化素养教育的新途径、新模式为出发点，制定了素养教育整体规划，把财贸品格素养与学生思想政治教育、日常管理融为一体，把财贸职业道德培养与基础文化素养养成有机统一，完善了素养教育方案，深化了"五板块"素养教育内涵，增加了以"感恩"和"敬畏"为主题的教育内容，深化了素养教育的内涵。通过演讲比赛、无偿献血等主题教育活动，弘扬财贸精神，打造学生自育平台；开展优秀班级创建活动，以自管自育推动素养教育成果的转化。2011 级新生开学典礼以"青春梦想，财贸起航"为主题，增加了佩戴校徽、行拜师礼、老同学捐赠图书等环节，强化了养成教育，为大学生活创造了一个良好的开端。精心策划举办毕业生典礼，邀请家长代表、企业代表、校友代表共同参与，而"大学记忆、职业畅想、神圣时刻"三个环节则增强了学生的使命感和对学院的认同感，使毕业典礼成为财贸素养教育最精彩的一课。

学校以大学生军训为切入点，把军训与国防教育、素养教育、安全教育相结合，充分发挥军训育人功能。31 名学生应征入伍，连续 7 年被东城区评为征兵先进单位。定向越野社团获得 2012 年北京高校高职组团体混合、女子团体、男子团体第一名，并包揽女子组前三名，联赛成绩挺进北京高校 20 强。

学校对学生社团工作进行了重点研究和规划，在对原有百个学生社团重新摸底的基础上，重点扶持建设 25 个特色社团，明确了社团品牌化建设的方向。通过

举办社团文化节、社团展示周、社团代表大会、社团考核评比等，全面展示社团建设成果。学校学生会入选了全国学联第 26 届委员会。学校以数学建模社团为代表的各类社团在北京市和国家级比赛中屡获大奖，校红十字会青春红丝带社团被授予"2011 年度首都红丝带社团先进集体"。2012 年，学校红十字会获得"首都高校红十字先进集体"。

与专业结合密切的专业社团成为师生开展专题研究，学生发挥特长、强化专业学习训练和参加职业技能大赛的重要载体。在北京市"千团大战"中，"文秘之家"社团成功跻身北京大学生社团前十名。大学生创业就业协会获得"首都高校职业类优秀学生社团"称号，共有 10 支团队、5 名教师、5 名学生、11 篇社会实践报告在首都大学生暑期社会实践活动中获得优秀，在高职院校中排名第一。金融系学生王博获得第七届中国青少年科技创新奖，实现了我校学生在此奖项上零的突破。

学校大学生艺术团自 2009 年成立后，相继建成了民乐团、舞蹈团、合唱团和戏剧社。财贸艺术团在"魅力校园"第八届全国校园文艺汇演暨第十三届全国校园春节联欢晚会节目征集活动中获二等奖，在北京大学生艺术展演中获得 3 个二等奖、3 个三等奖，在北京青年艺术节上获舞蹈团体铜奖，成为唯一进入决赛并获得团体舞蹈奖项的高职院校。在"北京大学生小剧场戏剧节"上，话剧社团排演的话剧《21 克拉》面向社会公演。2016 年原创话剧《潘序伦》参加了北京大学生戏剧节公演。学生社团制作的微纪录片《消失的北运河》，在首都大学生绿色梦想季系列活动表彰大会暨首都大学生绿色微纪录展映活动中获金奖。

2012 年，学校强化政治理论课对学生思想政治教育的主阵地和主渠道作用，开设专题博客、微博，指导学生成立曙光社团，建设全方位立体化的思想政治理论教育体系。2014 年出版教研成果《基于能力本位的高职思想政治理论课创新研究》。成功承办了全国高职高专思想政治理论课骨干教师暑期培训班和北京市高职院校思想政治理论课青年教师教学能手大赛，还有多名教师参与高教出版社两门高校思想政治理论课辅学读本（高职高专版）的编写工作。《中国教育报》专题介绍了我院思政理论课教学改革的做法与经验。

学校以提高学生心理素质为目标，开展"微笑、微爱、微成功"为主题的第九届心理健康节系列活动。"我的微成功"主题班会在北京市评比中获得二等奖。2012 年，成功举办"海峡两岸高校心理工作交流会"和"首都高职院校心理健康教育工作交流会",并在"全国高职院校心理健康教育年会"和"北京市高校心理健康教育年会"上作为优秀典型在会上进行经验交流。学校还成为中国心理教育学会全国高职院校心理健康教育工作委员会副主任委员单位,被评为2007—2012年北京市高校心理素质教育工作先进单位。

为保障贫困生顺利完成学业,学校拓展资助育人新思路,构建了"经济资助、能力支持和精神关怀"三位一体的立体资助体系;增加勤工助学岗位,制定了《应急救助办法》,创立了"爱心小屋"和"温暖行动",筹建学生贷款还款追踪机制,实现资助工作全方位覆盖。引入心理辅导机制,引导贫困生正视贫困、自立自强;加强资助后教育,增强贫困生的感恩意识和社会责任感。

2013年,学校结合学生特点,以拜师礼、谢师礼、成人礼等传统礼仪活动为载体,强化感恩与敬畏教育,从修身、励志、敬业三个角度开展传统文化教育,丰富了"五板块"主题教育内涵。在第三届首都大学生思想政治教育工作交流展示暨实效奖评审会上荣获二等奖,成为唯一获此殊荣的高职院校。成功举办以"中国梦、校园情、快乐心"为主题的第十届心理健康节系列活动,荣获2013年全国高职院校心理健康教育工作先进集体。建立"学生青春成长护照"制度,实现学生综合素质测评量化考核。试行学生义工制度,设立义工岗位60个,学生参与义工服务355人次。建立学生工作底线标准,实施"四位一体"的安全教育模式。建立大学生事务中心,对学生开展"一站式"服务,融教育与管理于一体,受到学生的广泛好评。

2014年,通过社会主义核心价值观、中国梦主题教育活动,强化学生的理想信念和责任意识,取得了良好效果。思政课教学不断创新,2名教师在全国高职高专思政课微课大赛中分获一、二等奖。我校被推举为北京高职德育研究会会长单位;与两家企业建立了"校企协同德育基地"。《人民日报》《中国教育报》报道了我校德育工作和思政课教学改革成果。三项成果获评北京高校社会主义核心价值观宣传教育优秀项目和优秀案例。

学校注重加强学生综合素养提升,通过建设工科综合实训室,开发创新素养课程,提高学生的科学素养;通过开展"手机休息站"、校规校纪竞赛等活动,加强学风建设。利用微信、微博、博客、QQ等新媒体平台,加强学生顶岗实习的教育管理,做细学生思想教育工作;实施学生义工制度,全年有438名同学参与义工服务。着力打造的财贸艺术团、礼仪社、形美形象社、金手指社、孙茂芳志愿者服务队等多支示范性社团，形成了一定品牌效应。积极组织参与创新创业和艺术竞赛活动，在由团中央、教育部等主办的 2014 年"挑战杯——彩虹人生"全国职业学校创新创效创业大赛中，荣获一等奖 2 项、二等奖 1 项；在市级比赛中获得金奖11 项、银奖 15 项、铜奖 25 项。在第九届全国高职高专"发明杯"大学生创新创业大赛中获得二等奖 1 项，三等奖 10 项。在首都大学生科技创新作品与专利成果推介会上荣获金奖 1 项。在"创青春"首都大学生创业大赛中获银奖、铜奖各 1 项。在第四届北京青年艺术节上获得 2 项铜奖，是唯一获奖的高职院校。

2015 年，学工部进一步细化财贸素养教育方案，将量化考核与学生评奖评优对接，提升了素养教育实施效果。学校调整素养教育"四个平台"，正式推行了"青春成长护照"，建立了学长领航智库，助力新生成长成才。以"明礼修身"为目标，开展了"学风建设月"活动。以规范学生行为为目标，开展控烟行动，取得阶段性成果，顺利通过控烟工作检查评估。

建立了大学生学业辅导中心，推进了班主任学业辅导工作。完善了资助体系建设，出台了贯通培养试验班奖学金和资助工作管理办法，设立了新生奖学金、新生助学金、五年制高职学院奖学金。延伸军训成果，提升了国防教育工作育人实效，获评"北京市高校国防教育先进单位"和"北京高校国防教育突出贡献奖"。充分利用节日平台和素养教育自我行动阶段，深入开展以社会主义核心价值观和"中国梦"为主题的宣传教育实践活动，荣获"第四届首都思想政治教育实效奖"二等奖。

依托学生社团和各类活动平台，提升学生的"三创"能力，取得了明显效果。在第十届全国高职高专"发明杯"创新创业大赛中斩获 14 项大奖，学院获得优秀组织奖。4 件作品入围第四届首都大学生科技创新作品与专利成果推介会金奖，入选作品数量和质量在京津冀高职院校中名列前茅，成为唯一荣获最佳组织奖的高职院校。第十一届全国高职高专"发明杯"创新创业大赛，荣获了包括 4 项特等奖在内的全国性竞赛大奖 21 项。工商管理系 2014 级张鑫同学荣获第十届中国青少年科技创新奖。学校成功承办第二届"挑战杯——彩虹人生"首都职业学校创新创效创业大赛并获得 8 项金奖。

2016 年，我校成立了北京高职院校中的首家马克思主义学院，进一步加强了思政课建设，荣获"第四届首都思想政治教育实效奖"二等奖和"2016 年北京高校思想政治理论课学生社会实践优秀论文"一等奖。2017 年，构建了全员全过程全方位的思政教育体系。在全校率先进行了思政课教师遴选聘任，落实了思政课教师担任兼职政治辅导员制度，建立了思政课实践教学长效机制。学校把"感恩"纳入财贸素养教育"五板块"，形成以"感恩、爱心、诚信、责任、创新"为教育内容的新的"五板块"，完善了"青春成长护照"制度；以学风建设为主线，以技能大赛和社团活动为载体，弘扬社会主义核心价值观，促进学生综合素质的提升。

2018 年，学校"大思政"育人体系不断完善。围绕培养德智体美劳全面发展的社会主义建设者和接班人，构建大思政育人格局。推行思政课教学内容专题化、教学方式多样化、教学设计组织管理信息化，切实提升思政理论课教学的"含金量"。以 14 门"课程思政"教学改革项目为试点，深入推进专业课程的思政建设。荣获第五届首都大学生思想政治工作实效奖二等奖。获批北京市职业院校高职思政课教师培训基地。围绕德智体美劳全面发展的人才培养要求，深化财贸素养教育内涵，完善财贸素养教育体系，提升教育的针对性和实效性。实行财贸素养教育手册与青春护照并行，强化学生知行合一。打造特色"第二课堂成绩单"制度，推进专业社团建设和特色品牌活动，不断丰富素养教育载体。财贸素养教育获得北京市职业教育教学成果一等奖。入围北京市"一校一品"德育品牌，并在入校复评中获得了较高评价。

五、校企合作育人成绩显著

2011 年以来，学校继续坚持"立足首都、面向服务业、突出财贸、发展高职"的办学定位，抓住职业教育"产教融合、校企合作、工学结合、知行合一"的本质特征，深化校企协同育人机制，改革创新人才培养机制，构建校企协同"双主体"育人模式，实施财贸素养教育，培养"有爱心、讲诚信、负责任"的现代服务业基层领班人，在校企合作育人上取得显著成绩，获得了业界和企业的高度肯定。2015 年 4 月 17 日，《中国青年报》刊发文章《高职生职场走俏，校企联手培养"基层领班人"》，深度报道了学校在校企合作育人方面的探索和实践。

校企携手搭起合作育人的"台子"。为了让学生符合企业的要求，让企业聘到满意的人才，北京财贸职业学院在"十二五"发展规划中，提出加强校企深度合作是推进学校科学发展、提升人才培养质量的关键，要充分整合学校和企业的教育环境和资源，携手搭建培养基层领班人的有利平台。学校通过成立北京商贸职教集团，实现优势互补、资源集聚，打造支持首都国际商贸中心发展战略的商贸服务类职业人才"蓄水池"和产学研合作交流中心；通过共建企业冠名商学院，校企双发在订单培养与培训、学生实习就业、研发和咨询服务、师资培训与共享、员工继续教育等方面深度合作实现一体化发展，学校先后与北京菜市口百货股份有限公司、中国环境国际旅行社、恒天财富投资管理公司、北京瀚亚世纪资产管理有限公司等战略合作企业共建冠名商学院；建立校企合作委员会，自2013年开始，北京财贸职业学院各二级教学单位在原先教学指导委员会的基础上，又相继建立校企合作委员会，加大了与北京市行业领军企业、行业主管部门、行业协会、技能鉴定机构交流合作的深度和力度，致力于推进各专业与企业在人才培养、专业建设、课程建设、实习就业等方面的全面合作，共同研究建立产教研对接机制，共同制定人才培养标准，共同论证人才培养模式、人才培养方案。

校企联动趟出创新育人的"路子"。 学校将企业管理标准引进教学，将制度设计、管理理念、考核机制、评价标准应用到实训中，使学生明确合格"职业人的要求"。专业教师把企业管理和职业规范引入课堂，改进教学方法，优化教学手段，按照企业要求，有针对性地培养学生。两会服务是我校旅游系课堂实训的延伸，是校企深度合作十余年的品牌项目。旅游系与北京国际饭店、贵宾楼、友谊宾馆等企业合作，每年两会期间，师生进入酒店开展实训教学，服务两会。学生在酒店前台、迎宾、餐厅、客房等岗位上，以热情、专业的服务，赢得了两会代表们的认可。

学校依照企业工作典型环境，为高职学生量身打造"上班式学习、研究式工作"实训课程。学生在"上班式"课堂内，自觉约束行为习惯，明确业务流程，在工作环境中自主工作、独立学习、共同研究，把所学的知识和技能应用到实践中，在完成工作任务和解决工作难题的过程中，不断打磨职业素质。在北京财贸职业学院实训基地，能看到银行专业的学生们身着工服在柜台前办理银行日常业务，连锁经营管理专业的学生们在超市货架旁为最佳陈列方案进行热烈讨论，酒店专业的学生为调制出一款新式酒品而仔细斟酌。上班式课程将学生作为"准职业人"不断打磨，有效提升了高职大学生的职业素质。

学校与企业共同举办"财贸技能大赛"，承办全国和市级技能大赛，为学生搭建了切磋技能、验证成果的良好平台。大赛邀请企业行家担任指导和评委，通过技能大赛，让学生在实战中切身体会到岗位工作中的职业素养、职业规范，并通过服务过程中面临的复杂情境，加深岗位认知，强化核心技能。2014年学校金融系受全国金融职业教育教学指导委员会委托，会同行业专家制定了投资理财规划大赛技术标准并开发大赛软件，不仅填补了全国投资与理财专业大赛软件的空白，还利用软件帮助学生提高理财技能、检验学习效果。在2014年全国职业院校理财规划设计邀请赛中，我校学生获得一等奖。

校企共同架起学生发展的"梯子"。 学校将校企合作育人贯穿于学生成长成才的全过程，从将学生招入学校，到学生学成就业，学生的每一个进步和成长，都是在校企合作架设的成长阶梯上稳步前行。自2011年起，学校将自主招生面试权重提升至总成绩的70%。面试环节不仅更加细化，内容侧重于考察综合素质、专业能力和潜质，同时还邀请了和学校有长期合作关系的企业人力资源部经理担任考官，从用人单位的角度来选择更加适合本专业并具有专业发展潜质的考生，为培养适应行业企业发展的高素质财贸人才奠定了良好开端。

培植学生的企业文化基因是增强高职大学生就业竞争力的有效途径，学校将优秀的企业文化引入校园，使学生不断感受、熟悉和认同企业文化。每年邀请国内知名企业家来学院做报告。企业家们从企业文化、企业经营理念阐释服务社会、造福民众的观点，并且结合自身丰富阅历及对事业的理解，引起师生共鸣。在每年的就业季，举办"创业英雄汇"，邀请创业成功的校友来学院做报告，校友们通过讲述自己的"创业经历＋梦想追求"，勉励在校生树立正确的事业观、奋斗观。以"传承老字号文化"为主题开展"老字号进校园"活动，组织珐琅厂、内联升、瑞蚨祥等十余家知名老字号来到校园，现场展示传统技艺，为老字号技艺传承提供途径；各教学单位也纷纷结合专业、联合企业，开展丰富多彩的文化活动。立信会计学院与用友新道科技有限公司通过举办会计文化沙龙、诚信第一课等活动，强化师生对会计行业精神的理解和践行。

顶岗实习是高职教育教学体系不可缺少的环节，是高职大学生由"学生"向"员工"过渡的关键时期，为了帮助实习学生尽快适应工作，找到归属感，学校和企业共同确定指导教师，即学校指定一名专业导师和一名生活导师，企业指定一名企业导师。"三导师"共同制定岗前教育培训，指导实习生学习、生活、工作，让学生学会以一个"准员工"的身份自我要求，自我管理。同时校企双方共同制定实习生考评标准，共同参与对实习生的评价考核，以保证评价与考核的科学性。顶岗实习成绩优秀的实习学生，企业将予以优先录用。学生在企业实习过程中从事一线工作实践，逐步深化了对岗位职责、企业文化的认识，不断提升工作能力、职业素养和社会责任感，成为企业认可的合格员工。

为让学生立足岗位，成为"基层领班人"，学校高度重视毕业生进入职场后的发展途径和发展空间。通过对毕业生调查和用人单位调查的信息反馈，掌握毕业生进入岗位后的就业稳定性与成长发展规律。针对财贸高职毕业生就业入门岗位特点，学院多次召开用人单位座谈会，到多家合作企业实地走访，与企业共商毕业生职业发展出路。通过研讨交流，双方把毕业生的岗位稳定和职业成长作为就业合作的重要内容，专门制定财贸新员工生涯发展方案，帮助毕业生树立岗位成才信心，为毕业生稳定就业奠定基础。目前，学院与10余家就业基地企业达成新员工成长计划。如百胜餐饮集团招聘岗位的成长路径为储备经理→副经理→资深副经理；华联集团招聘岗位的成长路径为管理培训生→主管→部门副经理；正大集团招聘岗位的成长路径为渠道销售→资深销售员→城市经理等。

校企共享人才培养的"果子"。学校坚持求同存异、合作共赢的原则，不断深化校企合作内涵，探索人才培养模式，取得丰硕育人成果，为企业发展不断输送基层领班人才，真正实现了校企双向受益、共同提高的战略共赢。

2006届毕业生董振邦，现为北京菜市口百货股份有限公司电子商务分公司总经理；2008届毕业生王茜6年后成长为北京张一元茶叶有限责任公司门店店长。2010届毕业生赵娜现在连天红（福建）家具有限公司担任区域经理的职务。财贸毕业生立足基层，勤奋乐观，爱岗敬业，为个人成才赢得了机遇，为学校赢得了社会赞誉。北京财贸职业学院毕业生就业率连续6年保持在99%以上。通过相关社会调查机构获得的数据表明，学院毕业生对学校工作满意度在92%以上。

由于校企多年的良好合作关系，在企业面临重要发展机遇，处于快速上升期时，北京财贸职业学院在人才培养、战略规划、咨询服务等方面不遗余力地予以支持。以北京菜市口百货有限公司为例，在校企合作的9年里，伴随公司的每一步发展上升，双方合作都得到更进一步深化。2006年校企合作开展"菜百黄金销售订单班"培养；2012年，学院与菜百公司组建"菜百商学院"，共同探索校企双主体育人模式；2014年，校企结成北京高校青年教师社会实践基地共建单位，同年"校企协同德育基地"揭牌成立。2006年至今，北京财贸职业学院为菜百输送员工223人，占菜百员工总数的29.9%，其中34位学生成为菜百的中层管理者，1位学生成为高层管理者，有力推动了北京菜市口百货有限公司年营业额从十亿到百亿规模的飞跃。

六、实施双师战略、蓝海战略和国际化战略

"十二五"以来，学校大力调整和优化学校人员结构，仅2013年全员聘任中有23人通过院内转岗聘任到专职教师或教辅岗位，专任教师与管理工勤人员结构由大约4:6，逐渐调整到6:4，目前专人教师占全院教职工总数的比重达到58%左右。不断完善专业技术职务聘任制，积极支持推行名师、双师、导师"三师"战略，制定了教师下企业、兼职班主任制度，完善了教学质量奖、财贸好课堂、财贸好老师、教学名师、优秀教师等教师评奖体系。12名教师获得北京市名师和职教名师称号。2017年学校成立了教师工作部，聘任了新一届系（教研室）、研究室主任。开展了骨干教师专题培训，组织教师参加了市级培训及培养、支持项目。对建管院教师队伍多渠道培养、多方式锻炼，取得了明显成效。学校1人当选北京市长城学者，1人入选职教名师项目，1人入选专业带头人项目，5人入选优秀青年骨干教师培养项目，1支教学团队入选专业创新团队培养计划，2位教师荣获全市"优秀课例"，7项教学成果分获北京市级教学成果特等奖、一等奖和二等奖。学校在2017年北京市职业院校信息化教学比赛中获得一等奖2项，二等奖4项，三等奖1项，并荣获"优秀组织奖"。2018年，学校更加重视教职工培训工作。紧紧围绕思想政治工作主线，建立健全了教师培养培训机制，分两批组织百余名中青年教师赴嘉兴南湖接受理想信念教育；开展了新入职教职工、骨干教师、科级人员校内培训和教师师德师风网络专题培训；每学期发布教职工理论学习活动指导意见，确保了教职工教育的持续性和常态化。在师德师风建设方面，制定了北京财贸职业学院教师职业道德规范、课堂规范、师德一票否决实施细则、师德先进标兵暨"财贸好老师"评选办法、教师思想政治素质及师德师风考核评价实施办法等一系列制度；召开"弘扬高尚师德、潜心立德树人"教师节表彰大会，形成了师德师风建设的生动实践，受到北京市"两委一室"师德师风督导进校检查组的高度评价。获评长城学者、运河人才、北京市教学名师、北京市青年教学名师各1人。在北京市职业院校教学能

力比赛中，获得一等奖 2 项、二等奖 5 项；获得全国职业院校教学能力比赛三等奖 1 项。

学校在"十二五""十三五"时期都着力推进蓝海战略，建立全程职业教育体系，加大社会培训服务力度。"十二五"以来学校在推进成人学历教育的同时，在高职院校首家取得北京市高等教育自学考试主考校资格，采取"企业点菜，学校配餐"和自主开发"培训产品"相结合的方式，为企业和政府机构提供各种文化培训、技术培训、管理培训、职业资格培训和相关定制专题培训，为现代服务业发展提供了有力的支持，提高了学校的社会服务贡献力。用 8 年时间开展各类教育培训和考试 17.7 万人次，社会服务创收累计达到 13875 万元，达到了提升专业、锻炼教师、服务企业、促进校企合作、拓展招生就业渠道的积极作用。

"十二五"以来，学校积极推进国际交流与合作，目前与国外和台湾地区近 30 家高校建立了合作与交流关系；新申办了两个中外合作专业；200 多名教师参加境外培训，70 名教师获得澳大利亚 TAE 国际教师资格认证；学生访学、游学人数逐年增加；2016 年我校加入世界职业院校联盟，王成荣校长和李宇红副校长分别在世界职业院校联盟 2016 年世界大会和 2018 年世界大会上发表主题演讲，提升了学校在国际职教界的影响力。2017 年，学校加快实施国际化战略，推进国际化高端技术技能人才培养，巩固了与伦敦艺术大学、加拿大北岛学院、美国纽约州立大学等国外高校和中国台湾高校的合作关系。在我校成立了英国北安普顿大学海外学习中心，学校还牵头成立了中英创新创业职业教育联盟。全年接待国（境）外来访 17 个团组 107 人次，扩大了学校在国际职业教育领域的话语权与影响力。

2018 年，以贯通培养试验为依托开发的国际专业教学标准和课程标准，被国外合作院校所认可。创新贯通外培英语教学、雅思英语分级教学改革初见成效。成功举办"2018 贯通培养模式下的英语训练营"，组织学生国（境）外访学，增强了学生的国际化素养。举办了"国际化师资队伍建设英语教学能力提升培训班"，选派教师赴台参加外语培训。全年师生国（境）外培训、访学 99 人次，出国留学 28 人；接待了包括英国、丹麦、泰国等国家及台湾地区共 29 个团组的合作交流与访学。应邀参加世界职业院校联盟（WFCP）2018 年世界大会并做专题发言。在 2018 博鳌亚洲论坛教育论坛上，学校荣获"亚太职业院校影响力 50 强"荣誉称号。

七、围绕办学育人，不断优化体制机制

"十二五"以来，学校进行了两次全员聘任，不断优化体制机制，调动全员教书育人和管理服务育人的积极性。2013年，通过全员聘任推进了二级管理，充实了办学单位的力量，全院从事教学、科研工作的专业技术人员占比达到50%以上。聘任、选拔、任命中层干部75人，其中15人上新岗，占比达到20%，优化了中层干部配置，顺利完成了专业技术职务分级聘任工作。

2017年，通过全员聘任，深化了学校体制与机制改革。本着"以人为本、能级相符、人尽其才、才尽其用"的原则，学校精心组织，聘任中层干部73名，其中44名履新，占比达到60.27%；聘任科级干部72名，其中35人履新，占比达到48.61%；有156名教学科研人员专业技术职务升级，占比达到40%。全员聘任623人，岗位变动317人，占比达到50.88%。通过聘任，启用了一批年轻人，解决了部分教师科研人员评聘分离问题，优化了内部人员结构，激发了组织活力。通过聘任，朝阳校区与校本部加强了人才交流。

八、加强校园建设，解决学校基础设施和资金不足问题

"十二五"以来，在学校建设方面，完成了前期立项的图书馆、学生公寓和中心食堂3个市属高校三年规划建设项目，总建筑面积31551平方米，总投资为12690万元。建成了运河文化景观项目和实训一条街项目，完成了9个500万以上的基础设施改造项目，基本建设累计总投资18374万元。学校建筑面积由2010年底的162055平方米增加到2016年底的221237平方米，增长了36.52%。固定资产总额由2011年初的31415万元增加到2016年底的62807万元，增长了99.93%。改善了教学环境，解决了学校基础设施不足问题。在学校发展方面，完成了原北京市城市建设学校的整体并入工作。学校占地面积由407.1亩增加到450.7亩，增长了10.71%。

"十二五"以来，由于生源紧张，学校在校生数量减少，但事业收入保持基本稳定。2016年总收入为31155万元，比2011年的31644万元减少489万元，降低了1.57%；总支出有所提高，2016年总支出30881万元，比2011年的27693万元增加3188万元，增加了11.51%。2017年，实现预算收入39583.27万元。2018

年实现预算收入 40194.37 万元，达到学校办学历史上的最高水平，有力保障了高质量育人的需要。2014 年以来，王成荣院长和姜韵宜副院长，先后三次作为全国职业院校唯一代表参加全国人大常委会财经委和预算委召开的全国教育部门预算座谈会，并做专题发言。

在学校软实力建设上，不断加强学校文化建设，发布了以校训为核心的学校理念和新版标准标志，出版了新版宣传册，央视、人民日报、光明日报、中国教育报、中国教育电视台等重要媒体多次报道我校。平安校园建设不断深化。图书馆环境宜人，文化氛围浓郁，通过开讲座、办展览、举办多种形式的读者活动，有效地发挥了"文化中心"的作用。持续推进教育信息化，智慧校园建设不断深化。后勤保障服务工作不断细化，食堂、物业等服务水平不断提升，极大地改善了师生的学习、生活环境。工会活动丰富多彩，和谐校园建设取得了新成绩，通过了合格"教工之家"建设验收。共青团工作有声有色，社团活动和志愿者服务活动取得了显著成效；离退休人员工作和关工委工作成效突出，获评北京教育系统关工委先进集体和信息宣传工作先进单位。

2015 年 10 月 21 日，学校召开干部任职宣布会。市委组织部副部长李世新，市委教育工委常务副书记张雪，市委组织部宣教政法干部处副处长赵跃，市委教育工委委员、干部处处长陈江华，市委教育工委干部处副处长邵文杰出席会议。学校领导班子成员、中层干部、党代会和教代会代表、民主党派负责人、近期退出领导班子的成员等参加了会议。市委组织部副部长李世新宣布了市委干部任免决定：韩宪洲同志调往北京联合大学工作，不再担任北京财贸职业学院党委书记，高东同志为学校新任党委书记。

第四节　开展高端技术技能人才贯通培养试验项目

北京市高端技术技能人才贯通培养试验项目是北京市教委自 2015 年开始力推的项目，由高职院校、中职院校、本科高校及企业联合参与，打造贯通普、职、本的人才培养立交桥，并引进优质学校资源，学制为 7 年。项目旨在探索培养高端技术技能人才新路径，对接北京经济社会发展和产业转型升级需要。

一、北京职业教育的突围

习近平总书记在 2014 年对职业教育做出的重要指示中强调，"各级党委和政府，要把加快发展现代职业教育摆在更加突出的位置，更好支持和帮助职业教育发展。"这一指示从国家战略和现代化建设全局的高度，对各级政府的职责提出了明确的要求。按照党中央、国务院做出的重大战略部署，各级政府高度重视职业教育工作，不断强化政策支持和保障力度。2015 年北京市政府发布《关于加快发展现代职业教育的实施意见》（京政发〔2015〕57 号），深入推进教育领域综合改革。2015 年 3 月，北京市教育委员会下发《关于开展高端技术技能人才贯通培养试验的通知》（京教职成〔2015〕5 号），高端技术技能人才贯通培养试验项目正式启动。其内容如下：

各区县教委，各有关高等院校、中等职业学校，教育考试院、教育科学研究院：

为深入推进教育领域综合改革，适应国家和首都经济社会发展、产业转型升级需要，探索培养高端技术技能人才的新路径，根据《国务院关于加快发展现代职业教育的决定》（国发 2014〔19〕号）精神，结合我市实际，我委决定开展高端技术技能人才贯通培养试验。现将有关事项通知如下：

一、指导思想

坚持立德树人、全面发展，深化职业教育教学改革，探索实施素质教育的新途径；打破体制机制障碍，整合融通各级各类优质教育资源，探索优质高效育人的教育发展新模式；促进教育公平，完善职业教育体系，构建人才培养"立交桥"，为学生成长成才提供更多更好的发展机会；对接首都经济社会发展和产业转型升级需要，改革专业设置，调整教学计划，全面加强校企合作，培养高端技术技能人才；提升职业院校办学水平和教育质量，增强职业教育对首都经济社会发展的贡献力和影响力。

二、培养模式

自 2015 年起，支持部分职业院校与示范高中、本科院校、国内外大企业合作，选择对接产业发展的优势专业招收初中毕业生，完成高中阶段基础文化课学习后，接受高等职业教育和本科专业教育（其中本科教育通过专升本转段录取）。

（一）高等职业院校招生模式

前 2 年在高等职业院校接受基础文化课程教育（示范高中协作培养），中间 3 年在高等职业院校接受专业课程及职业技能教育，后 2 年对接市属高校接受本科专业教育。

（二）中等职业学校招生模式

前 3 年在中等专业学校接受基础文化课程和专业基础课程教育，中间 2 年在市属高校（护理专业为 3 年）接受高等职业教育，后 2 年接受本科专业教育。

本项目的试验内容和试验范围每年可根据改革实际需要进行相应调整。

三、招生管理

（一）招生对象

符合当年中考升学资格的本市正式户籍考生。

（二）计划及录取

参与试验的职业院校（含本科高校的高等职业教育阶段，以下简称试验院校）、专业及招生人数见附件；招生计划将通过提前招生（分区县分配计划）和统一招生两种方式下达，并设定统一的最低录取分数线，各学校可在此基础上自行设定本学校的录取分数线。具体招生依据考试院当年招生管理办法进行录取。

四、学籍管理

对高等职业院校招录的学生，1 至 3 学年执行中等专业学校学籍管理办法，4 至 5 学年执行高等职业学校学籍管理办法，完成 5 年学习任务成绩合格者取得高等职业教育毕业证书；完成高等职业教育阶段学习通过专升本转段考试进入本科阶段学习，完成 6 至 7 学年学习任务成绩合格者，取得普通高等教育本科层次（专升本）毕业证书。

对中等职业学校招录的学生，1 至 3 学年执行中等专业学校学籍管理办法；

完成3年学习任务，成绩合格者取得普通中等专业教育毕业证书；4至5学年进入高等职业教育阶段学习，成绩合格者取得高等职业教育毕业证书；完成高等职业教育阶段学习通过专升本转段考试进入本科阶段学习，完成6至7学年学习任务成绩合格者，取得普通高等教育本科层次（专升本）毕业证书。学生在第3学年，符合高考报名条件的，可以中等专业学校应届毕业生身份报名参加当年普通高等学校招生考试，被录取者不再保留贯通培养资格。

五、教育教学

（一）整合优质教育资源，聚焦创新人才培养

1. 基础文化课教育通过引进先进高中课程和示范高中对口合作等方式予以强化；本科教育阶段与市属本科高校联合培养。

2. 瞄准首都高端产业结构，在调整改造试验项目院校现有专业的基础上，建设一批针对试验项目生培养的高端专业。

3. 学生在校学习期间，选拔部分优秀学生到国外高水平大学进行为期半年到一年的访学研修。

4. 试验院校要与合作院校和合作企业建立联合培养机制，共同设计一体化人才培养方案，整合校内外教师、设施、实验、实训等资源，构建整体设计、系统培养、贯通实施、校企合作、协同育人的人才培养新机制。

（二）深化教育教学改革，着力提升学生面向未来的核心素养

1. 学生入学后基础文化课程教育阶段不分专业，进入专业课程教育阶段可按学校规定申请调整专业。

2. 基础文化课程整合先进高中课程体系，开展通识教育和大学先修课程，培育和践行社会主义核心价值观，提升学生的人文素养、科学素养、健康素养，增强学生创新精神、实践能力和社会责任感，培养学生国际交往能力和可持续发展能力。

3. 专业教育课程瞄准高精尖产业人才需求，通过与国内外高水平大学、国际大型企业的合作联合培养，共同制定人才培养方案和计划，培养国际化、高水平、创新型、复合型人才。

4. 全方位推动教学组织、教学方法、教育科研、教学评价、教学资源开发利用创新，推行小班化教学、选课制、走班制、学分制、导师制，实施启发式、参与

式、讨论式、探究式等教学改革，充分激发学生学习兴趣，切实增强学生自主学习能力。

六、组织领导

（一）加强组织领导

市教委成立"高端技术技能人才贯通培养试验"工作领导小组，指导相关学校做好改革试验的各项工作，协调解决试验推进过程中的重大问题。领导小组下设工作办公室，统筹协调开展试验的具体组织实施工作。

各区县教委要加强对招生工作的领导，做好初中毕业生升学辅导工作。北京教育考试院要研究制定招生录取办法，并认真组织实施。北京教育科学研究院要加强对试验实施过程的跟踪研究和质量监测。

（二）保障经费投入

对试验院校开展改革试验所需经费按照学生人数给予保障。保障经费主要用于教师聘用与培训、课程购买与开发、学生实习实训、名师工作室建设、购买社会服务等。

支持试验院校通过合作办学、政府购买服务等方式，引进国内外优质教育资源。支持试验院校从国内外引进紧缺优秀师资和管理人员，可以实行聘用制，并保障相应的薪酬待遇。

学生境外访学研修经费，按照市属高校外培计划相关标准另行安排。

学生进入本科教育阶段所需经费保障办法，由市教委会同市财政局参照职业教育阶段经费保障原则另行研究制定。

（三）明确各方责任

试验院校是贯通培养试验的责任主体，要成立由主要领导任组长、分管领导任副组长，相关部门参加的工作领导小组。科学制定实施方案与工作计划，完善工作机制，明确任务分工，精心组织实施，扎实推进各项工作。要积极与合作的示范高中和本科高校建立紧密联系，签订合作协议，明确各方责任，建立健全协作机制，推进资源共享，实现优势互补。

与试验院校合作的示范高中要责成一名校领导具体负责合作教学管理工作，指定各学科带头人指导基础文化课程的教学工作，选派部分优秀骨干教师通过兼职兼课等形式直接承担教学任务；协助试验院校制订课程标准、选用教材、开发教材；协助试验院校进行实验室建设；接受试验院校相关教师培训或挂职。

对接试验院校的本科高校要积极参与一体化人才培养方案的整体设计，做好与试验院校在招生录取、专业建设、课程改革、质量评价等方面的衔接工作，确保人才培养质量。

贯通培养试验工作中的重大问题，试验院校要及时上报市教委。

北京市教育委员会
2015 年 3 月 13 日

根据上级工作部署，我校迅速反应，积极申报参与。通过前期组织申报和筹备，成为北京市三所高职试验院校之一。北京市教委批准国际会计、国际金融、国际连锁经营管理、现代物流技术与管理、国际休闲旅游策划与管理 5 个专业方向共 3 个专业大类 400 名招生计划。我校贯通培养试验项目对应的合作高中是潞河中学，对应的国内合作本科为首都经济贸易大学，国外合作本科为英国北安普敦大学、新西兰怀阿里奇理工学院、美国纽约州立大学联盟学校。

贯通培养教育项目的启动受到社会媒体广泛关注，被称为是北京市职业教育突围的一次尝试。首批参与项目的三所院校——北京财贸职业学院、北京电子科技职业学院、北京工业职业技术学院 3 所高职院校将分别与北京潞河中学等 3 所示范高中以及首都经济贸易大学等 7 所市属高校合作，共计划招收考生 2270 人。贯通培养实验项目一经推出，就受到考生和家长的欢迎。北京教育考试院统计数据显示，共有 10232 人报名，与 2270 人的招生数比，报录比达到了 4.5:1。

二、全力以赴推进项目实施

学校领导班子高度重视贯通培养实验项目，明确指出本次试验是党领导下的职业教育改革，是关乎学校未来生存与发展的大事。作为首批参与实施高端技术技能人才贯通培养试验项目的高职院校，学校立足于高起点、高投入、高标准，举全校之力予以推进。3 月 24 日，及时成立学校"高端技术技能人才贯通培养试验项目领导小组"，组长是韩宪洲、王成荣、徐华（潞河中学），副组长是吕一中、张洪志（潞河中学）、杨禾、梁家峰、王季音、姜韵宜、李宇红，执行副组长是武飞、平若媛。领导小组下设教学工作组、后勤保障组、师资设备组。各小组制定了详细的工作计划推进表，稳步高效地推进各项工作。3月18日，成立基础教育学院，原基础教学部撤销，继续承担原基础教学部的工作职责，并全面负责北京市高端技术技能人才贯通培养实验项目中第一阶段人才培养。

贯通培养实验项目无前例可循，无成法可依。在项目实施过程中，学校采取"挂图施工、集中领导、集体沟通、分工负责"的办法。2015年3月至9月，王成荣院长主持召开了19次领导小组会议，研究解决来自办学场地、资金、师资、用人机制、对接机制等方面的诸多问题。学校发扬"攻坚克难、锐意进取、办法总比困难多"的财贸事业精神，筹措1200万元自有资金，破解制定贯通人才培养方案、建立针对高中生的教学与管理模式等难题；在短短的6个月时间内，完成了学生宿舍、教室、实验室改造和配置专用教学生活设备等任务；组建了分别来自潞河中学、校内转岗、招聘和外聘等渠道的专任教师队伍，体现了用优质资源、优秀教师办好改革试验项目的要求。

5月5日，学院与潞河中学正式签署合作办学协议。在市教委委员黄侃、通州区教委主任张绍武等市、区教委领导的共同见证下，王成荣院长与潞河中学徐华校长签署合作协议；韩宪洲书记为徐华校长颁发"北京财贸职业学院高端技术技能人才贯通培养试验项目学科总顾问"聘书，为潞河中学张洪志副校长颁发"北京财贸职业学院基础教育学院特聘院长"聘书，为潞河中学祁京生副校长颁发"北京财贸职业学院高端技术技能人才贯通培养试验项目教学工作组组长"聘书；王季音副院长、张洪志副校长为潞河中学9位特级教师颁发"北京财贸职业学院高端技术技能人才贯通培养试验项目学科顾问"聘书。

2015年5月9日，学校针对中考考生和家长举办了校园开放日活动，以便中考考生及家长全面了解七年制高端技术技能人才贯通培养招生政策，并在校本部、北京电子科技职业学院亦庄校区、潞河中学三处设置现场咨询。开放日当天，学校招生办公室、工商管理系、金融系、立信会计学院、信息物流系、旅游与艺术学院等组织师生团队，分别在三处咨询现场与考生及家长进行面对面的交流，就招生政策、专业情况、专本学历衔接、就业前景等问题"摆摊设点"，答疑解惑。据统计，三处咨询现场共接待考生和家长近千人。当天上午，"七年制高端技术技能人才贯通本科培养项目招生论坛"在校本部同时举行，北京各区县考试中心主任、中招办主任、部分中学校长参加。针对七年制高端技术技能人才贯通培养本科招生及人才培养方案进行了深度交流和研讨，《北京青年报》《北京晚报》记者来到校本部进了行采访报道。

5月13日下午，学校"高端技术技能人才贯通培养试验项目"派出教师赴潞河中学参加了"北京财贸职业学院教师转型一期培训启动会"，会议首先就教师需求和培训方案进行了研讨，就各学科顾问制定的总体课程设计进行完善。在接下来的分组研讨中，我校教师与潞河中学学科顾问组成讨论小组，针对各学科课程设计、教学组织、教材选择等问题进行了深入探讨。我校教师与潞河中学教师在充分探讨交流的基础上，共同分解人才培养目标，确定学科课程目标，规范课程和教学设计，研讨教学方式方法，最终决定通过听课、试讲、授课、研讨、"结对"等方式深入学生实际、课堂实际、教研室实际、年级实际。这次启动会标志着我校教师正式进入潞河中学进行转型培训，在试验项目师资队伍建设上迈出了至关重要的一步，之后两校联合组织开展的一系列教师培训，为高端技术技能人才贯通培养提供优质教师资源奠定了坚实基础。

9月28日，基础教育学院召开了贯通培养试验项目课程标准和教学计划汇报会。各学科组高度重视此次汇报，从学科体系、课程定位、课程特色、课程内容及具体的教学计划等各方面进行了充分准备，各学科课程标准紧扣学院贯通培养项目人才培养目标，并参照国际化课程标准，将教育理念落到实处。承担贯通培养项目基础文化课教学的所有教师利用暑假多次参加培训和组织集体教研活动，认真分析学情、用心研究教材、精心制作课件。此次汇报也是暑期以来教师们集体学习共同攻关的阶段性成果，为高端技术技能人才贯通培养试验项目教学工作高质量运行做好了充分准备。

三、大学校园里的 00 后

2015年10月8日北京财贸职业学院贯通培养试验项目正式开学，大学校园里出现了382名高中生，他们大多是2000年后出生，是年纪最小的在校生。围绕这些贯通培养项目学生，学校在教学质量管理、学生管理等方面设计的针对性方案，既符合高中学段教学要求，又体现职业教育特色。

贯通培养实验项目贯彻学校"课大于天"的教学理念，将课程质量作为教学工作的重中之重。学校邀请潞河中学的专家顾问走进课堂，在实际教学过程中发现问题、解决问题，进行一对一指导。语文、数学、外语、人文、科学综合、体育、艺术七个教研室为确保教学工作有序运行，在各教研室主任的带领下开展集体备课，在完善教学计划、教学大纲、教案和课件的基础上，统一教学文件，规范教学工作。

贯通培养实验项目的教师一部分是抽调自各有关教研室的骨干教师，一部分是通过社会招聘入职的青年教师，同时也有来自潞河学校的富有高中教学经验的教师，三者互相学习、互为促进，既充分发挥了老教师"传帮带"作用，又注重激发新入职教师的工作热情，形成了团结有力的教师团队。

教学工作人员开学之前认真检查各班设备和环境卫生情况，以保证学生和教师的学习和教学环境优良。任课教师提前到岗，课后在办公室备课研讨，随时为学生解疑释惑，提供最好的学习支持。班主任从早晨出早操到晚上宿舍查寝，24小时保持开机，全方位关注学生的学习和生活，成为学生最可信任的人。开学头一个月，贯通培养项目各方面运行良好。

2015年10月15日，教委工作组进校督导检查贯通培养项目推进情况，他们走进学生住宿区进行卫生检查，了解学生在校的生活情况。督导组深入财经2班（外培）、商贸2班（外培）、财经1班（内培）和旅游班（内培）的课堂听课，课后督导组与授课教师交流，进一步了解教师授课和学生学习的情况。最后，对学校高端技能人才贯通培养试验项目的开展给予了肯定。

高端技术技能人才贯通项目是一个全新的试验项目。各教研室集思广益，改革传统的教学教法，寻求创新，走出应试教育的束缚，让学生们在更宽广的环境中接受知识的洗礼。贯通培养项目第一学期共开设文化基础必修课程14门，选修课从第八周开始，共开设15门次，涉及文综、外语、体育几个大类，对于丰富同学们的业余生活，扩大知识层面是一个有力的补充。

在学校各职能部门的支持配合下，基础教育学院积极推进，建立学科顾问制度等一系列教学和学生管理制度，有效实施"翱翔工程"和"卓越计划"，改革传统教学模式和教学方法，开展学科竞赛、讲座和社团活动，教书育人取得了显著效果。经过一个学期的运行，贯通培养试验班进入稳定状态，教学管理秩序井然，师生精神饱满，学生学习兴趣盎然，教育教学质量得到了学生和家长的认可。

2016 年 2 月 1 日上午，北京市委常委、教育工委书记苟仲文来我校，就北京市高端技术技能人才贯通培养试验项目和职业教育服务区域发展进行调研，并与学校领导班子、相关部门负责同志进行座谈。陪同调研的还有通州区委书记杨斌、区长岳鹏、副区长李亚兰、市教委委员黄侃等部门领导和单位负责人。

在调研座谈会上，王成荣院长汇报了我校作为高端技术技能人才贯通培养试验的试点院校，扎实推进试点工作的总体情况，以及与潞河中学紧密合作，精心设计教育教学方案，通过实施教学"翱翔工程"和管理"卓越计划"所取得的良好效果。同时汇报了学校"十三五"期间，面向北京现代服务业与通州城市副中心建设，通过校地协同、产教融合、校校合作的改革创新等路径，培养高精尖财贸技能人才，创办国内一流、国际水平的高职名校的战略设想。

苟仲文书记在听取工作汇报后，肯定了我校的办学特色以及在贯通培养试验项目中取得的成绩，和大家深入交流了北京市积极推动高端技术技能人才贯通培养的战略布局和构想。他强调学校应当在改革发展中抓住通州城市副中心建设的大好机遇，进一步明确发展目标和定位，不断提升发展质量和发展品质，在服务业人才培养优势基础上，深化改革创新，加快换挡升级和转型发展。围绕北京"四个中心"功能定位和通州新城建设，着力培养急需的国际化高端商务服务技术技能人才。最后，苟仲文书记希望我校与通州区进一步深化战略合作，协同推进贯通培养改革试验项目，为区域发展培养高素质职业人才，为首都经济社会发展和产业升级贡献力量。

高东书记代表校领导班子和全体师生对苟仲文书记和通州区委、区政府领导一行在"十三五"开局的关键时点来学校调研指导工作表示衷心感谢，学校未来要认真落实苟仲文书记的有关指示和工作要求，抓住改革发展机遇，着力探索贯通培养高端技术技能人才的有效途径，为通州城市副中心建设和首都经济社会发展、产业升级培养一流的职业人才。

四、项目实施在探索中完善

2015 年，北京财贸职业学院作为首批参与"贯通培养"项目的三所高职院校之一，面向首都现代服务业，培养高端技术、服务和管理岗位紧缺的技术技能人才。在实施贯通培养项目的一年中，学校与知名高中学校和知名国内外本科院校强强联手，不断深化"高中＋高职＋本科"的人才培养模式的探索实践。学校和通州潞河中学合作"贯通培养"基础教育阶段，由特级教师担任十个学科顾问，语文、数学、外语等主要学科由潞河中学授课。学校聘请外教小班授课，着力加强学生语言交流能力和国际化素养。学生教育实行"卓越计划"，利用高校优势，建立辅导员、班主任、生活老师三位一体管理模式。教学和人才培养上建立学业导师制度，进行导师制指导。主要学科实施分层教学，开办英语、数学"翱翔班"。经过近一年的项目实施，得到了学生和家长的充分认可。

2016年，北京市教委继续深化高职教育改革，强化贯通培养项目推进力度，学校2016年贯通培养招生计划出现了一些变化。首先是办学地点专门化。2015年首批贯通培养学生高中基础教育阶段是在学校校本部完成，学校专门为该项目学生开辟出一块相对独立的生活区域。2016年基础教育阶段，学校将贯通培养项目学生全部安排在朝阳校区进行培养，校园环境安静怡人，更有利于学生的生活学习。其次是贯通培养项目招生专业增加、人数增加。2016年学校贯通培养项目学生人数由上年的382人增加到533人；专业由三个专业群扩充为五个专业群，专业设置更加贴近未来北京经济发展的高端紧缺岗位。再次是合作院校增加。2015年贯通培养项目，学校和北京市示范中学潞河中学进行基础教学合作；2016年学校与国家级特色高中中央民族大学附中进行全面合作，教学管理、师资配备充分吸收民大附中的优势资源。除此之外，合作对接本科院校也有所增加。内培班在与首都经济贸易大学开展合作的基础上，针对新开办的专业，又增加了北京工商大学、北京建筑大学；外培班在去年对接三所国外合作院校的基础上，也新增加了两所。

2016年5月19日，中央民族大学附属中学校长田琳和党委书记佟丽娟一行5人来我校，与校党委书记高东，院长王成荣，副院长姜韵宜、李宇红及相关职能部门负责人座谈，双方就贯通培养项目联合培养事宜进行深入讨论，并就管理体制、教学安排、课程开设、人员配置、财务资金等细节操作层面进行充分对接，为下一步的工作奠定了良好的基础。

五、强化贯通培养项目教师队伍建设

教师是提升和保障教学质量的关键，因此学校高度重视贯通培项目教师的培养。2016年7月25至27日，学校举办了贯通项目教师职业素养与专业能力提升高级研修班，朝阳校区筹备组组长、教务主任及教师近80人全程参加培训。培训旨在使新教师明确职业教育和高端技术技能人才贯通培养试验项目的意义，搭建教师沟通桥梁及融合平台，分享学习教育教学经验，为教师职业生涯增加"含金量"，帮助每位老师探索掌握一套自己的"看家本领"。副院长姜韵宜在讲话中强调：贯通培养项目意义重大、使命光荣、任务艰巨，不仅关系到职业教育为北京发展的贡献，更是关系到北京几千个选择这一项目继续深造的家庭，参训教师是项目亲历者、人才培养全过程的开路人，更要以工匠精神投入到培训中，通过培训找到更快的成长路径，为教学和管理铺就坚实道路，在未来教育教学一线上争做"四有"好教师。来自朝阳校区的教师屠宗萍、新入职教师刘越超和民族大学附属中学新入职教师唐静作为教师代表在开班仪式上发言，表达了对于进入贯通培养项目工作的期待，对于职业教育和教师岗位的认识，对于未来努力方向和前行目标的决心。

针对贯通培养教师团队中包含有应届毕业生、资深教师及转岗教师等多种来源的特点，研修班设计了相应培训方案，为参训教师搭建内容丰富、形式多样的互动交流平台，促进教师团队的沟通融合、分享学习。培训伊始，首都体育学院休闲与社会体育学院副院长周林清教授为参训教师开展"破冰"训练，通过互相接触和磨合，教师们彼此消除了陌生感，增进了交流融合。此外，学校组织参训教师开展分组讨论畅所欲言，教师们从坚持师德建设、建立育人先树德观念，到对教学过程的设计、教学方法的使用、学法渗透等方面进行了深入交流。由于大多数贯通培养项目教师都要担任兼职班主任，学校邀请北京师范大学教育培训中心专家组成员、培训学院兼职授课教师、广渠门中学高级教师高金英做主题报告，带领教师们进入一位高中班主任的工作天地，列举出班主任将要面对的各种挑战及化解之道。

院长王成荣在结业式讲话中强调，贯通培养项目是由市教委整合优质教育资源，探索职业人才培养规律，培养高精尖职业人才的试验项目，在北京市乃至全国都具有重大影响，在职业教育发展史上具有特殊意义。学校与中央民族大学附属中学精诚合作、相得益彰，共同努力实现项目人才培养目标。王成荣院长对参训教师提出了四点期望：（1）端正对职业教育的认识，为培养职业人才做好准备。坚持"人人有潜能，人人是胜者"的理想信念，不做教育流水线，潜心发展"扬长"教育，挖掘、发扬学生特长，培养高精尖职业人才。（2）培养研究能力。（3）坚持以学生为中心、发扬"三业"精神，做好教育教学工作。以敬业的工作态度、职业化的工作素养、专业的工作技能，培养出高精尖的职业人才。（4）精心做好教学准备，上好每一门课。希望大家团结一心、积极探索、真心付出、发奋努力，做好贯通培养项目，向学校、向市教工委和市教委，向学生家长、向社会交出一份满意的答卷！

2016年10月，学校朝阳校区基础教学部实行贯通培养项目导师制，通过师徒结对、以老带新，有效促进了贯通项目新任教师能力素质提升。2017年11月16日，贯通基础教育学院举行了学科督学聘任及师徒结对共建活动。共有语、数、英三门学科6对师徒结对成功并颁发了6张聘书给三门学科的导师，同时还为语、数、英、文综、理综5位教研室主任分别颁发了聘书。民大附中导师代表孙岗希望青年教师们抓住课堂主阵地，提升自身综合素质；把握每一次机会，多多参与教学大赛，为自身发展开拓进取。青年教师代表王静莉老师跟大家一起分享了从教一年来对师徒结对活动的感受和收获。民大附中王国德副校长对督学和师徒结对共建工作提出了具体要求：要结合实际，了解贯通项目特点，扎实开展青年教师的培养工作，引导青年教师走专业化、个性化成长之路，提高教育教学技能，丰富和提升教育教学理论，以适应学校特色发展需要。

第五节　整合教育资源再发展

一、北京城市建设学校的并入

在北京市加快发展现代职业教育的大背景下，2015年，学校为办好贯通培养试验项目，积极努力寻找合作院校，拓展教育资源。2016年北京市加大改革试验力度，深入推进高职教育改革；学校拓展教育资源的计划得到市领导的支持。最终，市领导和市教委决定，原北京城市建设学校整建制并入我校，建立了新的贯通培养基础教学基地，谱写了学校整合优质资源、拓展发展空间的新篇章。

2016年11月28日，北京市教委张永凯委员来校，代表市教委宣读了《北京市教育委员会关于将北京城市建设学校并入北京财贸职业学院的通知》（京教函〔2016〕541号文）。经北京市教育委员会第8次主任办公会研究通过，并报请市政府同意，决定将北京城市建设学校整体并入北京财贸职业学院，同时撤销北京城市建设学校建制。学校领导班子、两校合并专项工作小组成员参加了宣布会。

张永凯委员强调了两校合并的重要意义，高度肯定了在正式合并前期两校在人才培养等各项工作中的协作与努力，要求学院认真抓好并入工作的具体实施，确保师生思想稳定、教学秩序良好，进一步提升办学质量。他希望学院以此为契机，进一步明确办学定位，优化资源，发挥好位于首都城市副中心的区位优势。进一步加强高校的文化引领作用，为首都现代服务业发展做出新的贡献。

党委书记高东主持宣布会，并做讲话。她感谢了市委、市政府多年来对学院的关心和支持，并感谢市委教育工委、市教委长期以来对学院建设发展的具体指导和帮助。她说，合并工作对两校来讲是一个新的起点，是上级领导部门对学校人才培养工作提出的更高要求，学校一定不辜负上级领导的期望，团结一心，共同努力，确保合并后续工作平稳、有序、高效进行。

校长王成荣在讲话中表示，两校合并是2016年北京市职业教育的一件大事，为学校"十三五"发展提供了优越资源，为贯通培养项目可持续发展提供了良好的条件。学院将继续锐意改革，积极探索培养高精尖人才的新路。他提出，要认真贯彻落实市教委的决定，认真做好合并工作。同时就合并工作提出了"快速、有序、依规、安全"的工作原则和"统一思想，确保安全与稳定；统一机构设置，优化人财物资源；统一管理和文化，实现学生、教职工、事业共同发展"的具体要求。

校长助理、原北京城市建设学校校长谢国斌表示，合并决定对城建学校及教职工、在校生具有历史意义，他为可载入北京市教育史册的学校成就深感自豪。他说，两校合不仅实现了职业教育资源整合，而且有效推进了学校职业教育创新升级。他表示，将严肃认真学习传达市教委通知精神，明确方向任务、把握工作节奏、有序推进工作。他以"明天一定阳光灿烂"表达了对合并工作平稳运行的信心。

二、建设朝阳校区

事实上，2016年3月，在市教委的指导下，学校与北京城市建设学校就已经开始积极沟通，就两校融合问题的具体细节问题展开深入探讨。两校领导从校区功能定位、人事安排、教师队伍建设、后勤资产、学生管理等多方面有序推进了工作进展。2016年上半年，学校推进组织并入工作和2016级贯通试验班开学准备工作，成立了朝阳校区（基础教学部）和建筑工程管理学院，筹措1000多万元资金对新校区进行了初步装修改造，全校各部门通力协作，教学、师资、办学条件方面的准备齐头并进，特别是原城建学校领导班子和教职员工以高度的政治责任感、大局意识和拼搏奉献精神，高质量按时完成了装修改造任务和资源的统筹安排，确保了2016级贯通试验班的顺利开学。

2016年9月5日，朝阳校区迎来贯通培养项目2016级新生。电子显示屏上的"欢迎新同学"、迎风招展的彩旗、笑容可掬的老师们，共同迎接500余名贯通培养项目2016级新生的到来。朝阳校区和学校相关部门的工作人员一早就来到工作岗位，为迎接新生做好了准备，各项工作有条不紊地进行。

为给师生提供更舒适、温馨、便捷的学习工作生活环境，朝阳校区早在7月初就启动了基础设施改造工程，对教学楼进行了全面粉刷，更换了窗户窗纱、吊顶、地胶；为适应女生增多，对卫生间进行了整体改造；新增了电磁开水器等方便师生的设施；在所有教室和宿舍都安装了空调，使教学设施更加现代化，生活条件更加方便。相关部门的工作人员加班加点，全力以赴，完成了包括8项基建项目、9个信息化项目、6个设备购置项目和2个消防项目在内的全部项目施工。家长和学生在开学第一天亲眼见到、切身感受到了校园环境的优美、设施的完善，体会到了学校的认真负责。

三、北京城市建设学校的发展与贡献

北京城市建设学校创办于1981年，北京市建设职工大学创办于1983年，1990年这两个学校合并办学，隶属于北京市教育委员会，是国家级重点中等职业学校，北京市职业教育先进单位，住建部授权的建筑业紧缺人才培训基地，北京市建设类技能型人才培养基地，北京市建设行业岗位培训基地，中国建设教育协会中等职业教育专业委员会主任单位。学校以建设有特色、高质量的建设类职业学校为目标，坚持"立足首都，面向市场，依托建筑行业，服务城乡建设"，"招得进、送得出、用得上、干得好"的办学特色。学校建设类专业齐全，目前设有建筑工程施工（原工业与民用建筑）、市政工程施工、工程造价、建筑设备安装、旅游服务与管理等十余个专业，部分专业已步入北京职业教育先进行列。三十年多年来，学校为首都城乡建设培养了一批又一批建筑类技能人才，综合实力和办学水平逐步提升，在全国同类学校中具有较高影响力。

（一）北京城市建设学校的成立

1977 年原北京建筑工程学校改建为北京建筑工程学院，1981 年 7 月北京市建委向市政府请示并获批准成立北京城市建设学校。当年 9 月，首期学生在天坛公园宰牲亭临时校址开学。学校隶属市建委，先后由市公用局、市城建开发总公司、市住宅总公司代管。1985 年正式组建了科级科室并任命了科级中层干部，1986 年校党支部升格为党总支，学校管理格局初步建立。

1983 年市建委将基建工程兵水碓子东路营房划归学校作为新校址。7 月，学校开始在现校址教学和办公。1988 年新教学楼和新装修的办公楼（南楼）等基建工程竣工，具备了办学的基本条件。

北京城市建设学校 1981 年设立工民建、给排水、园林绿化三个专业。1985 年后，将园林绿化专业调出，并先后增设了暖通、建筑经济、建筑电气等专业和装饰专门化，学校的专业建设格局基本形成。1982 年 3 月，市政府政策研究室、文教办、市高教局进行了北京中专学校联合调查，提出了《北京地区中专学校基本情况及市属中专学校发展规划与设想》。4 月，市计基字第 221 号文批复公用局，同意学校设立工民建、给排水、园林绿化、煤气热力、机械仪表修理及管理五个专业，在校生在千人以内，明确了学校发展定位。

1984 年，市高教局将学校列为要办好的 20 所中专学校之一。同年学校从北京建工学院调入郭继武、田会杰等近 10 名骨干教师，充实学校师资队伍。1984 年底至 1985 年初，学校第一次正式设立科级科室，并任命了科级中层干部。科室包括：党支部办公室、校办公室、教务科、学生科、人保科、总务科、基建科、公共基础课教研室、工民建科、市政科、园林科及宣传科，并设立工会和团总支。学校组织机构更加完备。

（二）进入新世纪的建设和发展

进入 21 世纪以来，是北京城市建设学校的探索前进时期。市建委于 2000 年将学校日常工作划归大展集团管理，2001 年学校划归大展集团，并成立了沈祖尧任校长、陈巧云任党委书记的领导集体。同年 4 月，市机构编制办公室发布京编办事〔2001〕第 42 号文，同意北京市建设职工大学与北京城市建设学校合并，一个机构两块牌子。2006 年，市建委任命王太吉为党委书记、代校长，同年决定学校继续留在原址办学。学校进入了新的发展时期。

2001年以来，北京城市建设学校先后增设了物业管理、商务英语、计算机应用、楼宇智能化、建筑表现、建筑测量、建筑设备等新专业，并成功地将建筑企业管理改造为建筑工程造价专业，受到社会欢迎，成为学校又一拳头专业。2003年学校中专在校生达到2356人，2005年校内中专生达到1680人。最高峰时年毕业生达1000人，为首都建筑业快速发展提供了人才的支持。

北京城市建设学校重视教育教学改革，在北京市和全国职业院校技能竞赛中多次取得优异成绩，取得教育教学丰硕成果。2001年工民建专业被市教委批准为中职学校第一批课程体系整体改革试点专业，形成了"以职业综合能力为本位，以岗位实务为导向"的综合模块课程体系，该体系被市教委推荐为中职学校五种教育改革模式之一。2007年工民建专业被市教委批准为中职学校"工作过程为导向的课程改革"试点项目。2001年工民建专业被市教委评为"北京市现代化标志专业"，2007年被市教委、市财政局等单位评为北京市职业院校专业创新团队资助项目。学校成为中国建设教育协会中职委员会的主任校、中国职教学会中职委员会的副主任校、北京职教学会工民建专业委员会主任校，在全市乃至全国的职业教育中占有重要地位。

北京城市建设学校积极探索以普通中专为主，多层次全方位为建设行业服务。职大从3个专业发展到8个专业，在校生人数保持在900人左右。2005年成立了北京电大市建职大工作站，丰富了学校学历层次。2006年开办了成人中专，进一步拓展了学校为行业服务的工作面。学校建筑业岗位培训和建造师等国家执业资格培训规模达到5000人次/年。多层次全方位办学凸显了学校作为北京建筑业技能人才培养基地的重要作用。学校不断改善办学条件。2002年装修了综合实验楼，铺设了石材路面；2006年后，进行了教学楼、学生宿舍楼抗震加固，建设和改造了楼宇智能化、建筑、装饰、中央空调、给排水等，实训基地办学实力明显增强。

2002年北京城市建设学校被市政府教育督导室评为"职业教育综合督导评估优秀学校"；2005年被教育部认定为第二批国家级重点中等职业学校，同年被评为北京市职业教育先进单位；2007年率先通过市政府教育督导室"中职学校全面素质评估"检查，同年被中国建设教育协会评为2002—2007年度先进单位。

2009年4月18日，市委教育工委副书记、市政府教育督导室主任线联平和市住建委副主任冯可梁分别带领相关处室领导来学校，参加了北京城市建设学校（北京市建设职工大学）由市建委划转市教委的交接仪式。同年6月10日，市教工委副书记唐立军、干部处副处长张健来校宣布市教工干〔2009〕第17号文：谢国斌任北京城市建设学校党委书记、校长。

（三）"十二五"时期深化内涵发展

"十二五"期间，北京城市建设学校进一步明确办学指导思想：坚持以邓小平理论、"三个代表"重要思想和科学发展观为指导，以转变观念为先导，以深化改革为动力，以教育教学为中心，以质量建设为主题，以队伍建设为基础，以党建和思政工作为保证，坚持内涵发展，不断提升学校的办学水平和办学效益。在市委教育工委、市教委的正确领导下，在谢国斌、郭秋生等领导下，学校进入了新的改革发展时期。

北京城市建设学校全面推进"十二五"发展规划的实施。在培养目标上，树立"职业教育面向社会、面向人人，着力培养学生的职业道德、职业能力、就业创业能力"的理念。管理工作上，树立"以学生为本，心里想着学生，情感系着学生，全心全意服务于学生"的理念。培养模式上，树立以服务为宗旨、以就业为导向，工学结合、校企合作、顶岗实习的理念。教育教学改革路径上，树立专业与产业企业岗位对接、课程内容与职业标准对接、教学过程与生产过程对接、学历证书与岗位资格证书对接、职业教育与终身教育对接的理念。努力使教职员工的思想观念与职业教育的发展形势相适应，与职业教育发展趋势相合拍。

2011年以来，北京城市建设学校构建了普通中专、成人中专、职大、电大、岗位培训等学生成长成才的理想通道，受到学生和家长们的欢迎。学校在2013年市教育督导室组织的德育工作评估中，获得了领导和专家的充分肯定。学校是北京市建设行业技能人才实训基地，成为北京建筑行业岗位培训、技能鉴定的重要力量后，为行业服务的能力不断增强；作为中国建设教育协会中等职业教育专业委员会主任单位，在全国建设类中职学校中有较强影响力。同时，学校完成了建筑工程施工等9个专业的实训基地建设，其中建材实训基地是具有对外承接工程材料检测检验一级资质的生产性实训基地，建筑技术实训基地是北京市中职学校市级实训基地。学校加强校企合作，建有校外实训基地11个。

建筑工程施工专业 2012 年被北京市教委评定为示范专业。楼宇智能化工程技术专业、工程测量则是学校与北京农业职业学院合作举办的中高职"3+2"衔接改革试点专业。2015 年，新开设的"铁道工程施工与维护"专业获得北京市教育委员会批复。建筑工程施工专业以项目和虚拟仿真实训等多种教学载体进行行动导向教学。建筑工程施工专业以工作过程为导向的课程改革取得一系列成果，得到专家和同行的高度评价；市政工程施工专业开设检查井砌筑教学内容；楼宇智能化技术专业已经将全国技能大赛竞赛内容纳入常规教学；工程测量专业研制开发了精品教学软件。

2013 年，学校总结建校三十多年积淀的办学精神，提炼办学指导思想、育人目标，构建具有职业教育特点的校园文化内涵。学校党委在全校范围内开展了校训征集活动，在集思广益的基础上，党委会研究决定新的校训为：立德、笃学、精技、求新。学校把行业、企业、职业等要素有机融入校园文化，发挥文化育人功能。

2016 年是市政府、市教委调整教育资源布局的一年。北京城市建设学校处在机遇与挑战并存的节点上，学校既延续着独立办学运行机制，同时开始推进整建制并入北京财贸职业学院的各项筹备工作。2016 年 11 月，根据京教函〔2016〕541号文件，北京城市建设学校整体并入北京财贸职业学院，并暂停招收普通中专学生。

第六节　走向未来奋进新时代

一、制定北京财贸职业学院章程

学校章程的制定是学校发展中的一件大事，章程的制定过程既是学校精神和优势的延续和发展过程，也是进一步明确学院发展定位、全方位梳理和保持办学特色，促进依法治校的过程。

根据中华人民共和国教育部第 31 号令《高等学校章程制定暂行办法》，以及市委教育工委、市教委、市政府教育督导室《关于印发北京市市属高校章程建设计划（2014—2015 年）的通知》（京教工〔2014〕12 号），学校积极推动章程建设，成立了以韩宪洲、王成荣为组长，以杨禾、梁家峰、曲永宁、王季音、姜韵宜、吕一中为副组长的章程制定工作领导小组，和以李宇红为组长的学校章程起草小组。各小组成员明确任务分工和时间进度安排，加强对相关文件、学校办学经验的梳理和研究，加强部门间的沟通与合作，全力推进章程制定工作。

2014年5月19日，由学校高职研究所、行政办公室牵头承办的高职院校章程建设学术研讨会在校本部召开。学校章程制定工作领导小组组长王成荣院长、部分领导小组成员、章程起草小组成员单位和学院宣传部、监察处等部门负责人20余人参加研讨会。研讨会邀请到教育部研究大学治理和章程建设方面的专家、教育部国家教育发展中心高等教育研究室主任马陆亭做了题为《高校治理变化中的章程建设》的专题报告，启发了思维和工作思路，引发了大家对高职院章程建设工作的热烈讨论。市教科院职业教育与成人教育研究所的苑大勇博士、北京开放大学的尹丙山博士共同参加了学术研讨。

参与学校章程制定的各相关部门进一步明确了章程建设中的职责和任务，认真学习章程起草的政策文件，借鉴其他院校大学章程建设的经验，边学习边行动，按计划分步骤地推进章程制定工作。2014年8月底初稿基本形成。2014年9月9日上午，学校召开章程制定工作领导小组会议，会议通报了学校章程建设工作开展情况，专题研讨了《北京财贸职业学院章程（初稿）》，并对下一步具体工作做了安排和部署。会上，王成荣院长首先就学校章程制定工作做了总体说明，强调章程制定要坚持发展眼光和创新思维，彰显学校办学特色，使其更符合职业教育的要求。要依据有关法律、法规和有关条例，以及全国职教大会精神，科学全面地处理好学校与政府的关系，学校的内部治理结构、师生权利义务以及正当程序等内部关系，以及学校与社会组织的外部关系。在工作推进过程中，还要根据教育部有关规章的要求，并行地完成学校理事会的筹建工作。学校内部的规章制度要以章程为准绳，进一步做好完善与修订，建立起符合发展规律的自主办学、自我约束、高效有序的管理机制。

章程起草小组组长李宇红汇报了章程起草工作进展情况。领导小组全体成员就《北京财贸职业学院章程》（初稿）进行了深入研究和热烈讨论，并针对章程初稿进一步修改完善提出了意见和建议。

韩宪洲书记就章程制定工作提出了具体要求：第一，在现阶段，要充分认识到章程制定的双重意义，一是全面落实依法治国要求，大力推进依法治校，建设现代学校制度的重大意义，二是对学校自身发展所需的重大意义。第二，经市政府核准后的章程将作为学校依法自主办学、实施管理和履行公共职能的基本准则，要考虑好它的稳定性和长期性，体现高等教育和高等职业教育办学的规律，以及中国社会改革发展的特点，要反映出对学校办学发展的要求和认识程度的理念，还要结合学校实际情况体现出延续性。第三，要留有一定的空间和余地，要把高校发展的共性内容完善进去。第四，要体现高职办学的特色以及与同类院校相比的差异化特点。

2015 年 7 月 3 日下午，学校召开七届七次教代会。会上，院长王成荣就《北京财贸职业学院章程》（草案）起草情况向大会做说明。章程起草小组组长李宇红对《北京财贸职业学院章程》（草案）进行了解读。各代表团认真组织讨论《北京财贸职业学院章程》（草案），在充分征求教职工的意见与建议的基础上，汇总成为书面材料，作为进一步修改完善《北京财贸职业学院章程》的重要依据。

2015 年 9 月《北京财贸职业学院章程》完成编制工作。章程起草小组坚持稳定性、前瞻性和可持续性原则，以发展眼光和创新思维，广泛发扬民主、集中民智，最终成文。学校立项高职院校依法治理专项课题，召开 9 次专题会议征求意见，并反复论证修改 20 多稿，按照要求完成了教代会讨论、院长办公会审议、党委会审定等程序，2015 年 9 月中旬正式向市教委提交核准申请。章程梳理了学校的办学特色，明确了学校的发展定位，为依法治校和规范管理提供了"基本法"。

二、推进学校科学化管理

在章程统领下，学校依法治校，加强制度建设和内部控制。学校分别于 2011 年和 2016 年制定和完善了校长办公会会议制度和议事规则，并进一步完善了学校制度体系建设，做到发现一个管理漏洞、发生一个无法可依重要事件，就相应出台一项制度，"十二五"以来新立、修订规章制度 150 余项。如针对合同管理中因没有授权、随意签署，给学校造成损失等问题，学校立即出台合同管理制度，聘请法律顾问，成立法务办公室对合同进行审查；针对项目管理混乱、无人负责，图书与教材的招投标以及资产采购管理中出现的问题，立即出台项目管理办法以及项目审查办法、工程项目经济变更洽商管理办法等，规范了立项、审批、管理、审计等流程，按内容明确了 8 个项目主管部门，成立了项目变更洽商小组，建设并完善了项目库。在学校预算管理上，出台预算管理制度，严格执行预算编制批准程序和调整程序，校内采取自下而上和自上而下相结合的方式编制预算，经过校长办公会和党委会审议通过后上报预算，批复后执行预算。

学校于 2013 年开始试点建立内部控制体系。由校长担任内控体系建设小组组长，主管财务副校长任副组长并组织业务部门实施，在财政专家指导下从实际出发自行建设，于 2015 年完成了《内部控制管理手册》，加强了授权控制、制度控制和流程控制，先后新订和修订相关制度数十项，各项制度均得到执行，保证了学校经济活动处于合法、有序，有规可依的状态。2016 年学校启动了廉政风险防控"三个体系"建设试点，进一步加强了重点领域的风险控制。在财务管理上，学校多次集中梳理流程、明确职责，强化对风险点的防控与管理。学校推进资金使用科学化管理，实行"首签负责制""终签责任制"和校长与主管财务副校长之间的"互签制"；财务部门编制了《财务报账手册》，根据财政政策变化及时修订，以此规范财务运行，减低财务风险。

学校审计工作以预算执行和决算审计为抓手，实现审计"全覆盖"。2017 年开展首次中层干部经责审计，建立了纪监审联动机制，实行零报告制度，开展了学校内部控制基础性评价工作，加强了审计宣传教育和审计咨询，强化了审计结果的公开和利用。每年预算与决算执行审计完成后，例行召开审计会议，明确主管领导、部门领导、项目负责人的责任，督促整改，有效发挥了审计的监督作用和保健医生作用。在规范管理的同时，学校积极倡导勤俭办校、崇俭戒奢。专门立项办学成本课题，开展以勤俭节约为主题的各项活动，以降低办学成本。同时加强人力资源管理，截至 2016 年底，在编教职工总数（不含原城建学校）由 590 人下降到 570 人，减少了 3.34%，控制了人工成本的增长。城建学校整建制并入后，截至 2018 年底，学校在编职工总数仍控制在 633 人。在"三公经费"和培训费、会议费、差旅费和印刷费控制上，近五年这几项经费均保持零增长或负增长。同时推进单位内部财务公开，于 2012 年 10 月修订了校务公开实施办法，明确了财务管理及审计工作的公开内容，并通过教代会、中层干部会、校园网，以及会议纪要、通报等各种形式进行公开，取得了较好效果。

三、编制实施"十三五"事业发展规划

2016 年 9 月 30 日，《北京财贸职业学院"十三五"事业发展规划初稿》编制

完成，在七届九次教代会上正式通过。这是学校以《国务院关于加快发展现代职业教育的决定》（国发〔2014〕19号）、《北京市关于贯彻落实＜国务院加快发展现代职业教育的决定＞的实施意见》和《中共北京市委北京市人民政府关于＜贯彻京津冀协同发展规划纲要＞的意见》等文件为依据，以适应首都功能疏解和经济转型新要求、紧密对接区域产业转型升级和通州北京城市副中心建设需求为出发点，以立德树人为根本，以服务发展为宗旨，以促进就业为导向，立足当前、着眼长远，制定出来的符合学校实际的发展规划。

2015年10月26日，学校召开"十三五"事业发展规划编制工作启动布署大会。按照《北京财贸职业学院"十三五"事业发展规划编制工作方案》，在以高东书记、王成荣院长为组长的规划编制工作领导小组领导下，以姜韵宜副院长为工作小组组长，李宇红、魏钢、田志英为副组长，学校各职能部门、教学单位负责人组成的规划编制工作组的推进实施下，学校广大师生密切配合，共同绘就了学校未来五年的发展蓝图。

为编制好学校"十三五"事业发展规划，规划编制工作组先后赴江苏、广东等职业教育发达地区的优秀院校深入调研，邀请专家专题指导，召开十余次座谈会、研讨会，听取了教职工、学生、校友、离退休老同志的意见和建议，凝聚了全校师生集体智慧的"十三五"事业发展规划最终呈现在七届教代会代表的手上。学校"十三五"事业发展规划全文分为发展基础与发展环境、指导思想与发展目标、战略举措、保障体系四个部分。规划在全面总结"十二五"规划执行情况的基础上，科学分析学校发展所面临的机遇和挑战，明确了建设目标，细化了发展指标和建设任务。

"十三五"期间，学校的发展机遇主要来自三个方面：首先，现代服务业高端技术技能型人才市场需求旺盛。2015年，北京人均GDP达到17142美元，第三产业比重达到79.68%，经济社会发展进入现代化阶段。"京津冀协同发展"战略的实施、北京"四个中心"城市战略定位的确定、北京高精尖产业结构的构建、现代服务业高端技术技能人才市场需求旺盛，为我校发展提供了强大动力和广阔的市场空间。其次，北京城市副中心建设急需高端技术技能型人才支撑。通州作为北京城市副中心，其北京行政副中心、国际商务新中心、文化发展创新区、和谐宜居示范区的发展定位已经确定，未来高端商务服务、高品质生活服务、旅游休闲和文化创意等产业的迅猛发展，急需高端技术技能人才支撑，引才、育才、用才力度前所未有，为学校用好区位优势，融入通州、服务通州，增强区域服务贡献力提供了新的机遇和战略选择。再次，各级政府为职业教育营造了良好的政策环境。党和国家及北京市大力发展职业教育，如教育部提出到2020年建设一批优质高等职业院校，北京市提出到2020年要建成具有首都特色、国际一流的现代职业教育体系，明确深化职业教育综合改革，创新体制机制，建成一批国际先进水平职业院校和一批骨干专业，形成具有国际竞争力的人才培养高地的发展任务。

"十三五"期间，学校发展将主要面临三方面挑战：其一是生源持续减少，院校竞争加剧。未来5年北京高考生源数量持续减少，外地招生渠道关闭，生源空前紧张，招生面临从"买方市场"到"卖方市场"的转化，职业院校之间生源竞争加剧。如何实现由规模扩张向质量提升转变，由服务升学需求向服务求学需求转变，走精品化、差异化道路，在竞争中提升核心竞争力，是学校面临的艰巨任务。其二是人才需求升级，互联网技术进步。国家创新驱动发展战略的实施，互联网＋的迅猛发展，推动北京服务业迅速向高精尖方向转型，人才需求的规格和质量明显提高。适应市场需求变化，促进专业群匹配产业发展形态，全面提升专业水平，培养适应高端服务业所需要的高端技术技能型人才，是学校面临的迫切任务。其三是体制机制不活，发展难度加大。随着教育改革深入，学校人才队伍的素质、能力、结构与发展要求存在较大差距，高水平"双师"教学团队和专业领军人物仍然缺乏。现有办学体制机制与发展要求不匹配，管理效能不高。面对新形势新问题，用深化改革的新引擎实现换挡升级，是学校面临的重要任务。

"十三五"期间，学校建设的指导思想和发展目标是：贯彻党的教育方针，坚持以立德树人为根本，服务发展，促进学生就业；坚持高端培养和精品化办学道路，深化改革，创新办学模式和育人模式；坚持服务行业与区域发展并重，推进产教融合，校企合作，协同创新，提高服务社会贡献力；坚持产学研互动发展，加强学术与技术技能积累，全面提升专业水平；坚持依法治校、质量立校、特色兴校，深化内涵建设，提高学校的综合竞争力。"十三五"期间，要把学校建设成为具有首都特色、国内一流、国际品质的财贸应用技术型大学。同时要实现三个率先，即率先探索应用技术型大学发展模式，率先建立全程职业教育体系，率先建设"互联网＋财贸"智慧教育与教学新模式。

"十三五"期间，学校要深化实施"四化一海"发展战略：（1）精品化战略。强化"厚载商道，精益财贸"的校训精神，从追求办学规模向注重办学质量、塑造品牌转型，从流水线式人才培养模式向注重学生差异、扬长培养模式转型，更加关注人才培养、科学研究、社会服务等功能的品质化、特色化。（2）国际化战略。着眼于培养高端国际化技能型人才，提高学校国际化办学水平，学习国际先进办学理念和办学经验，引进国际先进的课程标准，深化中外合作办学项目管理，在"一带一路"倡议实施中寻找合作机遇，探索申办留学生项目。加强同国外应用技术型大学的交流合作，加大外教引进、教师出国培训、学生出国访学和国内外交叉培养的力度，提高办学的国际品质和国际影响力。（3）信息化战略。加快教育信息化进程，在教学、科研、管理、服务等领域深入开展现代信息技术应用，构建数字化生存和发展环境。以构建"财贸在线"（网上课堂）为突破口，与学校智慧课堂、企业实践课堂互通共享，形成财贸课堂教学新模式，实现教育教学信息化、管理服务信息化。（4）区域化战略。强化职业教育服务区域经济社会发展的责任和使命，实现学校发展与"京津冀协同发展战略"对接、与通州"北京城市副中心建设"对接、与首都金融、商贸、物流、旅游、文化创意等现代服务业对接。（5）蓝海战略。积极开拓在职技能发展培训、劳动力转移培训、社会非学历培训、技能鉴定培训和成人继续教育学历提升的"蓝海市场"，完善全程职业教育与培训体系，扩展职业教育产业链，探索建立开放的职业教育服务终身学习机制和平台。

"十三五"期间，学校要达到的发展指标具体有七项：（1）发展规模指标。全日制教育在校生规模稳定在 5000 人左右，继续教育总规模每年达到全日制教育的 2 倍左右。（2）专业建设指标。专业数量保持在 20～25 个。重点建设 4～5 个国际先进水平的骨干专业，8～10 个对接产业升级、技术含量高、用人需求迫切的国内一流精品特色专业；形成财经、商贸、旅游与艺术、建管这 4 个对接高端技术技能人才市场需求、具有首都特色的专业群；培育形成 2～3 项国家级教学成果。（3）人才培养指标。就业率达到 99%；签约率达到 80%；"双证书"获取率达到 90%；财贸素养证书获取率 90%；体育达标率超过 95%；取得 5 项以上国家级技能大赛标志性成果；建设 10 个市级优秀社团；争创"全国高校创新创业50 强"。（4）师资队伍建设指标。引进和培养 20 名左右专业领域领军人才；国际化"双师型"教师达到专业教师的 1/3；专业教师企业实践实现 100% 全覆盖；

争创 3 ~ 5 项国家级教学、科研标志性成果。（5）产学研合作指标。建成北京商业智库；建成 3 ~ 4 个市场导向、政行企校协同发展的产学研用战略合作机构；建成 5 家企业冠名的商学院；探索混合所有大学二级学院和股份制企业冠名商学院试点；争取国家级、省部级科研项目 15 ~ 20 个；每年开发产学研合作横向课题 20 ~ 30 个。（6）社会服务指标。完成社会咨询服务成果年均 20 ~ 30 项，继续教育、社会培训（考试）和技能鉴定等总规模每年超过 10000 人次，建设 4 ~ 5 个技术技能积累创新平台；年均创收收入不低于 1600 万元。（7）国际合作指标。与境外 10 所左右高水平应用技术型大学合作培养 1000 名国际化高端人才；支持 200 名教师取得国际资格证书，100 名教师取得 TAE 证书；建立 1 个职业教育国际化联盟；实现"走出去"目标，建立 2 ~ 3 个服务跨国企业发展的国际化项目；聘请 30 名左右语言外教和专业外教。

《北京财贸职业学院"十三五"事业发展规划》全面总结和评估了学校"十二五"规划实施的成绩、经验与存在的问题；全面把握北京市高职教育发展面临的新形势，主动对接区域城市副中心建设等战略需求；深入研究并找准制约学校发展的重大关键问题，科学制定办学指标，强化办学特色与优势，规划突出品质提升和内涵建设，通过深化内部改革、完善体制机制，增强内生动力，确保学校科学发展、协调发展。

2016 年，学校深化体制与机制改革，对四校区功能进行了重新定位：强化校本部决策与管理中心、高职教育基地，朝阳校区贯通培养基础教育基地，东城校区科研与继续教育基地，涿州校区高职教育与京冀创新教育基地的功能。形成了统一领导、统一规划、统一资源配置、统一制度规范、统一文化形象、分区运行管理的校区管理模式。学校推进实行二级学院制。按照集中办好财经、商贸、旅游与艺术、建管四个专业群的要求，对现有系（院）部及教学资源进行调整与重新配置；深化学校与二级学院两级管理体制改革，强化二级学院人才培养和社会服务的主体责任，扩大二级学院在人、财、物和教育教学、科研及行政管理等方面的自主权。形成了统一领导、目标控制、分级管理、自主运行、动态考核的两级管理运行机制。新组建了人文学院、体育部，增设了贯通基础教育学院和京冀创新教育学院，初步实现了"校区学院化、专业集约化"的改革目标，完善了办学体系，突出了办学特色。

同时调整了管理机构设置，优化了管理体制，强化了核心功能。[①]

四、探索实践双创教育，成为全国双创教育"50强"

2014年9月，李克强总理在达沃斯论坛上提出"大众创业、万众创新"的理念，要在960万平方公里土地上掀起"大众创业""草根创业"的新浪潮，形成"万众创新""人人创新"的新势态。2015年政府工作报告再次明确提出推动大众创业、万众创新，"既可以扩大就业、增加居民收入，又有利于促进社会纵向流动和公平正义"。

2016年5月，国务院办公厅印发了《关于建设大众创业万众创新示范基地的实施意见》，明确提出要以促进创新型初创企业发展为抓手，以构建双创支撑平台为载体，分类推进双创示范基地建设。并提出了各类型示范基地的建设目标和建设重点：一是区域示范基地要以创业创新资源集聚区域为重点和抓手，重点推进服务型政府建设，完善双创政策措施，扩大创业投资来源，构建创业创新生态，加强双创文化建设。二是高校和科研院所示范基地要充分挖掘人力和技术资源，促进人才优势、科技优势转化为产业优势和经济优势，重点完善创业人才培养和流动机制，加速科技成果转化，构建大学生创业支持体系，建立健全双创支撑服务体系。三是企业示范基地要发挥创新能力突出、创业氛围浓厚、资源整合能力强的领军企业核心作用，重点构建适合创业创新的企业管理体系，激发企业员工创造力，拓展创业创新投融资渠道，开放企业创业创新资源。

在大众创业、万众创新的时代背景下，学校强化"人人是胜者，个个有专长"的职教理念，实施"扬长教育"，立足供给侧改革，结合十余年创新创业教育经验，构建了创新创业四融合、素养教育五板块、创业实践三场所、指导帮扶三体系的创新创业人才培养模式，形成了学业、就业与创业三方面的良性互动。

事实上早在2005年，学校就开始注重对高职学生创新创业能力的培养。从开设第一门创业公选课，到2012年形成"三阶式"高职创新创业教育体系，解决了双创教育面向人人普惠不足、教育实践平台不够、精准帮扶支持不强的问题。经过

---

①由于学校实行二级学院制，原二级教学单位称谓如系、院、部，统一改称为学院；二级教学单位负责人称谓统一改为院长，校级领导改称为校长、副校长。

十余年的探索实践，学校创新创业教育体系不断优化，育人效果显著。"基于'人人是胜者'的'三阶式'高职创新创业教育体系构建与实践成果"荣获 2017 年北京市职业教育教学成果特等奖。2016 年学校被北京市教委评为"北京地区高校示范性创业中心"；2017 年被教育部评为"全国创新创业典型经验高校"（全国双创教育 50 强）和"全国深化创新创业教育改革示范高校"。

（一）构建专业教育、素养教育、校企合作、实践教学与创新创业融合的"四位一体"双创人才培养体系

按照专业教育是创新创业教育主渠道的工作思路，2005 年学校开设了"小公司创办"课程，成为创业教育的起始课程。十余年来，学校相继在专业课程体系（包括职业基础课和职业能力课）中嵌入创新创业课程，共开设 10 门 450 课时的创新创业课程，其中包括 4 门必修课程、6 门选修课程，形成了一套多层次立体化教育课程体系。大一开设《职业生涯与发展规划》课，培养学生创新意识和创新思维；大二开设《创业计划训练》和《模拟公司经营训练》两门公共选修课，以及《大学生创业基础》《创业创新领导力》和《创业精神与实践》三门网络选修课，培养和强化学生创造性地分析和解决问题的能力；大三开设《就业指导》课，帮助学生做好各项就业创业准备。学校共有 4000 余人次选修"双创"课，极大地鼓舞了学生们的创业热情。

学校双创教育将专业能力培养与"双创"能力提升相融合，先后开发了上班式课程、研学结合课程、参与式课程。2014 年学校启动"研学结合"改革计划以来，共确立 5 门研学结合课程，6 个研学结合项目和 2 个创新人才培养改革试点专业。课程改革促使学生创新成果不断涌现，学生科研项目《投资组合问题的数学模型研究》和《MRO 流通经济优化课题研究》等获北京赛区二等奖，学生设计的"一种眼镜框太阳能蓄电装置"获发明专利等。

学校将财贸素养教育与创新创业教育相链接，在职业素养的养成过程中，强化创新精神培养、创新实践探索，搭建多平台激励学生自主学习、自主思考、自主行动，进而提高学生的创新意识，通过实施完整的"爱心、诚信、责任、严谨、创新"五板块财贸素养教育体系，培养"有爱心、讲诚信、负责任、重严谨、善创新、能财会商"的财贸高职人才。

学校深化校企合作与创新创业相融合，充分发挥北京商贸职业教育集团牵头单位的资源优势，依托专业建立校企战略合作关系，大力推进校外"双创"实践基地建设。由企业为学生创业团队配备富有实战经验的指导教师，并负责指导学校创业孵化中心试点项目的日常经营和管理，有效地解决了大学生在创业过程中遇到的师资短缺、定位不准、管理技术跟不上等难题。学校与上海永辉云创商业管理有限公司成立"北财·永辉创新创业学院"，企业吸收优秀创业生成为永辉超市"小店合伙人"，学生实现了无成本零风险创业，极大地提高了学生们的"双创"热情。

（二）打造实践教学与创新创业教育相融合的"三场地"

学校以创业孵化中心、创新实训室、创新产业园为核心，融合分布在校内的多处实践场所，打造校内集"双创"体验、交流、展示、实训、实践、孵化等功能为一体的 3000 余平方米的创新创业实践基地，并按专业和学生兴趣设立了连锁经营管理水吧经营实验室、校园 O2O 电商运营实验室、校园快递创业实验室、电脑动画艺术工作室等多个带薪"双创"实验室。

学校在创业孵化中心建设了创业教育区、创业苗圃区、创业孵化区、创客空间等场地，并为优秀创业团队提供多形式的扶持。近两年，学校先后为 13 支团队提供了 5000 元到 10 万元不等的资金支持，每年用于创业项目支持的专项资金超过 200 万元。为 18 支团队提供场地支持，为 19 支团队提供导师支持，为 43 支团队提供专业培训，3 支团队入驻市级孵化园。

（三）实施三级导师制，开展渐进式教育培养

学校建立了一支由校外专家学者、知名企业家、优秀创业校友、专业教师和辅导员 60 余人共同组成的专兼结合的双创教育导师队伍。在学校创业实践基地实行"三师制"，即项目学长带领学生实践创业项目；校内创业指导教师开展专业指导并整体把控项目；校外创业导师对行业规范、市场现状及实际项目运营方面予以指导，学生在"实践→学习→再实践"的过程中提升了创业成功率。

其中双创启蒙导师作为一级导师链设置在二级学院，借助"双创"通识课程和专业课程平台，由各专业教师主导，负责学生创业项目的选苗育苗工作，建设学校创新创业项目库；双创优化导师作为二级导师链设置在校团委，借助双创竞赛平台，由团干部担任，负责协同专业教师在项目库中寻找优秀项目，将其转化为参赛

项目，从中遴选优秀创业团队；创业实战导师作为三级导师链设置在就业创业指导中心，由校内创业导师、学长、创业校友和校外知名创业专家担任，助力学生创业项目落地生根。

工商管理系2012级市场营销专业的焦菲菲作为"两岸水吧"创始人，不仅获得了学校优秀创业项目的资金支持，还获得了2014年"彩虹人生——挑战杯"全国职业学校创新创业创效大赛全国一等奖。后来尽管焦菲菲已经毕业并在校外自主创业，但是"两岸水吧"作为学校创业实践基地仍在运营。她作为创业实践基地的"三师"之一，经常回母校与项目成员沟通交流。2016年第二代店长邱樊在四川省达州市开办了"两岸水吧"连锁店。目前，第三代店长王亮亮和他的创业伙伴们继续经营着"两岸水吧"。

2009年起学校每年投入专项经费，鼓励教师结合专业对"双创"教育实践进行深入研究。7年来，"双创"课题共立项完成300多项，公开发表相关论文105篇。2016年张淑梅教授主持的"高等职业院校大学生创新创业教育体系的内容与评价研究"课题获批全国教育科学"十三五"规划项目立项，这是当年唯——项关于高职院校创新创业教育的国家级立项项目。

（四）构建三级创新创业大赛平台，形成"众创"文化生态

学校从2007年起设立创业类、工作流程优化类两个竞赛系列。经过多年培育，形成了"校赛、市赛、国赛"相衔接的竞赛体系，培育了一批优秀的试点项目。在首都"挑战杯"赛事中，共获得金、银奖38项，学校连续荣获优秀组织奖；在"发明杯"全国高职高专创新创业大赛中，共获得全国奖项18项，学校荣获优秀组织奖和全国高职高专院校创新发明教育基地荣誉称号。在首届"京津冀"职业院校创新创业大赛中，学校荣获大赛奖项10项。连续三年获得首都大学生科技创新博览会优秀组织奖。在"挑战杯"国赛中，共获得国家级奖项8项。继王博同学获得第七届中国青少年科技创新奖后，2016年张鑫同学荣获第十届中国青少年科技创新奖。

2012年学校探索构建"三阶式"高职创新创业教育体系，经过5年的实践检验，被证明符合职业人才培养规律，适应高职大学生个性化发展需求。通过双创教育"三融合"全覆盖播种、"三平台"个性化栽培、"三支撑"精准化扶植，学校形成了

普惠制和差异化兼顾的双创能力培养体系；通过递进式创新创业素养教育，形成了双创素养养成体系；通过组织、制度、技术、文化等方面的持续建设，形成了良好的双创生态保障系统，为高职院校开展双创教育提供了一套完整的解决方案。

2014年以来，我校有18支创业团队获评北京市优秀创业团队，占首都26所高职院校优秀创业团队总数的50%，4支团队入驻中关村等市级孵化园。近5年，在校创业实践项目163个，参与学生418人，110人作为创始人创业，至今存活83家，存活率75.45%。学校孵化项目数96个，成功53个，孵化成功率55.21%。7个创业项目获得天使投资等融资达9850万元。刘佳豪同学创办的"中捷乐购"品牌，新三板定向增发1.2亿元，市值超过3亿元。北京利见达人文化有限公司创办者习鹏奇、上海翊舜网络科技有限公司创始人张洋等多名毕业生已成为高职大学生成功创业的典型。

学校双创育人效果得到社会认可。2015年，学校举办"京津冀"创新创业大赛，开办创业导师训练营，带动了京津冀创新型人才培养。2017年，学校牵头成立中英创新创业职业教育联盟（北京），作为联盟首任理事长和秘书处单位，为北京职业院校培训双创师资130名；参加首届"中英一带一路青年创新创业技能大赛"，并获国赛一等奖、国际赛铜奖。5年来，全国百余所高职院校来校考察、交流、取经；中央电视台、《人民日报》《光明日报》《中国教育报》等权威媒体重点报道，取得重大辐射示范效应。2018年，学校申报的《高职创新创业教育体系的构建与探索》荣获2018年北京市职业教育教学成果奖特等奖；《基于"人人是胜者"的"三阶式"高职创新创业教育体系构建与实践》荣获国家级教学成果二等奖。

五、迎来建校六十周年

2018年，恰逢新中国改革开放40周年，学校建校60周年。学校的发展受到北京市委，市教委的重视和肯定。6月21日市委教育工委常务副书记郑吉春一行来我校调研指导工作，学校党委书记高东，党委副书记、校长王成荣，纪委书记胡庆平，副校长姜韵宜、李永生参加了调研。在调研过程中，郑吉春书记对我校"人人是胜者"的教育理念、思政课建设和财贸素养教育给予高度评价。在调研后的座谈会上，高东书记就学校整体工作以及未来的发展规划进行了汇报。郑吉春书记肯定了学校在专业建设、学生实践实训建设、思政队伍建设等方面的探索和成绩，并指出学校要按照党建、全面从严治党、安全稳定、师德建设等方面的要求提前谋划、开展工作，要将职业教育做"精"，做得有内涵、有特色。同时强调，学校要以党代会为契机，凝聚人心，集全体教职员工智慧，进一步梳理思路、形成共识，树立新时代契合北京"四个中心"功能建设需要、契合服务京津冀协同发展需要、契合职业院校发展需要的新目标。

6月23日上午，时任北京市副市长王宁，市政府副秘书长尹培彦、市教委主任刘宇辉一行来我校调研。校长王成荣、副校长李永生陪同调研。王宁同志视察了智慧金融体验中心、会计文化学习中心、财务共享体验中心、创业孵化中心以及实训大楼和图书馆，对我校办学成绩给与高度评价。王成荣校长代表学校领导班子感谢市委市政府和教育两委长期以来对学校发展的关心和支持，并就学校事业发展情况进行汇报。他表示，学校聚焦提升首都现代服务业品质、促进产业转型升级和经济社会发展等重要任务，不断深化改革，加强内涵建设，全力推进学校各项事业创新发展，努力办好人民满意的职业教育。调研过程中，王宁同志表示，学校办学60年来经过多次资源整合与办学转型，每一次都是主动服务国家发展和首都建设，培养社会所需的高素质职业人才。学校的办学定位准确，特色突出，党建和思想政治工作卓有成效，教学科研工作成果丰硕，创新创业教育走在全国前列，校企合作日益紧密，国际交流迈上新台阶，这些都是学校改革发展的坚实基础和宝贵财富。下一步，学校要坚持以习近平新时代中国特色社会主义思想为指导，服务国家改革发展和首都建设大局，深度融入北京城市副中心建设，努力培养大批知识型、技能型、创新型的毕业生，为推动经济社会高质量发展和北京城市副中心建设提供有力的人才支撑和智力支持。

2018年6月，学校以《甲子辉煌 匠心独运》为主题，组织开展了"北京财贸职业学院建校60周年教育教学成果展"等庆祝建校60周年系列活动，以一步强化高职教育的工匠精神，匠心治校、匠心办学、匠心育人；进一步梳理学校文脉，传承学校精神，建设精神家园；进一步总结学校办学经验成果，凝聚广大校友，不忘初心继续前行。

（一）发挥首都商业智库功能，举办系列高水平学术论坛

1.举办全国职业院校商业文化素质教育暨中华老字号文化传承研讨会

2018年6月21日，全国职业院校商业文化素质教育暨中华老字号文化研讨会在校本部召开。来自山东商业职业技术学院、安徽财贸职业学院、深圳职业技术学院、山西省财税专科学校、广州番禺职业技术学院、东莞职业技术学院、重庆医药高等专科学校、四川商务职业学院、长沙职业技术学院、四川成都市财贸职高、北京联合大学旅游学院、北京市商业学校、北京市供销学校、高等教育出版社等单位的40余名专家学者参与研讨，就新时代新语境下开展商业文化素质教育教育进行学术研讨和经验交流。研讨会还邀请北京老字号协会会长刘小虹做了关于北京老字号发展的主旨报告。会上评选出2017年度全国商业文化素养征文优秀作品，并颁发荣誉证书。

2.举办第十三届京商论坛暨第五届北京国际商贸中心研究基地学术论坛

2018年6月21日，由北京财贸职业学院、北京商业经济学会共同主办的第十三届京商论坛暨第五届北京国际商贸中心研究基地学术论坛在我校校本部隆重召开。本次论坛以"通州副中心商业发展机遇与挑战"为主题，汇集政府、企业、学界各方有识之士近200人，直面北京城市副中心商业改革和发展的重点、难点、痛点，共话通州副中心未来。

中国商业经济学会会长马龙龙，中国商业史学会会长王茹芹，北京财贸职业学院校长、北京商业经济学会会长王成荣向论坛致辞。北京市商务委员会副巡视员王洪存，世邦魏理仕华北区顾问及交易服务办公楼部执行董事王茂君，全联房地产商会商业地产研究会会长王永平，北京物资学院副院长、教授何明珂，首都经贸大学教授陈立平，中国贸促会研究院研究部主任赵萍，北京汇博行房地产经纪有限公司董事长潘好龙，北京财贸职业学院商业研究所所长赖阳等代表分别做主题演讲。相关政府主管部门领导、行业协会领导、业界知名专家学者以及知名品牌企业管理者与会交流。

本届论坛是北京商界全面贯彻党的十九大会议精神和新版北京城市总体规划的创新之举，是一次聚焦副中心发展、共商区域商业创新的行业盛会。论坛多维度深入研讨了城市副中心商业发展的新情况、新问题、新趋势，特别是在加快推进通

州商业创新，前瞻副中心未来发展机遇方面，取得了商界共识。论坛主题鲜明、观点新颖、信息量大，得到与会者的高度评价。

3.举办职业教育国际化校长论坛

2018 年 6 月 23 日，由北京财贸职业学院主办，中国教育国际交流协会、北京市国际教育交流中心指导，北京商贸职业教育集团、英国国家创新创业教育中心（中国）协办的"职业教育国际化校长论坛"在北京财贸职业学院校本部召开。本次论坛以"职业教育国际化"为主题，来自境内外的大学校长、政府、企业、学界代表近百人，共话职业教育国际化的现在与将来。副校长李宇红主持了论坛。

英国北安普顿大学校长尼克·派特福德（Nick Petford）、新西兰国立中部理工学院副校长帕特里克·布鲁斯、英国国家创新创业教育中心中国区首席执行官王啸宇、中国台湾高雄餐旅大学校长林玥秀、中国台湾"建国"科技大学校长陈繁兴、台湾致理科技大学校长尚世昌、中国教育国际交流协会职业教育与培训部主任余有根、浙江金融职业学院校长郑亚莉、首都经济贸易大学校长付志峰、北京经济管理职业学院党委书记张连城、北京师范大学教育学部职业与成人教育研究所所长赵志群等专家学者参加了论坛，学校党委书记高东、校长王成荣、副校长李永生参与了讨论。大家围绕全球化背景下的产教融合、"一带一路"框架下的创新创业教育、高端技术技能人才国际合作培养机制等话题做了精彩的发言和报告。论坛期间还举行了国际教育合作签约仪式，校长王成荣分别与英国北安普顿大学校长尼克·派特福德、泰国信武里农业技术学院校长乍嘎坡蒙坤沙瓦、泰国披集农业技术学院校长塔您·桑耐签署高端技术技能人才贯通培养试验项目国际合作协议，以及合作备忘录。

论坛站在学校建校 60 周年的新起点，瞄准职业教育国际化，聚焦产教融合发展、人才培养体系构建、创新创业教育规划，汇集国内外院校国际化发展经验和优秀做法。学校将在此基础上，加强国际国内的交流与合作，不断探索与创新，为把我校建成"首都特色、国内一流、国际品质的财贸应用技术型大学"谱写新的篇章。

（二）召开建校 60 周年纪念大会，搭建行业产业集聚资源和京津冀教育协同平台

6 月 23 日上午，北京财贸职业学院建校 60 周年纪念大会在校本部召开。上午

8时，校园里洋溢着浓浓的财贸情谊和欢乐气氛。校友们或成群结队或三三两两，在校园文化主题墙和学校 LOGO 雕塑前合影，漫步校园风景，浏览文化景观，参观校史展览，观摩师生校友艺术作品展，领会 60 周年教育教学科研成果，全面了解母校近年取得的辉煌成绩，并为母校的发展感到由衷自豪。

在建校 60 周年纪念大会主会场，教育部原副部长、总督学、中国教育国际交流协会会长刘利民，北京市委副秘书长郑登文，北京市委讲师团团长梁家峰，通州区副区长黄世喆，市委教育工委、市教委、市旅游发展委、通州区委办局领导，来自英国、新西兰、泰国的国外合作院校和中国台湾高校等海内外 60 余所兄弟院校的领导和同仁，40 余家知名的合作企业的优秀企业家代表，学校的老领导、历届校友代表、离退休教师代表以及师生代表齐聚一堂。

党委副书记、校长王成荣首先代表学校党委和行政班子致辞并回顾了学校的办学历史、治校特色、办学成就。他说：回望历史，我们感到无比自豪；展望未来，我们信心满满。我们要坚持以习近平新时代中国特色社会主义思想为指导，紧密契合首都"四个中心"战略定位，服务于京津冀协同发展战略和北京城市副中心的发展需要，全面落实立德树人根本任务，坚定不移地实施精品化、国际化、信息化、区域化及蓝海发展战略，深化产教融合、校城融合、校企融合，推动专业升级、队伍升级和管理升级，提升办学实力、文化实力和服务社会实力，以坚定的信心、豪迈的气魄、百倍的努力、绣花的工夫，建设"首都特色、国内一流、世界品质的财贸应用技术型大学"，奋力谱写北京财贸职业学院的崭新篇章！教育部原副部长、总督学、中国教育国际交流协会会长刘利民代表中国教育国际交流协会向学校全体师生和国内外校友表示祝贺。他说，北京财贸职业学院一直走在我国职业教育改革发展的前列，希望学校要始终坚持以习近平新时代中国特色社会主义思想为指导，确保正确的办学方向；要立足新时代、把握新要求，进一步深化改革，推动学校转型升级、创新发展；进一步扩大对外合作，加强内涵建设，切实提升国际化办学水平。

北京市委副秘书长郑登文代表市委教育工委、市教委向学校表示祝贺，并在致辞中指出，建校 60 周年活动既是北京财贸职业学院教育教学成果的集中展示，也是行业产业集聚资源和京津冀加强教育协同的平台，希望学校按照北京市《职业教育改革发展行动计划》，以建校 60 周年为新的起点，要切实担负起职责和使命，要坚持世界眼光和首善标准，要持续创新人才培养模式，要打造一支政治过硬、专业精湛的师资队伍，进一步巩固办学成果，为办好人民满意的职业教育做出积极的努力和新的贡献！

英国北安普顿大学校长尼克·派特福德先生作为国外合作院校代表致辞。他向北京财贸职业学院建校60年表示祝贺，并回顾了两校十年的合作成果，如今英国北安普顿大学已与北京财贸职业学院合作培养学生近千人，赴北安普顿大学继续深造的学生200余人，希望两校在已有的合作基础上再创辉煌。中国台湾高雄餐旅大学校长林玥秀女士致辞，并以"致广大尽精微，极高明道中庸"卷轴字画作为贺礼。她说，字画寓意北京财贸职业学院治学理念和办学绩效，为六十来年的办学成就鼓掌喝彩。作为姐妹校，要以北财院为学习典范，不断创新，不断前进。全国人大代表、浙江金融职业学院校长郑亚莉教授致辞。她说，两校一南一北相隔千里，但始终保持着密切友好的合作关系，今后将进一步精诚合作、改革创新，在京津冀协同发展和长三角一体化建设中发挥更大的作用。

在合作办学揭牌和接受企业捐赠仪式上，校领导与合作学校首都经济贸易大学付志峰校长、中央民族大学附属中学田琳校长、英国北安普顿大学尼克·派特福德校长、新西兰国立中部理工学院Partrick Brus教授，一起为高端技术技能人才贯通培养试验项目教学基地校校合作揭牌。大会还为"菜百商学院""永辉商学院""新道管理会计师学院"和"金通民航学院"四家新的校企合作企业冠名学院揭牌。

纪委书记胡庆平和副校长姜韵宜、李宇红代表学校接受新道科技股份有限公司、正保远程教育、北京广惠金通教育科技有限公司的捐赠。新道科技股份有限公司董事长郭延生作为合作企业代表讲话。他说，设立冠名学院、为学校捐赠，表达了校企真诚合作、共谋发展的决心，标志着双方合作、共育人才进入一个崭新的阶段。希望未来校企合作更加深入，共同探索高素质高技能应用型人才培养新模式，一起为新首都、新北京的发展书写人才培养战略的新篇章。

大会还对从事教育工作已满三十年的教师进行了表彰，并举行年轻教师向从教30年的老教师拜师仪式。仪式庄严神圣，新老接棒、传承匠心、共育英才。

六十载辉煌，财贸人同舟共济；十二分匠心，传道者春华秋实。甲子轮回，财贸走进新时代！我们将继续凝聚发展力量，不忘初心，立德树人，以习近平新时代中国特色社会主义思想为指引，向着建设"首都特色、国内一流、国际品质的财贸应用技术型大学"的目标奋勇前进!

（三）开展系列校友会活动，相聚母校共话明天

1.学校校友会创业企业家校友分会正式成立

2018年6月23日下午，在校本部创业孵化中心举行了北京财贸职业学院校友会创业企业家校友分会成立大会暨双创论坛。校友会会长、校长王成荣，校友会秘书长、副校长姜韵宜出席会议。校友会秘书处负责人、学生处以及就业创业指导中心人员，北京家和家美家具城董事长田耘，北京股权交易中心市场部经理陈洋、赵楚，以及历届创业校友共80余人参加了活动。会上，校友会秘书处向大会理事会介绍了创业企业家校友分会成立的初衷和指导思想、宗旨、LOGO释义等。根据创业企业家校友分会章程（草案）规定，宣布了常务理事会、秘书处成员候选名单，现场全体理事会成员举手通过。北京财贸职业学院创业企业家校友分会正式成立。

王成荣在会上说，这是一个产业升级、市场变化、政策好、机遇好的时代，创业企业家需要坚守创新精神，才能克服创业路上的艰难。希望创业企业家校友分会能办得有声有色，祝每一位校友在将来的事业中蓬勃发展，取得巨大成功。副校长姜韵宜宣读了校友会的贺信，祝贺创业企业家校友分会成立，并表示将继续完善汇集供需咨询服务、优势互惠、资源共享的互动服务平台，帮助校友成功创业，持续创业。

成立大会结束后举办了双创论坛活动。论坛邀请田耘、陈洋、赵楚、蔡洪胜、刘佳豪、陆泽华作为嘉宾，与现场在座校友共同研讨大学生在创新创业中如何从"0"到"1"、如何实现"1+1"、创业公司如何上市新三板、创业公司可以享受到哪些优惠政策等话题。

北京财贸职业学院校友会创业企业家校友分会是创业企业家校友经过一年筹备、自愿联合发起成立的非营利性联谊组织，将会成为创业校友参与学校建设与发展、帮助校友创业、持续创业以及开展其他社会活动的重要载体。

2.学校接受来自各届校友、合作院校及合作企业的捐赠

在纪念北京财贸职业学院建校60周年之际，与学校签署了战略联盟的新道科技股份有限公司、正保远程教育、北京广惠金通教育科技有限公司，来自境内外的

合作院校及单位，分别向我校捐赠了企业奖学金、实训室建设实物、学校事业发展助力金等，表达了对我校先进办学理念和鲜明办学特色的认可，以及进一步精诚合作、改革创新，共创职业教育辉煌未来的美好愿望。学校创业校友（陈洪利、刁宇尊、陈京霞、邱攀、刘佳豪、马明宇、谢庆涛）捐赠创业企业家校友会标志雕塑，象征校友们团结协作、互助共享、创新创业之决心和信心，以及对母校的感恩之心。学校将把各方所捐赠的款项和物品全部用于学校事业发展。

3. 校友会举办校友师生书画笔会活动

6月22日下午，校友会在校本部图书馆举办了"丹青敷彩 欢聚一堂"校友师生书画笔会。韩宁宁、王兆康、吴国清等优秀校友返校与在校师生一起参加了书画笔会活动。在开幕式上还举行了馆藏书画作品荣誉证书颁发仪式。杜文涓、张磊、何先球、郑磊、韦云、司树春、王耕妹7位老师，韩宁宁、姜卫东、王兆康、刘飞燕4位校友获得了图书馆馆藏证书。随后校友和师生共同参观了"甲子辉煌 匠心独运"艺术作品展，并现场挥毫泼墨，现场创作的几十件佳作由母校留作纪念。

六、开启建设特色高水平职业院校新征程

随着我国职业教育大规模培养技术技能人才能力不断增强，在现代制造业、战略性新兴产业和现代服务业等领域，一线新增从业人员70%以上是来自职业院校的毕业生，职业教育社会认可度显著提升。2015年教育部启动实施《高等职业教育创新发展行动计划（2015—2018年）》和《职业院校管理水平提升行动计划（2015—2018年）》。2018年是行动计划收官之际，深化产教融合、校企合作，初步形成了与经济社会发展同频共振的发展格局。同年，教育部启动实施中国特色高水平高职院校和专业建设计划，并启动实施"1+X"证书制度改革。

职业教育在北京市教育结构体系中具有独特的、不可替代的重要地位；在服务北京经济转型和产业升级、提升城市生活品质方面起着重要的支撑作用；北京市教委着力发展与国家战略和首都经济社会发展相适应的高水平的职业教育。2018年3月16日，市教育体制改革专项小组第4次全体会议审议通过了《北京职业教育改革发展行动计划（2018—2020年）》，并由北京市教委、市发改委、市财政局、市人力社保局等有关部门联合发文。《行动计划》明确了"立足需求、提升质量、优化布局、城教融合、协同发展"的职业教育改革发展基本思路，提出了7个方面

共 15 项改革任务，将重点建设 10 所左右特色鲜明、世界一流的职业院校，高水平建设 100 个左右国内领先、世界一流的骨干专业，重点建设 100 个左右工程师学院及技术技能大师工作室，每年完成职业技术技能培训 100 万人次以上。同时，要优化职业教育结构和空间布局，进一步优化逐步调减职业教育办学规模。2018 年 10 月 15 日，北京市教育委员会、北京市人力资源和社会保障局联合出台《关于开展北京市特色高水平职业院校和骨干专业（群）建设与遴选工作的通知》。

学校党委领导班子高度重视北京市特色高水平职业院校申报工作，号召全校上下统一思想，凝聚共识，牢牢把握学校发展再上新台阶的战略机遇。2018 年 9 月，学校成立"北京市特色高水平职业院校和骨干专业（群）建设"申报工作领导小组，组长是高东、王成荣，成员是胡庆平、姜韵宜、李宇红、李永生、张金英；执行副组长是姜韵宜、李宇红、李永生，成员包括学校内设机构、教辅单位、科研单位负责人，二级学院院长、党总支（直属党支部）书记。领导小组负责领导决策、统一部署、组织协调学校"特高建设项目"的申报工作。

学校根据北京市教委、北京市人社局《关于开展北京市特色高水平职业院校和骨干专业（群）建设与遴选工作的通知》，分析中国特色高水平职业院校的主要特征、重要指标和应有成果等内涵要素，对标对表，反思目前专业建设中的问题，"找不足，明目标，定思路"。2018 年 9 月 25 日，学校组织召开"专业升级改造攻坚计划落实暨特色高水平骨干专业（群）建设工作汇报会"，立信会计学院、金融学院、商学院、旅游与艺术学院和建筑工程管理学院围绕学校专业升级改造攻坚计划，立足自身实际，深入剖析目前专业的优势与不足，初步提出特色高水平骨干专业（群）建设和工程师学院、商学院建设的工作计划、思路和措施。王成荣校长在会上强调特色高水平职业院校和骨干专业（群）建设工作是我校 2018 年的头等大事，学校将集中优势力量，高质量做好此次申报工作。各学院要推出拳头专业，做到优势集中、重点突出、特色鲜明，将特色高水平骨干专业（群）建设与工程师学院建设统筹考虑，在校企合作、课程与教学、信息化建设、教师成长、人才引进、学生综合素养等多方面均衡施策；要凸显区位优势，立足通州城市副中心建设，契合产业未来发展，突出区域化、信息化、国际化特征，打出专业组合拳；要选择国内一流、国外具有影响力的职业院校和专业作为标杆，高标准推进我校专业建设，提升专业核心竞争力。

2018 年 11 月 15 日，完成网上申报数据报送，并将相关材料报送至市教委职成处。12 月 14 日，王成荣校长代表学校在市教委组织的专家评审会上进行了答辩。王校长以"财贸特质、首都特色、世界一流应用技术型大学"的建设目标，通过产教融合、技术赋能、文化赋能的建设路径和建设新商科国际一流标准的构想，赢得了专家们高度评价。2019 年 1 月 2 日，北京市教育委员会发布《关于对入选特色高水平职业院校、第一批骨干专业（群）、工程师学院和大师工作室进行公示的通知》，学校进入北京市特色高水平职业院校建设名单，学校申报的科技金融专业群、智慧会计专业群进入第一批骨干专业（群）建设名单，菜百商学院进入第一批工程师学院建设名单。

1 月 24 日，北京市教委联合市发改委、财政局、人力社保局和市政府教育督导室发布《北京市教育委员会关于公布北京市特色高水平职业院校及第一批特色高水平骨干专业（群）和实训基地（工程师学院、技术技能大师工作室）建设名单的通知》，公布北京市特色高水平职业院校、第一批特色高水平骨干专业（群）、实训基地建设名单。我校入选北京市特色高水平职业院校建设单位。我校申报的科技金融专业群、智慧会计专业群入选骨干专业群建设单位，菜百商学院入选工程师学院建设单位。通知明确"特高"项目是北京职业教育改革发展行动计划的重要任务，项目建设周期三年，市教委将会同有关部门开展"特高"项目建设年度绩效评估和检查验收，"特高"项目建设评估考核不合格的将中止建设并取消建设资格。要求各学校要履行建设主体责任，按照"国内一流、国际领先"的建设标准，进一步完善建设方案，明确时间表和任务书，确保项目建设有序推进，认真执行各项建设任务。

2019 年 2 月 20 日至 21 日，学校召开 2019 年寒假工作会。会议主要内容是学习贯彻《国家职业教育改革实施方案》，全面推进学校"特色高水平职业院校"建设。学校领导班子成员、党委委员、纪委委员、中层干部、教授、副教授、学术委员会委员、系（教研室）主任、马克思主义学院教师、团总支书记、辅导员和部分教代会代表、党代会代表、民主党派代表等 200 余人参加了会议。王成荣校长结合职业教育发展形势及学校现状做专题报告。他深度解析了新发布的《国家职业教育改革实施方案》7 个方面 20 项政策举措，强调要深入学习和落实"职教 20 条"，把握职业教育发展的良好政策环境，推进学校的改革发展。他指出，全体干部教师要自信，学习先进理念、提升综合实力、深化办学特色；要自强，力争占据新一轮职业教育发展中的第一梯队；要自我完善，进行体制机制创新，巩固提升办学特色。

王成荣校长对学校建设北京市特色高水平职业院校的目标、内容、举措等进行了讲解和部署。他指出特高校是2019年以及未来几年学校的中心工作，要一张蓝图绘到底。要加强领导，在党委领导下成立特高校建设领导小组，统一领导、统配资源、统筹力量、全员参与；要成立专项小组或专班，落实10+1计划；要成立课题组织，研究先行，研究随行，完善方案，提出科学路径，指导计划实施；要统筹兼顾，日常工作与特高校建设兼顾，不可偏废；要督导控制，转变作风，求真务实，发扬钉钉子精神，当好施工队长；要加强检查，加强审计，用好资金，规范运作，把特高校建设好。

为推动落实"特高校"各项建设计划，确保高质量完成建设任务，实现建设目标，经党委研究决定成立学校"特高校"建设工作领导小组和具体工作机构。高东、王成荣为学校"特高校"建设工作领导小组组长，胡庆平、姜韵宜、李宇红、李永生为副组长，各单位、部门负责人为成员；领导小组下设办公室。根据我校"特高校"申报书"10+1"建设任务以及科技金融、智慧会计专业和菜百商学院建设任务，"特高校"建设项目实施机构按照具体建设任务进行设置和建立，明确牵头领导、牵头部门，由牵头部门落实责任人和工作团队，研究细化分年度建设任务书，组织实施各项建设任务，确保重点指标落实。并且对应"北京市骨干专业（群）""工程师学院"建设项目实施机构。

2019年2月，学校以优异成绩入选第一批北京市特色高水平职业院校建设单位。科技金融专业群和智慧会计专业群入选特色高水平专业（群）建设单位，菜百商学院入选北京市职业院校实训基地——工程师学院建设单位。学校"特高"项目建设任务分为城市副中心城教融合建设计划、专业（群）建设计划、"扬长教育"模式改革推进计划、财贸素养教育深化建设计划、财贸创新创业教育体系升级建设计划、北京服务业紧缺人才万人培训计划、北京商业智库深化建设计划、商科职业教育国际化提升计划、高水平师资队伍建设计划、财贸智慧教育平台建设计划共10项建设计划和1项学校综合改革与保障计划。

党的十九大召开之后，职业教育的重要性，被提高到了"没有职业教育现代化就没有教育现代化"的地位。《人民日报》1月31日刊登了教育部部长陈宝生在2019年全国教育工作会议上的讲话摘要，其中陈宝生谈到对准教育事业发展中的"深""难"问题进行改革攻坚时举了两个例子：其中一个是深化高考改革攻坚行动；另一个就是培养产业生力军改革攻坚行动，主要任务是职业教育体系改革，中央高度重视，要打出改革"组合拳"。2019年2月13日，国务院印发了《国务院关于印发国家职业教育改革实施方案的通知》，这篇8700多字的文件对职业教育提出了全方位的改革设想。《通知》强调到2022年，职业院校教学条件基本达标，一大批普通本科高等学校向应用型转变，建设50所高水平高等职业学校和150个骨干专业（群）。这是贯彻落实十九大精神，推进实施教育强国战略的重要举措，是教育部在全国院校中提出和部署的两大建设任务之一。（两大任务：一是建设世界一流大学和一流学科，简称"双一流"；二是在全国高职高专院校中开展高水平院校和高水平专业建设，简称"双高"。）

学校党委班子在深刻分析学校发展基础优势和学校发展愿景目标的基础上，做出扎实推进 "特高校"建设，全力争创"双高"项目的重要决定。学校以人才培养为核心，以"财贸特质、首都特色、世界一流"为发展愿景，坚持目标引领，问题导向，重在建设。为实现学校建设"高水平院校、高水平专业"的"双高"目标，要进一步完善工作运行机制、督导检查机制、考核评价机制，实行项目管理，激发学校建设发展的内生动力。要瞄准行业前沿，面向北京产业升级与国家战略需求，充分整合现有资源，形成优势办学力量。要深化产学研融合，建成校企（地）协同育人平台；要深化开放办学，营造兼容并包、跨文化交流的国际化氛围；要建成高水准的一流学术团队与教学创新团队，全面提升学校办学实力和社会影响力。

2019年4月，学校全面启动中国特色高水平高职学校和专业建设创建工作，事关国家人才强国战略的贯彻实施，事关高职教育的高质量发展，事关学校事业更进一步，事关师生员工切身利益。学校全体师生员工切实增强使命感、责任感、危机感和紧迫感，在学校党委的领导下，凝心聚力、众志成城，以饱满的热情、昂扬的斗志、扎实的作风，全力投入到"双高"建设中去，书写北京财贸职业学院在新时代的奋进之笔。

附 录 一

北京财贸职业学院校训
（厚载商道，精益财贸）

财 精 商 厚

贸 益 道 载

附 录 二

北京财贸职业学院标识

附 录 三

北京财贸职业学院校歌

财 富 中 国

1=♭B 4/4

刘 麟 词
王志信 曲

（豪情满怀行进速度）

（♩=112）

1. 踏着 丝绸之路 驼铃的
2. 跨越 运 河千年的

声响 托起 银燕五洲 飞 翔 追寻 郑和船队的 帆 影 推动
沧桑 看 天下金融 潮落潮 涨 挽起 奔涌的金波银 浪 汇成

巨轮 四海远 航 财贸 儿女志在 天 涯 架 设起连接
民族 富强的海 洋 财贸 儿女豪情 满 怀 用 数字见证

世界的桥 梁 一二三四 记录繁荣兴旺 五六七八
中华的辉 煌

描绘和谐景象 九 九归一 一 片赤子情怀 财富中 国

幸福地久天 长 财富中 国 幸福

地久天 长

附 录 四

校 名 更 迭

1958年，北京市财政贸易干部学校

北京市财政贸易干部学校

1983年，北京市财贸职工学院

北京市财贸职工学院

1984年，北京市财贸管理干部学院

北京市财贸管理干部学院

陈雷 一九八六十二四

2003年，北京财贸职业学院

北京财贸职业学院 于友燕

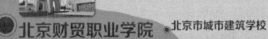

北京财贸职业学院　北京市城市建筑学校

北京市立信会计职工大学

北京财政学校

中国石油天然气集团总公司
物探职工大学

北京市财贸管理干部学院

北京市财政贸易干部学校

通州专区干校

服务学校

合作干校

粮食干校

银行培训班　　商业职工学校

商业干校

历史溯源

附 录 六

历任校领导名录

北京财贸职业学院（北京市财贸管理干部学院）历任领导：

姓名	职务	任职时间
正职		
李永正	党委书记兼院长	1958–1970
刘世亮	党委书记兼院长	1979–1983
	党委书记	1983–1986
张国群	党委书记	1986–1996
劳而逸	院长	1983–1996
郑国本	党委书记	1996–2002
张连登	党委书记	2003–2010
王茹芹	院长	2000–2011
韩宪洲	党委书记	2010–2015
王成荣	校长	2011–2019
高东	党委书记	2015–2019
王红兵	党委书记	2019–
杨宜	校长	2019–
副职		
高琛	副院长	1983–1986
关葆璋	副院长	1987–1994
顾志坚	副院长	1991–2004
白淑仙	副院长	1993–2007
雷呈达	副院长	1994–2007
李兴元	副院长	1983–1991

姓名	职务	任职时间
副职		
赵天海	副书记	1988–1993
余邦和	纪委书记	1991–1994
邢颖	副院长	1994–1997
周宏	副院长	1998–2006
吕长鸣	纪委书记	2003–2013
曲永宁	副院长	2003–2015
吕一中	副院长	2008–2016
梁家峰	副书记	2012–2016
王季音	副院长	2006–2017
杨禾	副书记	2007–2017
胡庆平	纪委书记	2013–2019
辛红光	党委副书记	2019–
王美祥	纪委书记	2019–
姜韵宜	副校长	2008–
李宇红	副校长	2016–
李永生	副校长	2016–

石油物探职工大学历任领导：

姓名	职务	任职时间
正职		
陈启发	党委书记	1985–1991
李全慎	校长	1985–1991
张恒思	党委书记	1991–1993
孙伟民	校长	1991–1993
戴九如	校长	1993–2000
邢在滋	校长	2000–2000
	党委书记	2000–2001
陈兆熊	校长	2000–2001
骆世兴	副校长	1989–1994

姓名	职务	任职时间
副职		
田培基	副校长	1993–1997
封顺才	副校长	1994–1996
郑有国	副校长	1996–2001
高跃	副校长	2000–2001

北京财政学校历任领导：

姓名	职务	任职时间
正职		
马兰弟	校长	1986–1990
王振海	书记、常务副校长	1986–1991
	书记、校长	1991–1998
白宝华	常务副校长	1986–1990
	校长	1990–1991
郭文杰	校长（兼）	1998–2002
逯排生	书记、常务副校长	1998–2002
副职		
张凤林	副校长	1992–1996
李连生	副校长	1993–1998
张瑞君	副校长	1994–1998
张在翔	副校长	1996–2002
陈铭	副校长	2001–2002

北京市立信会计职工大学历任领导：

姓名	职务	任职时间
副职		
常自超	校长	1986–1989
何兆贤	常务副校长	1986–1989
李荣华	常务副校长	1989–1992

姓名	职务	任职时间
副职		
白宝华	常务副校长	1992-1999
郭文杰	校长	1999-2002
李祥云	常务副校长	1999-2002
于连国	副校长	1986-1989
王琪	副校长	1986-1989
刁卫海	副校长	1992-1999
唐香普	副校长	1992-2002
杨军	副校长	1999-2002
姜韵宜	副校长	2002-2002
赵志成	副校长	2002-2002

北京城市建设学校历任领导：

姓名	职务	任职时间
正职		
马学亮	校长	1981-1982
霍瑞芝	党支部书记、校长	1982-1984
董重光	临时主持工作	1984-1984
司宝华	党支部书记	1984-1990
尹福芬	校长	1984-1991
白云玺	党总支书记	1990-1992
	校长	1991-1992
赵玉槐	校长	1992-1996
	党委书记、常务副校长	1996-2001
涂克保	党委副书记、校长	1996-2001
沈祖尧	校长	2001-2006
陈巧云	党委书记	2004-2005
王太吉	党委书记、代校长	2006-2009
谢国斌	校长	2009-2016
	党委书记	2009-2015
郭秋生	党委书记	2015-2016

附 录 七

学校专业设置

1. "十五" 时期

2001 年

院系	专业
工商管理系	工商企业管理
	连锁经营管理
金融系	金融与证券
旅游系	导游
艺术学院	人物形象设计
	广告设计与制作

2002 年

院系	专业
工商管理系	工商企业管理
	连锁经营管理
	国际商务
金融系	金融与证券
旅游系	导游
艺术学院	人物形象设计
	广告设计与制作
国际教育学院	商务英语

2003 年

院系	专业
工商管理系	国际商务
	市场营销
	工商企业管理
	连锁经营管理
金融系	金融与证券
立信会计学院	税务
	会计电算化
	会计
信息物流系	计算机网络技术
	电子商务
	物流管理
旅游系	导游
	酒店管理
	旅游英语
艺术学院	电脑艺术设计
	人物形象设计
	广告设计与制作
国际教育学院	商务英语
基础教学部	文秘

2. "十一五" 时期

2006 年

院系	专业
工商管理系	国际商务
	市场营销
	工商企业管理
	连锁经营管理
金融系	金融与证券
立信会计学院	税务
	会计电算化
	会计
旅游系	导游
	酒店管理
	旅游英语
信息物流系	计算机网络技术
	电子商务
	物流管理
艺术学院	电脑艺术设计
	人物形象设计
	广告设计与制作
国际教育学院	商务英语
基础教学部	文秘

3. "十二五" 时期

2011 年

院系	专业
工商管理系	国际商务
	市场营销
	工商企业管理
	连锁经营管理
金融系	金融与证券
	投资与理财
立信会计学院	税务
	会计
旅游系	导游
	酒店管理
	旅游英语
信息物流系	计算机网络技术
	电子商务
	物流管理
艺术学院	电脑艺术设计
	人物形象设计
	广告设计与制作
	会展策划与管理
基础教学部	文秘

2013 年

院系	专业
工商管理系	国际商务
	市场营销（珠宝鉴定与营销方向）
	工商企业管理
	连锁经营管理
金融系	金融与证券（含中外，银行方向、证券方向）
	投资与理财
立信会计学院	税务
	会计
旅游系	导游
	酒店管理
	旅游英语
	旅游管理
信息物流系	计算机网络技术（隔年招生）
	电子商务
	物流管理
	物联网应用技术
艺术学院	电脑艺术设计
	人物形象设计
	广告设计与制作
	会展策划与管理
基础教学部	文秘（商务秘书）

2015 年

院系	专业
工商管理系	市场营销（珠宝鉴定与营销方向）
	工商企业管理
	连锁经营管理
金融系	金融与证券（含中外，银行方向、证券方向）
	投资与理财
立信会计学院	会计
旅游系	导游
	酒店管理
	旅游管理
信息物流系	电子商务
	物流管理
	物联网应用技术
艺术学院	人物形象设计
	会展策划与管理
	数字媒体艺术设计

4. "十三五"时期

2016 年

院系	专业
商学院	工商企业管理
	连锁经营管理
	市场营销（珠宝鉴定与营销方向）
	物流管理
	物联网应用技术
	电子商务
金融学院	金融管理（银行）
	投资与理财
	证券与期货
	国际金融（中外合作）
立信会计学院	会计（税务会计）
	会计（中外合作）
旅游与艺术学院	导游（国际领队）
	酒店管理
	旅游管理
	旅游管理（中外合作）
	空中乘务（航空服务与管理）
	数字媒体艺术设计
	视觉传播设计与制作
	人物形象设计
	会展策划与管理

2017 年

院系	专业
商学院	工商企业管理
	连锁经营管理
	市场营销（珠宝鉴定与营销方向）
	物流管理
	物联网应用技术
	电子商务
金融学院	金融管理（银行）
	投资与理财
	证券与期货
	国际金融（中外合作）
立信会计学院	会计（税务会计）
	会计（中外合作）
旅游与艺术学院	导游（国际领队）
	酒店管理
	旅游管理
	旅游管理（中外合作）
	空中乘务（航空服务与管理）
	视觉传播设计与制作
	影视多媒体技术
	人物形象设计
	会展策划与管理
	学前教育
建筑工程管理学院	建设工程管理
	工程造价

2018 年

院系	专业
商学院	工商企业管理
	工商企业管理（人力资源）
	市场营销（珠宝鉴定与营销方向）
	物流管理（国际物流）
	物流管理（国际货运代理）
	物联网应用（物联网系统设计与软件开发）
	电子商务
金融学院	金融管理（银行）
	投资与理财
	证券与期货
	国际金融（中外合作）
立信会计学院	会计（税务会计）
	会计（中外合作）
旅游与艺术学院	导游（国际领队）
	酒店管理
	旅游管理
	空中乘务（航空服务与管理）
	人物形象设计（形象管理）
	视觉传播设计与制作
	影视多媒体技术
	会展策划与管理
	学前教育
建筑工程管理学院	建设工程管理
	工程造价
	建筑室内设计

写在后面

　　近几年学校发展很快，新进了不少青年教师，面对这些朝气蓬勃的新鲜面孔，我感慨岁月荏苒，恍为学校"老人儿"。但相较于学校六十年的发展历史，相较于在学校奋斗了三十几年的前辈，我这个在校十余年的工作者也只能算是个小字辈了。然而，我这个小字辈竟被学校委以重任，担任主笔撰写《北京财贸职业学院校史》，细想起来，一切源于我与学校校史的不解之缘。

　　我有幸经历了学校51周年（由于汶川国殇，学校50周年校庆推迟了一年）、55周年、60周年三个校庆。51周年校庆时，我还在学生处工作，并没有参与到校庆主体工作，只是做了一些外围辅助工作。55周年校庆时，我在宣传部工作，主责了学校的校史展建设，这就和学校历史结下了缘分；60周年校庆时，我负责学校校史展更新和扩建工作，同时接受了一个光荣而艰巨的任务，成为撰写学校校史的主笔。在此期间，学校每有重大外事交流、新入职教师培训、新生入学教育，我都要面对众多新面孔讲述北京财贸职业学院校史。而每讲一次，我都会对学校历史认识得更深刻，也更加为学校60年发展历程感到由衷自豪。

　　承担校史撰写主笔，我深感责任重大。最为困难的是，我这个自诩"老人"毕竟资历尚浅，没有亲身经历过学校各个重要发展时期，只能以档案和回忆资料作为基础素材。校史写作的启动工作始于2017年夏。此后一年多，在处理宣传部工作的同时，我在校长王成荣的指导下，在学校档案室的全力支持下，广泛搜集材料，精心设计大纲，倾尽全力，撰写完成了这部20余万字的校史。

　　在写作过程中，我的基本思路和想法如下：

　　首先，在全书的重点把握和内容取舍上，我认为校史应该紧紧围绕人才培养这个主题，将其编写成为一部教育史。鉴于校史编写的复杂性，国内高校关于校史编撰大体上有几种风格：或以故事和事件串接历史，或系统梳理以展现学校办学的方方面面，也有高校采用中国正史的写法，以纪、传、志、表的形式组织材料。尽管形式有别，但主题都十分鲜明。高校是办教育的地方，理应凸显办学育才。60年的发展积淀是北京财贸职业学院的一笔财富，我尽量把握这条主线，突出学校在各个时期的办学思路、举措和成就，以此来书写一部有特色的中国高职院校的办学史。当然，学校各方面的工作都是围绕人才培养来展开的，因此，在突出重点的同时，我力求兼顾其他方面的发展及其成就的描述。

其次，北京财贸职业学院的发展，与新中国的高等教育的发展、与首都的经济社会的发展、与财贸行业的发展息息相关。教育兴则学校兴，财贸行业兴则学校兴，这种高度的正相关性正是北京财贸职业60年历史发展特色的真实写照。因此，在写作过程中要把学校的历史放在时代的大背景下去分析和看待，在叙述每一发展阶段历史时，都对其时代背景进行必要的描述，并以此为基点，在历史大画卷中把握学校的发展脉络，铺陈笔墨。

再次，关于全书的结构和框架，我认为校史的断代应该与学校发展的阶段性划分相一致。在60年的历史发展中，北京财贸职业学院曾经历过三个发展时期，铸就过三次办学辉煌。第一个发展时期是20世纪50年代末建校到70年代末"文革"时期。北京财贸系统基于提升系统内干部素质的需求，于1958年创建了北京市财政贸易干部学校，是全国最早建立的财贸干校之一，1960年学校当选为全国先进单位。第二个发展阶段是80年代改革开放以后到20世纪末。学校更名为北京财贸管理干部学院，大规模举办成人高等教育，为北京市财贸系统培养了大量优秀人才。第三个发展阶段是21世纪初至今。学校划归北京市教委直接领导，并转型开展高等职业教育，扩大办学空间，提升人才培养质量，2011年成为全国高职示范性院校。基于此，我按照学校历史发展的三个阶段，将全书分为上、中、下三篇，全景式记述学校在这三个时期的发展情况。

最后，在各种资料文献的选择和文风方面，应坚持客观准确的原则，以学校的档案资料为基本依据，还原历史的真实性。编写中参考的主要资料包括：《北京财贸管理干部学院简史（1958—1988）》《财干院大事记（1991—1999年）》《北京财贸职业学院大事记（2000—2008年）》《北京财贸职业学院年鉴（2012—2017年）》《往事钩沉——离退休老同志回忆校史文集》《如歌岁月——北京财贸职业学院建校 51 周年纪念文集》等。在校史编撰期间，我采访了 20 余位老干部、老教师以及各校区负责人，获取了大量的一手资料。此处还采用了社会主流媒体对学校重大事件的一些报道。在文风方面，我坚持在尊重历史的基础上，以事实为依据加以提炼和概括，力求用词朴实无华、表达准确客观。

在本书即将付梓之际，需要感谢的人很多，既有学校的领导，也有我的同仁。自 2017 年初校史编撰工作启动以来，时任校长王成荣教授不仅给予大力支持，并且从谋篇布局到文风体式都提出了很多重要指导意见，使我在写作过程中更有底气。即便 2019 年卸下校长职务后，他依旧关注撰写进度，并投入大量精力推敲细节、斧正错误，真正体现了财贸人的精益精神。由于校史编写工作的重要性和紧迫性，党委宣传部的两任部长邵海峡、林玲玲先后都给予我最大的支持，尽量减少我的日常事务性工作，让我有更多时间投入到校史撰写中。每当我需要对校史内容和史料进行精雕细琢和核实认证时，老领导、老教师、部门同仁均给予了无私的帮助。这里特别要感谢档案科的同事，为我查阅档案资料提供了最大的方便。还要特别感谢各校区负责整理原学校资料的老师们，他们的辛勤工作让学校发展的源流脉络更加清晰、内容更加充实。

尽管殚精竭虑，经年始成，惜力有不逮，还是留下许多遗憾。例如处理纵向与横向的关系、史料性与可读性的关系、重点部分与辅助部分的关系等方面，还有许多改进和提高的空间。如果时间再多一点，投入的精力再多一点，也许会做得更好。期待大家的批评指正，更期待所有关心本校、想要了解本校的人阅读此书后有所裨益。

作者

2019 年 5 月 20 日